Gritar, arder, sofocar las llamas

Leslie Jamison

Gritar, arder, sofocar las llamas

Ensayos sobre la verdad y el dolor

Traducción de Rita da Costa

EDITORIAL ANAGRAMA
BARCELONA

Título de la edición original:
Make it Scream, Make it Burn
Little, Brown and Company
Nueva York, 2019

Esta obra ha recibido una ayuda a la edición del Ministerio de Cultura y Deporte

Ilustración: cernera de ballena jorobada, © Igor Kruglikov / Shutterstock

Primera edición: septiembre 2024

Diseño de la colección: lookatcia.com

© De la traducción, Rita da Costa, 2024

© Leslie Jamison, 2019

© EDITORIAL ANAGRAMA, S. A. U., 2024
  Pau Claris, 172
  08037 Barcelona

ISBN: 978-84-339-2714-9
Depósito legal: B. 8886-2024

Printed in Spain

Liberdúplex, S. L. U., ctra BV 2249, km 7,4 – Polígono Torrentfondo
08791 Sant Llorenç d'Hortons

Para mi padre, Dean Tecumseh Jamison

¿Cuándo conocen los sentidos algo más perfectamente que cuando lo echamos de menos?

MARILYNNE ROBINSON, *Vida hogareña*

I. Anhelar

7 de diciembre de 1992. Whidbey Island, estrecho de Puget. Las dos guerras mundiales habían pasado, al igual que las otras guerras: Corea, Vietnam. Hasta la Guerra Fría había pasado, por fin. La base militar aeronaval de Whidbey Island, en cambio, seguía estando ahí, como el océano Pacífico con sus vastas e insondables aguas, que se extendían más allá de un aeródromo bautizado con el nombre de un aviador cuyo cadáver jamás se recuperó: William Ault, caído en la batalla del mar del Coral. Así son las cosas: el océano engulle cuerpos humanos y los vuelve inmortales. William Ault se convirtió en una pista de despegue por la que otros hombres subirían al cielo.

En la base aeronaval, el océano infinito se traducía en una serie de datos finitos, recabados mediante una red de hidrófonos repartidos por el fondo marino. Estos hidrófonos, empleados durante la Guerra Fría para rastrear los submarinos soviéticos, se dedicaban ahora al estudio del propio mar, transformando sus ruidos informes en algo mensurable: páginas de gráficos impresos que un espectrógrafo escupía sin cesar.

Ese día de diciembre de 1992, Velma Ronquille, suboficial de segunda clase de la marina estadounidense, oyó un

13

sonido extraño y decidió ampliarlo en otro espectrograma para poder estudiarlo mejor. Le costaba creer que tuviera una frecuencia de cincuenta y dos hercios. Llamó por señas a uno de los técnicos de sonido y le pidió que volviera, que echara otro vistazo al espectrograma. El hombre así lo hizo. Se llamaba Joe George. «Creo que es una ballena», le dijo Velma.

«Si no lo veo, no lo creo», pensó Joe. Parecía inconcebible. El patrón sonoro se correspondía con la llamada de una ballena azul, pero este cetáceo suele usar una frecuencia de entre quince y veinte hercios, un murmullo casi imperceptible, al filo de lo que el oído humano alcanza a percibir. Cincuenta y dos hercios era una barbaridad. Pero ahí estaba, negro sobre blanco, la firma sonora de una criatura que surcaba las aguas del Pacífico entonando una melodía excepcionalmente aguda.

Las ballenas emiten llamadas por varios motivos: para orientarse, buscar alimento, comunicarse entre sí. En el caso de ciertos cetáceos, incluidas las ballenas azules y las jorobadas, el canto también desempeña un papel importante en la selección sexual. Los machos de ballena azul poseen una mayor potencia vocal que las hembras, y el volumen de su canto —más de ciento ochenta decibelios— no tiene parangón en todo el mundo animal. Emiten chasquidos, gruñidos, trinos, murmullos y gemidos. Suenan como bocinas de niebla. Sus llamadas pueden recorrer miles de kilómetros a lo largo y ancho del océano.

Dado lo insólito de la frecuencia acústica empleada por esa ballena, los técnicos de Whidbey siguieron rastreándola durante años, cada nueva temporada migratoria, en su desplazamiento al sur desde Alaska hasta la costa de México. Dieron por sentado que se trataba de un macho, puesto que solo ellos cantan durante la temporada de apareamiento. Su trayectoria no era atípica, solo su canto, así como el hecho de que nunca se detectara la presencia de otra ballena en su cercanía. Siempre parecía estar solo. Cantaba a pleno pulmón sin dirigirse a nadie en particular, o por lo menos nadie parecía darle réplica. Los técnicos acústicos lo bautizaron como 52 Azul. Un informe científico acabaría certificando que nunca se habían registrado llamadas de ballena con características similares. «Tal vez sea difícil de aceptar —concedía el informe—, pero puede que estemos ante un espécimen único en esta inmensa masa oceánica.»

El viaje en coche desde Seattle a Whidbey Island me llevó a cruzar el paisaje industrial del estado de Washington en todo su elemental esplendor: inmensas pilas de leños cortados, ríos abarrotados de troncos que flotaban como peces atrapados en una red, grandes contenedores metálicos de colorines amontonados junto al puerto de Skagit y un rosario de silos blancuzcos cerca del paso del Engaño, allí donde el puente de acero se elevaba majestuoso sobre el estrecho de Puget, cuyas aguas impetuosas destellaban al sol, como erizadas de esquirlas, unos sesenta metros más abajo. Al otro lado del puente la isla se antojaba bucólica, un paisaje de ensueño, casi un reducto. TIRAR BASURA SALE CARO, advertía un letrero. HAGA UN USO SEGURO DE LOS CALEFACTORES ELÉCTRICOS, rezaba otro. Whidbey Island presume a menudo de ser la isla más larga de América, pero eso no es del todo cierto. «Whidbey es larga —observó con cierto retintín el *Seattle Times* en el año 2000—, pero no la que más... ni de largo.» En todo caso, es lo bastante larga para acoger una exhibición de cometas de papel, una feria del mejillón, una carrera ciclista anual (conocida como «el tour de Whidbey»), cuatro lagos y un juego de intriga detectivesca que se celebra todos los años y convierte al pueblo de Langley y sus 1.035 habitantes en un inmenso escenario del crimen.

Joe George, el técnico que identificó a 52 Azul, sigue viviendo en su humilde casita en la ladera de un monte situado en el extremo norte de Whidbey Island, a unos diez kilómetros de la base aeronaval. Cuando fui a verlo salió a abrir la puerta con una sonrisa. Es un hombre corpulento, de pelo canoso y aire serio y formal, pero afable. Aunque no trabaja en la base aeronaval desde hace veinte años, pudimos acceder al recinto gracias a su carnet de la armada estadounidense. Me contó que lo usaba para llevar residuos al punto de reciclaje de la base. Delante del club de oficiales, varios hombres con uniforme de aviador tomaban cócteles en una terraza con suelo de tarima, más allá de la cual se adivinaba la hermosa y abrupta línea costera: el oleaje rompiendo en la arena oscura, el viento cargado de salitre agitando el follaje perenne de los árboles.

Joe me contó que, cuando trabajaba en la base militar, su equipo –responsable de analizar la información recogida por los hidrófonos– apenas se relacionaba con el resto del personal. Era una cuestión de seguridad, precisó. Cuando llegamos a su antiguo edificio, comprendí a qué se refería. Estaba cercado por una doble valla metálica coronada por alambre de espino. Me contó que en la base circulaba el rumor de que aquello era una especie de cárcel. Nunca llegaron a saber para qué servía. Cuando le pregunté a qué atribuyó aquellos extraños sonidos cuando los escuchó por primera vez, allá por 1992, antes de comprender que eran cantos de ballena, me contestó: «No te lo puedo decir. Es confidencial».

De vuelta en su casa, Joe me enseñó un fajo de papeles de cuando se dedicaba a rastrear a 52 Azul. Eran mapas informáticos que recogían casi una década de patrones migratorios. En ellos, los viajes de la ballena aparecían representados mediante las toscas líneas de los gráficos computacionales de mediados de los noventa, cada una de un color distinto:

amarillo, naranja, morado. Joe me mostró espectrogramas del canto de 52 y me enseñó a interpretar su estructura armónica para que pudiera comparar ese canto con el de otros cetáceos: las frecuencias más graves que por lo general emiten las ballenas azules, las frecuencias mucho más agudas de las ballenas jorobadas. El canto de las ballenas azules abarca un amplio espectro sonoro –largos ronquidos y gemidos, constantes o modulados–, y las vocalizaciones de 52 Azul presentaban esos mismos patrones, pero caracterizados por una frecuencia insólita, apenas por encima de la nota más grave de una tuba. El breve fragmento grabado de 52 Azul que Joe me hizo escuchar ese día, acelerado para adaptarse al oído humano, sonaba fantasmal: una melodía aflautada, rítmica, inquisitiva, el equivalente auditivo a un haz de luz difusa que se abriera paso con esfuerzo a través de la niebla en una noche de luna.

Saltaba a la vista que Joe disfrutaba explicando sus gráficos y mapas acústicos. Quizá tuviera algo que ver con su querencia por la organización y el orden. Mientras me enseñaba con orgullo los frutos de sus variopintas y, a ratos, sorprendentes aficiones –como una impresionante colección de plantas carnívoras a las que alimentaba con abejas criadas para ese fin o la fiel reproducción de un mosquete que había ensamblado con sus propias manos para una recreación histórica de cazadores de pieles del siglo XVIII–, salió a relucir su gusto por el detalle y la pulcritud. Se aplicaba con la máxima precisión y minuciosidad en todo lo que hacía. Me enseñó los lirios cobra, sus plantas preferidas y me explicó –sin duda fascinado por la eficiente e ingeniosa morfología de estas carnívoras– cómo sus capuchones traslúcidos atraen a las moscas, que, una vez atrapadas en su interior, se debaten hasta la muerte intentando volar hacia la luz. Luego cubrió delicadamente los sinuosos tallos tubulares con una capa de plástico para protegerlos del frío.

Yo intuía que Joe estaba deseando enseñarme sus antiguos gráficos de la ballena, pues le permitían remontarse a los tiempos en que 52 Azul seguía envuelto en misterio y el propio Joe formaba parte de su historia. Me contó que había llegado a Whidbey después de pasar varios años en una base militar de Islandia, considerada oficialmente un «destino difícil», aunque Joe no lo había vivido como una experiencia dura, ni mucho menos; de hecho, conservaba buenos recuerdos de sus hijos haciendo muñecos de nieve a orillas de la Laguna Azul. Joe era un buen candidato para Whidbey: tenía experiencia como técnico acústico y estaba preparado para trabajar entre las cuatro paredes de un pequeño búnker rodeado de vallas metálicas y alambre de espino.

El programa de rastreo mediante hidrófonos –también conocido como Sound Surveillance System [Sistema de Vigilancia Acústica]– era, según me explicó entonces, un proyecto sobrevenido. Cuando la Guerra Fría llegó a su fin, y con él la necesidad de rastrear los submarinos soviéticos, hubo que persuadir a la armada estadounidense de que valía la pena mantener el costoso despliegue de hidrófonos en el Pacífico. El proyecto que surgió entonces sorprendió incluso a quienes lo pusieron en marcha. Darel Martin, técnico acústico que trabajó con Joe en Whidbey, lo describe así: «Pasamos de ser expertos en tiburones de acero a rastrear animales de sangre caliente». Y añadió: «Los sonidos que puedes sacar del océano son sencillamente infinitos». Hoy, el misterio de una ballena en particular pervive en ese hombre que, sentado a la mesa de la cocina, abre varias carpetas desgastadas para señalar el gráfico, en apariencia corriente, de un canto extraordinario.

Julio de 2007, Harlem, Nueva York. Leonora sabía que iba a morir. No algún día, sino pronto. Desde hacía años tenía fibromas recurrentes y sangraba de manera copiosa, al punto de que a veces no se atrevía a salir de casa. Poco a poco, empezó a obsesionarse con la sangre: pensaba en ella, soñaba con ella, escribía poemas sobre ella. Dejó su puesto como asistente social en el Ayuntamiento de Nueva York, donde trabajaba desde hacía más de una década. Para entonces, tenía cuarenta y ocho años. Siempre había sido una persona autosuficiente; empezó a trabajar a la temprana edad de catorce años y nunca se casó, aunque tuvo varios pretendientes. Le gustaba saber que se valía por sí misma, pero la enfermedad la abocó a un aislamiento excesivo. Una pariente suya llegó a acusarla de haberse vuelto una persona sumamente sombría, y se desentendió de ella.

A medio verano, las cosas habían empeorado. Leonora se sentía verdaderamente enferma: náuseas incesantes, estreñimiento agudo, dolor por todo el cuerpo. Tenía las muñecas hinchadas, el estómago inflado, la visión nublada por espirales dentadas que iban cambiando de color. Le costaba respirar estando acostada, de modo que apenas pegaba ojo. Cuando al fin lograba dormirse, tenía sueños extraños. Cierta noche vio un coche fúnebre tirado por un caballo en las calles adoquinadas de un Harlem de otro siglo. Cogió las riendas del caballo, lo miró directamente a los ojos y supo que había ido a llevársela. Estaba tan segura de que iba a morir que no cerró con llave la puerta de su piso para que los vecinos pudieran entrar fácilmente cuando fueran a retirar su cadáver. Llamó a su médico para comunicárselo –«Estoy bastante segura de que voy a morir»–, algo que no le hizo ni pizca de gracia. Le dijo que llamara a una ambulancia y le aseguró que no iba a morirse.

Cuando los paramédicos ya se la llevaban en una camilla, Leonora les pidió que volvieran atrás para que pudiera cerrar la puerta con llave. Así supo que había recuperado la fe en su propia supervivencia. Si no iba a morir, no quería dejar la puerta sin cerrar.

Ese instante en que pidió a los paramédicos que dieran media vuelta es lo último que recuerda de la etapa previa a los dos meses de oscuridad que empezaron entonces. Esa noche de julio fue el inicio de un calvario médico –cinco días de intervenciones quirúrgicas, siete semanas en coma, seis meses en el hospital– que con paso del tiempo la llevaría, a su propio ritmo y a su propia manera, hasta la historia de 52 Azul.

Durante los años que Joe y Darel estuvieron siguiendo el rastro de 52 Azul, trabajaron bajo la supervisión de Bill Watkins, un experto en acústica del instituto oceanográfico de Woods Hole que cada pocos meses cruzaba el país de punta a punta para comprobar sus hallazgos. Todas las personas que me hablaron de Watkins se referían a él en términos casi míticos. Cada vez que alguien mencionaba la cantidad de lenguas que hablaba, la cifra variaba: seis, doce, trece. Uno de sus antiguos ayudantes de investigación sostenía que dominaba veinte lenguas. Sus padres eran misioneros cristianos destinados en la Guinea Francesa y, según Darel, había cazado elefantes con el padre siendo un niño. «Conseguía oír frecuencias de veinte hercios, imperceptibles para la mayoría de los humanos», me aseguró el propio Darel. «A ti y a mí se nos escaparían [...] pero él oía a los elefantes a lo lejos y le indicaba a su padre por dónde avanzar.»

A lo largo de su carrera, Watkins desarrolló buena parte de la tecnología y la metodología que han hecho posible grabar y analizar los cantos de las ballenas: marcas de rastreo, experimentos de reproducción sonora submarina y sistemas de localización. Fue él quien desarrolló la primera grabadora capaz de captar las vocalizaciones de las ballenas.

Para Joe y Darel, la frecuencia atípica de 52 Azul era interesante sobre todo porque lo convertía en un espécimen fácil de rastrear. Su llamada era inconfundible, por lo que siempre sabían dónde estaba. Las otras ballenas resultaban más difíciles de distinguir entre sí, y sus patrones migratorios, menos reconocibles. Esta particularidad –una ballena que destacaba entre todas las demás– les permitió relacionarse con 52 Azul como una criatura individual mientras las otras ballenas quedaban desdibujadas en una colectividad más anónima.

Esta particularidad de 52, así como su aparente aislamiento, le aportaban cierto carisma: «Siempre hacíamos bromas cuando lo estábamos rastreando –me contó Darel–, cosas del tipo: "A lo mejor va hacia Baja para curarse el mal de amores"». En estas chanzas se percibe cierta condescendencia afectuosa que es fruto de la familiaridad, son la clase de comentarios que bien podrían intercambiar dos estudiantes universitarios a propósito de algún compañero flacucho y desgarbado que nunca lo ha tenido fácil con las chicas: «52 no se ha comido un rosco, pero ahí sigue, erre que erre. Es el *canto* de nunca acabar». Para ellos, era algo más que un trabajo. Durante los años que pasó rastreando a 52, Darel le regaló a su mujer una cadena con un colgante en forma de ballena que aún sigue usando.

Joe tenía sus obsesiones: «En cierta ocasión, estuvo desaparecido durante más de un mes», dijo refiriéndose a 52, y era evidente que ese misterio seguía fascinándolo. Hacia el final de ese mes, cuando por fin recuperaron su pista, la ballena se había adentrado como nunca en las aguas del Pacífico. ¿Por qué se había producido ese paréntesis?, se preguntaba Joe. ¿Qué había pasado en ese espacio de tiempo?

Watkins era el principal impulsor del programa de monitorización de ballenas, pero su continuidad no dependía solo de él. Joe me explicó que, después del 11-S, se quedaron definitivamente sin fondos.

No obstante, la leyenda no había hecho más que empezar. En 2004, cuando los investigadores de Woods Hole publicaron por primera vez sus hallazgos sobre 52 Azul, tres años después de que se suspendiera la financiación del proyecto, recibieron un alud de mensajes preguntando por la ballena. Bill Watkins falleció un mes después de que el artículo fuera aceptado para su publicación en un medio especializado, así que le tocó a una de sus antiguas ayudantes de investigación, Mary Ann Daher, contestar a esa avalancha de cartas que nada tenían que ver con la correspondencia habitual entre científicos. Los remitentes, en palabras de Andrew Revkin, periodista del *New York Times* que cubrió la noticia, eran «amantes de las ballenas angustiados por la posible existencia de un corazón solitario en el mundo cetáceo» o bien personas que se identificaban con la ballena por otros motivos: porque parecía un espíritu inquieto o independiente, porque tenía una voz propia.

Ese mismo diciembre, cuando se publicó el reportaje de Revkin encabezado por el titular «La canción del mar, a capela y sin respuesta», un nuevo aluvión de cartas llegó a Woods Hole, quizá propiciado involuntariamente por la oceanógrafa Kate Stafford, que aparecía citada en el reportaje: «Es como si [la ballena] dijera: "Eh, que estoy aquí", pero nadie se diera por enterado». Entre los remitentes de aquellas cartas estaban los que sufrían mal de amores y los que sufrían de sordera; los perdidamente enamorados y los solteros; los escarmentados, los reincidentes y los que habían renegado del amor para siempre. En definitiva, todo aquel que se identificaba con la ballena o que sufría por ella, por los sentimientos –fueran cuales fuesen– que proyectaban sobre el animal.

Había nacido una leyenda: la ballena más solitaria del mundo.

Desde entonces, 52 Azul –o 52 Hercios, como lo conocen muchos de sus admiradores– ha inspirado un sinfín de titulares lacrimógenos: no solo «La ballena más solitaria del mundo», sino también «La ballena cuyo singular canto le impide encontrar pareja», «La melancólica canción de amor de una ballena solitaria» o incluso «Hay una ballena a la que ninguna otra alcanza a oír, y está muy sola. Es descorazonador, y la ciencia debería intentar comunicarse con ella». Han circulado descripciones imaginativas de un desventurado solterón que viaja hasta la Riviera Maya para buscar en vano a las mayores beldades del reino animal mientras «sus melodiosas llamadas de apareamiento resuenan durante horas en la oscuridad de las profundidades oceánicas [...], convertidas en un amplio repertorio de canciones nostálgicas».

En Nuevo México, un cantante aficionado que se ganaba la vida a regañadientes en una empresa tecnológica dedicó todo un álbum a 52; otro intérprete, este de Míchigan, compuso una canción infantil sobre las cuitas de la ballena. Al norte del estado de Nueva York, un artista hizo una escultura con botellas de plástico recicladas que bautizó como *52 Hertz*. Por su parte, un productor musical de Los Ángeles empezó a comprar cintas de casete usadas en los mercadillos de garaje y a grabar en ellas el canto de 52, que se estaba convirtiendo rápidamente en una especie de sismógrafo sentimental con múltiples argumentos narrativos: alienación y determinación; independencia y nostalgia; la imposibilidad de comunicarse, pero también una terca perseverancia ante el fracaso. Hasta hay quienes han abierto cuentas de Twitter para hablar en nombre de la ballena, como @52_Hz_Whale, que no se anda con rodeos:

¿Holaaaaaa...? ¡Buenaaaas! ¿¿Hay alguien ahí?? #ascodevida

Estoy más solo que la una. :'(#soledad #eternamentesolo

23

Leonora se despertó en el hospital St. Luke's-Roosevelt en septiembre de 2007, tras siete semanas en coma, pero todavía en las primeras estaciones del vía crucis médico que la llevaría hasta 52 Azul. Durante los cinco días que pasó entrando y saliendo del quirófano, los cirujanos le extrajeron casi un metro de tubo intestinal para eliminar todo el tejido necrótico que se había formado en torno a una grave oclusión. Luego le indujeron un coma para favorecer la recuperación, pero aún quedaba por delante un largo proceso de convalecencia. No podía andar y las palabras no acudían a su mente cuando las necesitaba, por no decir que apenas podía articularlas, pues las vías que le habían introducido en la garganta durante el coma le dejaron la tráquea en carne viva. No conseguía contar más allá del diez, y le costaba lo suyo llegar a ese número, pero disimulaba como podía. No quería que los demás se dieran cuenta de que le suponía un esfuerzo.

A decir verdad, el esfuerzo siempre había estado presente en su vida. Se había criado con su abuela, una mujer resuelta y avispada de metro y medio de estatura y aquejada de ceguera a causa de la diabetes, que había llegado a Estados Unidos desde la ciudad india de Chennai con escala en Trinidad. La abuela solía decirle que en su tierra se creía que las aceras estadounidenses estaban hechas de oro macizo. Pero Leonora recuerda la parte de Harlem donde creció, en un barrio cercano a la avenida Bradhurst, como algo más parecido a una zona en guerra, sobre todo durante la época del instituto, a mediados de los años setenta, cuando tenían su propio destacamento policial y una tasa de homicidios muy superior a la media. Fue por entonces, un verano, cuando Leonora descubrió su interés por la fotografía y empezaron a llamarla «la fotógrafa de la muerte» porque muchas de las personas a las que retrataba acababan perdiendo la vida a causa de la violencia reinante en el barrio.

Leonora estaba decidida a marcharse. Con el dinero que ahorró trabajando como camarera, se fue a París, donde pasó un año que habría de convertirse en un recuerdo difuso, recorriendo el bulevar Saint-Michel arriba y abajo con un sacacorchos en la mano, y también visitó Capri en compañía de una amiga. Allí conocieron a un par de socorristas calenturientos con los que se colaron en una mansión abandonada y comieron pan con mermelada en una polvorienta mesa de cocina. De vuelta en Nueva York, Leonora conoció a un hombre con el que estuvo a punto de casarse, pero cuando llegaron al juzgado empezó a sentir unos cólicos tan terribles que tuvo que ir al lavabo y se dio cuenta de que su cuerpo le estaba diciendo: «No sigas adelante». Le hizo caso. Se quedó en el baño hasta que el juzgado cerró sus puertas y un agente de policía tuvo que sacarla de allí.

Entonces empezó a trabajar como asistente social en el ayuntamiento de Nueva York, donde tramitaba vales para alimentos y otras prestaciones, pero en lo personal se fue aislando cada vez más. Para cuando ingresó en el hospital, en julio de 2007, se había apartado tanto del mundo que no vivió su estancia allí como una ruptura abrupta, sino más bien como la evolución natural de su propia decadencia.

Para Leonora, la parte más difícil del proceso de recuperación fue asumir la pérdida de autonomía, comprender que ya no podría ser independiente ni cuidar de sí misma. A medida que iba recobrando la voz, se sentía cada vez más cómoda pidiendo lo que necesitaba. Cuando por fin comprendió el origen de un hedor que poco a poco se había ido haciendo evidente –su propio cabello, enmarañado y apelmazado por la sangre reseca–, pidió a uno de los médicos que le cortara el pelo. El resultado fue mucho mejor de lo esperado, tanto que hasta le dijo en broma que podía emprender una segunda carrera como peluquero.

Durante los seis meses que pasó en el hospital y en diversos centros de rehabilitación, Leonora se sintió abandonada por los suyos. Apenas recibía visitas. Tenía la impresión de que todos cuantos formaban parte de su vida la rehuían, se apartaban de ella porque no querían convivir con la enfermedad. Dio por sentado que esta les molestaba porque les recordaba su propia mortalidad y percibía en ellos un rechazo que le producía náuseas. Cada vez que su padre iba de visita, le decía una y otra vez lo mucho que se parecía a su propia madre, a la que no había mencionado en años. Leonora sentía que su propia enfermedad había despertado en él emociones de ira y pérdida que llevaban mucho tiempo reprimidas.

Perdió el contacto con los demás, con el mundo en general. Ni siquiera podía ver la tele, porque le daba dolor de cabeza. Una noche, ya de madrugada, mientras navegaba por internet, se topó con la historia de 52 Azul. Para entonces llevaba varios años circulando por la red, pero Leonora se identificó con sus desventuras de un modo especial. «Esa ballena hablaba en un lenguaje que nadie más entendía –me dijo–. Y allí estaba yo, privada de lenguaje. No tenía palabras para describir lo que me había pasado [...]. Era como él: no tenía nada, nadie con quien comunicarme. Nadie me escuchaba, tal como nadie lo escuchaba a él. Y pensé: "Yo te escucho. Ojalá pudieras escucharme tú también".»

Leonora tenía la sensación de que su propio lenguaje flotaba a la deriva. Le costaba recuperar cierta noción de identidad personal, no digamos ya encontrar los términos precisos para describir lo que pensaba o sentía. El mundo parecía desdibujarse ante sus ojos, y la ballena era como un eco de esta dificultad para comunicarse. Recordaba haber pensado: «Ojalá pudiera hablar el lenguaje de las ballenas». La esperanza de que 52 Azul supiera que no estaba solo le brindaba un extraño consuelo. Pensaba: «Ahí está la ballena, hablando, diciendo algo, cantando. Y nadie acaba de entender qué dice, pero el caso es que hay alguien escuchando. Apuesto a que lo sabe. Tiene que notarlo».

La caza de una ballena esquiva inspiró el relato más famoso de la literatura estadounidense. «¿Has visto a la ballena blanca?» Pero *Moby Dick* representa por igual la búsqueda de una criatura marina –o de venganza– y la búsqueda de una metáfora, o lo que es lo mismo: el intento de comprender aquello que no tiene explicación. Ismael describe la blancura de la ballena como un «vacío mudo, lleno de significado». Lleno de significados, cabría matizar: lo divino y su ausencia, el instinto primario y su rechazo, la posibilidad de venganza, pero también de aniquilación. «Y de todas estas cosas la ballena albina era el símbolo –explica Ismael–. ¿Os asombra aún la ferocidad de la caza?»

Cuando empecé a indagar en la historia de 52 Azul, me puse en contacto con Mary Ann Daher, del oceanográfico de Woods Hole, confiando en que me ayudara a comprender por qué la peculiar historia de esta ballena había trascendido el ámbito científico para convertirse en poco menos que un grito de guerra. Su papel en todo lo sucedido era bastante curioso. Se había convertido en confesora involuntaria de una creciente multitud de devotos de la ballena por la simple razón de que su nombre aparecía al pie de un artículo sobre la investigación científica en la que había participado años atrás como mera ayudante. «Recibo toda clase de emails –le contó entonces a un periodista–, y algunos son muy conmovedores, lo digo de corazón. Se me parte el alma al leer esos mensajes en los que me preguntan por qué no intento ayudar a ese animal.» Con el tiempo, la insistencia de los medios de comunicación empezó a crisparle los nervios: «Ha sido un calvario –le confesó a otro periodista en 2013–. No hay un país en el mundo del que no me hayan llamado para pedirme información. Y eso que llevo sin trabajar en el proyecto desde 2006 más o menos... y... madre mía, [Watkins] se llevaría las manos a la cabeza, por no decir otra cosa».

Pese a todo, yo tenía muchas ganas de hablar con Daher. Nos imaginé a las dos en Woods Hole, a orillas del mar, mirándonos a los ojos con sendas tazas de café entre las manos, respirando el aire cargado de salitre. «¿Qué sentiste al recibir todas esas cartas?», le preguntaría. Y ella me diría que el corazón le daba un vuelco cada vez que aparecía uno de esos mensajes en su bandeja de entrada, convertida en una suerte de confesionario digital. Luego me recitaría alguno de memoria, el que más la hubiese conmovido: «52 Azul representa la esperanza y el duelo a la vez». Yo me daría cuenta de que se le rompía la voz al decirlo y repetiría sus palabras, recogiendo esa inflexión involuntaria. Señalaría cómo se tensaban las costuras de su neutralidad científica, casi desgarrada ante el asombro que despertaba la causa perdida de ese corazón solitario.

Pudo haber sido así. Tal vez exista otra dimensión en la que así fue. En esta, sin embargo, lo único que pasó fue que Daher no contestó a mis mensajes. El responsable de relaciones con los medios del oceanográfico fue muy explícito: estaba harta de hablar de la ballena, de negarse a hacer suposiciones sobre la ballena, de corregir las suposiciones ajenas. Ya había dicho todo lo que tenía que decir al respecto.

El escritor Kieran Mulvaney fue la última persona con la que Daher accedió a hablar sobre el tema. La transcripción de la entrevista da fe de sus recelos y exasperación: «No tenemos ni repajolera idea», contestó cuando Mulvaney le preguntó por el origen del extraño canto de 52. «¿Está solo? No lo sé. A la gente le gusta imaginarlo ahí fuera, vagando desamparado, cantando por cantar, sin nadie que lo escuche. Pero yo no puedo afirmarlo [...]. ¿Ha logrado aparearse? No tengo ni la más remota idea. Nadie puede contestar a esas preguntas. ¿Se siente solo? Odio atribuir emociones humanas a los animales. ¿Experimentan soledad las ballenas? No lo sé. No quiero ni entrar ahí.»

Daher nunca accedió a hablar conmigo. Tampoco quiso enseñarme las cartas que había recibido de todas las personas que se habían sentido conmovidas por la historia de ese animal, de modo que decidí buscarlas por mi cuenta.

Al principio no eran más que voces salidas del éter digital: un fotógrafo de tabloides polaco, el empleado de una cooperativa de agricultores irlandeses, una estadounidense musulmana que asociaba la ballena con el profeta Jonás. Todos habían ido a parar a una página de Facebook dedicada a 52 Azul donde la mayor parte de los mensajes convergía en torno a dos temas: la lástima que despertaba el animal y el afán de buscarlo. Cierta mañana, Denise colgó el mismo mensaje –«encontremos a 52 Hercios»– una y otra vez: a las 08:09 h, a las 08:11 h, a las 08:14 h, a las 08:14 h (de nuevo) y a las 08:16 h. Una mujer llamada Jen contestó: «Solo quiero darle un abrazo».

Shorna, una joven de veintidós años de Kent, Inglaterra, me contó que descubrir la historia de 52 le permitió comprender el aislamiento que había sentido a los trece años cuando su hermano murió asesinado, un aislamiento nacido de la convicción de que nadie podría llegar a entender su pena. La familia se negaba a hablar de ello y los psicólogos le decían lo que debía sentir. La ballena, en cambio, nunca le dijo lo que debía sentir, sino que se limitaba a dar forma a lo que ella estaba sintiendo: que vivía en «una longitud de onda distinta a la del resto de los mortales». Juliana, una chica de diecinueve años que estudiaba Filología Inglesa en la Universidad de Toronto, me dijo que la ballena era «la personificación de todos aquellos que alguna vez se han sentido demasiado raros

29

para amar». Para ella, 52 representaba a quienes «deambulan solos» o, como ella misma, «tratan de encontrar a alguien que los acepte con sus defectos y flaquezas».

Zbigniew, que a sus veintiséis años trabajaba como editor fotográfico para uno de los tabloides más importantes de Polonia, decidió tatuarse la silueta de 52 Azul en la espalda tras la ruptura de una relación sentimental que mantenía desde hacía seis años.

> yo estaba profundamente enamorado. pero ella me trataba como una persona inferior en la relación [...] aquello me destorzó, sober todo proque le había abierto el corazón y creía que ella me correspondía. [Por] su culpa perdí todo contacto con mis mejores amigos. Pensar en el tiempo perdido me deprimía [...]. Historia de la ballena 52 hz me levantaba el ánimo. Para mí es símbolo que uno puede estar solo sin sentirse desgraciado [...]. Es como una afrimación, que la vida sigue, aunque no tengas pareja.

Para Zee, como se hace llamar este fotógrafo, 52 acabó simbolizando los días de soledad posteriores a la ruptura, una época que pasó encerrado en casa viendo películas deprimentes sin más compañía que sus dos gatos, Puma y Fuga. «Por mucho tiempo, estuve "cantando" en otra frecuencia a la d todos a mi alrededor», me comentó en un mensaje. Pero para él, la ballena también representaba la capacidad de sobreponerse a la adversidad: «podría describir así últimos dos años d mi vida. nado de aquí para allá en mi rincón de océano, buscando a getne como yo, con Paciencia, y encaro la vida cn seguridad de que no soy inferior a nadie, sino especial en sentido positivo».

El tatuaje era su forma de mantenerse fiel a eso que la ballena significaba para él y de comunicar ese mensaje, de cantar en una frecuencia que tal vez alguien pudiera comprender. Ocupa toda la parte superior de su espalda, «la única porción de mi cuerpo lo bastante grande para que luzca en todo su esplendor». Detrás de un minucioso dibujo de Moby Dick, otra de sus obsesiones, se distingue un segundo cetáceo que es como una ballena fantasma, un negativo definido por ese contorno de tinta sobre la piel desnuda. En vez de representar a 52 Azul, el tatuaje de Zee aludía al hecho de que nadie lo ha visto.

Sakina, una actriz de veintiocho años especializada en simulación cínica, residente en Míchigan, asocia a 52 con otra clase de duelo, con una lucha más espiritual. La vi por primera vez en un vídeo de YouTube, ataviada con hiyab, contando que la historia de 52 le había recordado al profeta Jonás, que fue engullido por una ballena. «Es lógico que la ballena más solitaria del mundo se sienta sola –dice en el vídeo–, porque llevaba a un profeta consigo, en su interior, pero ya no lo lleva.» Quedé con Sakina en una cafetería del centro de Ann Arbor, donde me explicó que descubrir la historia de 52 Azul le había recordado ciertos episodios de soledad de su niñez (se había criado como musulmana en Nuevo México), pero en su imaginación lo que buscaba la ballena no era tanto el amor, cuanto una existencia dotada de sentido. Anhelaba un profeta al que engullir o una profecía que cumplir. «¿No ansiará volver a conectar con lo divino?», se preguntaba.

David, un irlandés con dos hijos, se identificó de un modo más profundo con 52 Azul después de perder su empleo en la empresa Waterford Crystal, donde llevaba más de dos décadas trabajando. Compuso una canción en la que se lamentaba de haberse «regodeado en la pena como la ballena 52 Hercios» y luego se mudó a Galway con su mujer para emprender una nueva vida. «Todo el mundo me asegura que Galway me sentará bien», me dijo por entonces. A sus cua-

31

renta y siete años, tenía intención de apuntarse a una coral y volver a las aulas. «El hallazgo de la ballena ha sido para mí como una señal llegada de las profundidades, la señal de que se avecina un cambio en mi vida [...]. Lo único que sé a ciencia cierta es que 52 Hercios sigue ahí fuera cantando, y eso me hace sentir menos solo.»

Seis meses después, David me escribió para contarme que su mujer lo había dejado tras veinticinco años de matrimonio. Desde hacía algún tiempo, apenas se hablaban. La vida en Galway no resultó como él la había imaginado y la coral fue un gran chasco, pero seguía hallando consuelo en la historia de la ballena. «Sé que ella sigue ahí fuera –escribió, refiriéndose al animal en femenino, acaso imaginándolo como un alma gemela–. Veo a otros que también andan buscando. Tal vez no vaya a pasar mucho más tiempo solo.»

El mundo natural siempre ha servido de pantalla para la proyección de los deseos humanos. Los románticos se referían a esto como la «falacia antropomórfica». Ralph Waldo Emerson lo llamaba la «relación con el cielo y la tierra». Proyectamos nuestros temores y anhelos sobre todo aquello que no somos –cada animal, cada montaña– y así los volvemos, hasta cierto punto, afines a nosotros. Es a la vez un acto de humildad, la expresión de un deseo y una reivindicación. A menudo ni siquiera somos conscientes de que lo hacemos. Décadas después de que Percival Lowell, astrónomo aficionado, afirmara haber visto canales en Marte y sombras «radiales» en Venus que interpretó como indicios de vida extraterrestre, un optometrista descubrió que ciertos parámetros del telescopio de Lowell –concretamente, el aumento y la apertura del objetivo– estaban desajustados, por lo que el aparato proyectaba su propia retina sobre los planetas observados. Los «rayos» de Venus eran en realidad la sombra de sus propios vasos sanguíneos, inflamados a causa de la hipertensión. Lo que veía no eran otras formas de vida, sino la huella de su propia mirada.

Cuando Emerson afirmaba que «toda apariencia en la naturaleza corresponde a algún estado de ánimo», percibía esta correspondencia como una especie de plenitud. «En sí mismos, los hechos de la historia natural carecen de valor, son estériles, como un solo sexo», sostenía, sugiriendo que es la proyección humana la que fertiliza el óvulo, aportando significado al cuerpo «estéril» de la historia natural y ofreciendo sustento al propio hombre, convirtiéndose en «parte de su alimentación diaria».

Emerson aplaudía este proceso, pero también se preguntaba por sus implicaciones: «Los objetos naturales nos ayudan así a expresar significados particulares, pero ¡qué lengua tan magnífica para transmitir informaciones tan nimias!», escribió. «Somos como viajeros que emplean las cenizas de un volcán para freír huevos.» Se preguntaba si el hecho de presentar el mundo natural como metáfora equivalía a mermar su integridad: «¿Acaso las montañas, las olas y el cielo no tienen más significado que el que les atribuimos conscientemente cuando los usamos como símbolos de nuestros pensamientos?». Podríamos aplicar el símil del huevo y las cenizas volcánicas al hecho de usar una ballena gigante para encarnar la añoranza de la vida de estudiante o el vacío existencial de una ruptura amorosa. «¿Se siente solo? Odio atribuir emociones humanas a los animales.»

Antes teníamos un nombre para las personas aficionadas a exagerar los atributos de los animales: falseadores de la naturaleza. El mismísimo Teddy Roosevelt criticó pública y mordazmente lo que denominaba «sensacionalismo de los bosques». Estos relatos almibarados del mundo natural proyectaban la lógica humana sobre las conductas animales para contar historias de patos salvajes que se escayolaban la pata rota con barro o cuervos que construían aulas para sus polluelos. «Sé que como presidente no debería hacer esto», concedió, pero no por ello se abstuvo de juzgar a esos escritores: «No puede considerarse estudioso de la naturaleza aquel que no observa con rigor sino de un modo engañoso, que escribe de forma interesante, pero faltando a la verdad, y que se vale de la imaginación no para interpretar los hechos, sino para inventarlos». A Roosevelt le inquietaba sobremanera la «ceguera ante la realidad», el peligro de que contar historias falsas sobre la naturaleza nos impida distinguirlas de las verídicas. Tal es el riesgo de atribuir a la ballena emociones como la soledad o el hambre espiritual, de pedirle al pato que se escayole la propia pata con barro: que ese asombro ante la naturaleza que hemos inventado nos impida apreciar la naturaleza real en la que vivimos.

El argumento de Roosevelt tiene un extraño eco moderno en una cuenta de Twitter, @52Hurts,[1] en cuya bio la ballena protesta por su propia condición simbólica: «No soy un símbolo ni una metáfora. No soy la metafísica que te remueve por dentro, ni la personificación de tus obsesiones. Soy una ballena». Muchos de sus tuits son absurdos –«Ivdhggv ahijhd ajhlkjhds»–, pero hay algo en ellos que destila sinceridad. Son los tuits de una ballena que no sabe qué hace en Twitter, que con su galimatías parece negarse a que proyecten sobre ella la capacidad de comunicarse verbalmente. Su jerigonza revela un mayor interés por lo ininteligible que por intentar que lo desconocido encaje a la fuerza en una falsa legibilidad, un mayor interés por reconocer la existencia de ciertas lagunas que por verbalizar lo que proyectamos sobre ellas.

1. «52 Hurts» significa literalmente «52 sufre», pero «*hurts*» y «*hertz*» (hercios) son palabras homófonas en inglés, por lo que también significa «52 Hercios», como se conoce a la ballena. *(N. de la T.)*

Cuando me puse en contacto con Leonora, me contestó al instante para darme la bienvenida a la «inmensa caja de resonancia» de los devotos de 52. Quedamos en el parque estatal de Riverbank una tarde de marzo suspendida entre el invierno y la primavera. Desde el Hudson nos llegaba una brisa gélida. Leonora se movía con cautela y escogía sus palabras con la misma minuciosidad. Riverbank era a todas luces un lugar especial para ella. Ansiaba contarme que el parque se había construido sobre una depuradora de aguas residuales; le enorgullecía que hubiese servido para transformar una necesidad desagradable en una promesa de futuro. Riverbank también había desempeñado un papel importante en su proceso de rehabilitación, pues era el lugar donde había aprendido a caminar de nuevo tras salir del coma. Por entonces se avergonzaba de que la persona que la ayudaba en casa la viera tropezar a cada paso, de modo que se marchaba al parque, que no la juzgaba y la dejaba practicar a su aire.

Mientras pasábamos por una hilera de huertos marchitos, Leonora me dijo que no había tenido un solo resfriado en todo el invierno gracias a las vitaminas que estaba tomando. Desde que «se había muerto» –así se refería a su enfermedad y el coma que le siguió, como si hubiese muerto y vuelto a la vida– se atiborraba de suplementos. «Mi billete de vuelta implicaba ciertas condiciones», me dijo. Debía aprender a cuidar de sí misma. Eso explicaba las vitaminas, las clases de expresión artística y el propósito de empezar a cultivar sus propias verduras cuando llegara la primavera. Esperaba conseguir uno de los pequeños huertos urbanos que la asociación encargada de gestionar el parque subastaría antes del verano. Las parcelas de tierra quedaban cerca de la pista de atletismo y revelaban los estragos del invierno: tallos resecos, hojas marchitas y abarquilladas, cañas torcidas que habían sostenido tomateras y volverían a hacerlo. Leonora quería plantar pimientos y perejil, un pequeño huerto que crecería sobre una planta depuradora. Sería una forma de decir: «Hacemos lo que podemos con lo que tenemos a nuestro alcance». Había vuelto del coma hecha añicos, y seguía juntando esos añicos para recomponer su vida.

Un zorzal robín de vientre rojo pasó dando saltitos por una de las parcelas ante la mirada incrédula de Leonora, pues no era habitual verlos hasta bien entrada la primavera. Me dijo que debíamos pedir un deseo. Esto formaba parte de su regla de los tres días: siempre que le hacía una pregunta al universo, recibía una respuesta en el plazo de tres días, ya fuera en forma de sueño o aparición, a veces encarnada en un animal, aunque también podía ser algo tan simple como un súbito olor a lavanda. Se declaraba abierta a los mensajes de todas las cosas, en todo momento, en lenguajes que ni siquiera eran reconocibles como tales.

Entramos en el bar cafetería que había junto a la pista de patinaje, donde un equipo de hockey escolar estaba entrenando. Los Mequetrefes. Leonora me dijo que aquella cafetería era el único lugar de Nueva York en el que aún se podía comprar un café por un dólar. Allí se sentía como en casa. Los tipos de detrás de la barra sabían lo que quería antes incluso de que lo pidiera. Un hombre montado en una silla de ruedas motorizada la saludó al pasar. Otro que estaba merodeando junto a la caja registradora le pidió que firmara una petición de apoyo a un candidato a director del parque.

Nos sentamos a una mesa y Leonora sacó una libreta grande para enseñarme algunos de los bocetos a tinta y lápiz que había hecho de 52 Azul. «Me tiene obsesionada –confesó–. Al principio, intentaba hacerme una idea de su aspecto.» Pero sus primeros dibujos eran «confusos», de modo que buscó inspiración en imágenes de otras ballenas. «Pero seguía sin dar con él. Es muy esquivo.» Pese a todo, siguió intentando captarlo. Cuando quedamos, estaba trabajando en un retrato de 52 para la exposición de fin de curso del taller de expresión artística que impartía el centro cívico del parque y al que ella se había apuntado.

Me contó que la primera vez que oyó el canto de 52 lo reprodujo por lo menos cincuenta veces seguidas. Un día hasta soñó con él: 52 ya no estaba solo, sino que nadaba entre una manada de ballenas, y Leonora las acompañaba, desplazándose a una velocidad de vértigo, sintiendo que tenía una cabeza enorme, el cuerpo suave y terso, sin rastro de vello. Mientras se recuperaba del coma, el agua había protagonizado muchos de sus sueños en forma de ríos y océanos, más que de lagos o estanques, como si no pudiera estar estancada o en reposo, sino en constante movimiento. El día que soñó con 52, se despertó con una profunda sensación de asombro: «Me llegó al alma –dijo–. Me quedé allí tumbada en la cama, preguntándome "¿Qué ha sido eso? ¿Qué ha sido eso?"».

Este sentimiento de conexión con 52 siempre había tenido dos caras: la comunicación y la autonomía. La ballena representaba las dificultades a las que se enfrentó durante la convalecencia –como sus intentos frustrados de recuperar el habla– pero también la independencia personal que esas dificultades le habían arrebatado. Mientras los demás veían a la ballena como un corazón solitario que no encontraba pareja, Leonora la veía como una criatura que no necesitaba a nadie más. En ese sentido, representaba su propia capacidad para valerse por sí misma, algo que valoraba por encima de todo lo demás y que la enfermedad había puesto en entredicho.

Le molestaba que se asociara la existencia solitaria de 52 con una soledad no deseada, tal como hacían con ella. En un momento dado me dijo, sin que apenas viniera a cuento: «No salgo con nadie desde el siglo pasado. Llevo todo este tiempo sin tener una sola cita». Me contó que esa circunstancia inquietaba a otras personas, amigos y familiares que intentaban buscarle novio. «Es como si una mujer no fuera una persona completa hasta que tiene un hombre a su lado.» Pero a ella no le inquietaba en absoluto: «Nunca me he sentido sola. En mi caso no existe ese factor de soledad impuesta. Soy una solitaria, pero no me siento sola, ¿vale? Cuando me apetece, voy a ver a alguna amiga, compro unas cajas de vino, invito a gente a mi casa y me pongo a cocinar».

Ante su insistencia, no pude evitar pensar aquello de «Dime de qué presumes...», pero también recordé la importancia de la humildad: no pretendas conocer los entresijos de un corazón ajeno. No pretendas conocer sus deseos. No des por sentado que vivir solo es lo mismo que sentirse solo. Leonora me dijo que esperaba que nunca encontraran a 52: «Rezo para que no pase. Me gusta creer que seguiré viéndolo en mis sueños».

«De verdad que no alcanzo a explicarme la fascinación por esta ballena», me confesó Joe George mientras estábamos sentados a la mesa de su comedor. «Para mí, no es más que ciencia», añadió, lo que hacía aún más enternecedora la bandeja de galletas que descansaba entre ambos, pues tenían forma de ballena con la cola glaseada en tonos pastel –verde, rosa, añil– y la cifra «52» escrita con un glaseado del mismo color. Las había hecho la hija de Joe, que parecía orgulloso de ofrecérmelas y a la vez un poco avergonzado, pues aquellas galletas representaban la caprichosa concesión a un fenómeno que su mente de científico no acababa de entender.

Me habló de la extrañeza que le producía que les hubiesen cortado de un modo tan súbito y tajante la financiación para monitorizar cetáceos –como si a nadie le importara lo que estaban haciendo– y haber sido testigo del regreso de la ballena al cabo de tantos años, convertida en una figura extraña y refractada. De pronto todo el mundo se desvivía por ella, aunque por motivos que no tenían ningún sentido para Joe, un hombre más preocupado por hacer bien su trabajo que por extraer metáforas del mismo.

En un momento dado, me dijo, la ballena llamada 52 Hercios dejó de cantar en esa frecuencia. La última vez que la localizaron, su canto se situaba más bien en torno a los 49,6 hercios. Es posible que la frecuencia anterior se debiera a una forma tardía de pubertad y que, al crecer, sus vocalizaciones bajaran a frecuencias más graves.

He aquí otra lección de humildad: la posibilidad de que un animal huidizo deje de agitar su señuelo, de que la criatura material ponga en tela de juicio todas nuestras proyecciones mitológicas. Es como si hubiésemos sintonizado con el corazón una señal que ha dejado de emitirse, por lo que no tenemos manera de encontrar lo que hemos estado buscando, sino solo –con suerte– de averiguar qué simboliza esa criatura.

Después de pasar la primavera conociendo mejor a Leonora, volví al parque de Riverbank para visitar la exposición de fin de curso de su taller de expresión artística. Fue a principios del verano, y se respiraba un ambiente festivo. Los aprendices de teclado fueron los primeros en actuar, y tocaron «When the Saints Go Marching In» bajo unos gigantescos ventiladores industriales de color crema. A continuación, unas ancianas bailaron sincronizadas al pegadizo son del *bubblegum pop*, agitando unos abanicos a juego y enfundadas en pantalones capri blancos y alegres blusas azul zafiro o rosa coral. Uno de los trabajadores del parque me susurró al oído: «Son nuestras alumnas más veteranas. Les encanta mover el esqueleto».

Leonora, que ese día llevaba unos pantalones de color lavanda y un coletero rosado, iba sacando fotos y arrastrando un carrito de la compra cargado con sus trabajos. Me enseñó su retrato de 52 Azul, que habían colgado en un pasillo del centro cívico: una ballena bidimensional pintada con tinta acrílica que parecía sobrevolar un arcoíris y un océano. A lomos de la ballena —o quizá volando a su lado, no quedaba claro—, se veía la silueta recortada de una mujer. Leonora me dijo que había usado una foto suya de hacía años para el collage, aunque se había ensombrecido el rostro para que no fuera solo ella la que volaba con la ballena. Podría ser cualquiera. La mujer de la pintura acercaba la cabeza a la ballena como si escuchara lo que decía. «Alguien me preguntó si la ballena me está besando —me dijo Leonora—, y yo le contesté que podría ser.»

Al ver pasar a una joven con la camisa verde del personal del parque, Leonora le soltó sin preámbulo ni pudor: «Este de aquí es 52 Hercios, tal como yo me lo imagino», como si todo el mundo conociera o debiera conocer la historia de la ballena, como si el proyecto de imaginar su cuerpo lejano debiera resultarnos familiar a todos.

Durante los meses previos, en el transcurso de nuestras charlas, llegué a la conclusión de que el apego de Leonora por la ballena era algo que se había ido fraguando a lo largo de toda su existencia. Si veía su crisis de salud como la culminación de un proceso —y la oclusión intestinal como la suma de los traumas que había encadenado desde que nació, experiencias que había sufrido pero que nunca se había permitido verbalizar o llorar hasta que le atenazaron las entrañas y la hicieron caer enferma—, la ballena parecía ofrecer otra clase de acumulación: un recipiente capaz de albergar los anhelos de toda una vida. Leonora experimentaba la profunda necesidad de entender su existencia como algo que seguía unos patrones discernibles, entretejidos de señales, presagios y voces. Anhelaba una lógica que pudiera reorganizar todos los puntos inconexos de su experiencia para formar una constelación inteligible. En una de nuestras charlas, me dijo que pensaba en mí siempre que veía un zorzal, porque habíamos visto uno juntas. Le conté que dos semanas después de haber visto aquel pájaro conocí al hombre con el que quería casarme. No eran los tres días de rigor, pero algo es algo.

En otra de nuestras visitas a la cafetería del centro cívico, Leonora me dijo que la ballena bien podría ser la última de su estirpe, tal como lo era ella, en cierto sentido, porque no tenía hijos. No soportaba que la gente viera este hecho como una deficiencia; sus obras eran lo más parecido que tenía a la descendencia, y no la echaba de menos. No parecía casual que empleara palabras como «resurrección», «renacer» o «segunda vida» para referirse al coma y a su convalecencia, ni que volviéramos una y otra vez al tema de los hijos, de tenerlos o no tenerlos. Tampoco podía ser casual que la idea del nacimiento vertebrara su forma de pensar sobre todo esto. Durante años se había desangrado, y al final de esa sangría, cuando regresó de entre los muertos, fue como si se diera a luz a sí misma.

Ese último día, cuando me marché del parque de Riverbank, Leonora me regaló un pequeño cuadro: un zorzal robín con el pecho rojo, diminutas garras y un ojillo reluciente. Me dijo que el rojo del pecho simbolizaba el paso a la acción. Me acordé del hombre al que conocí poco después de haber avistado el pájaro y sentí que me contagiaba del pensamiento mágico de Leonora, por el que la vida se traduce en una sucesión de augurios. Yo quería que esos augurios ratificaran la existencia de algún espíritu que lo organizaba todo, o cuando menos que sirvieran para hilvanar un relato.

«Ve con Dios —me dijo Leonora en español—. Algún día, deberías tener un bebé.»

Cuando Emerson se lamentó de que «lo material se ve rebajado ante lo espiritual» se refería a que hemos «trasladado la naturaleza a la mente y dejado de lado la materia como si fuera un despojo indeseado». El cuerpo físico de 52 Azul se ha convertido en ese despojo indeseado, la materia que queda cuando nuestras cavilaciones llegan a su fin. Esta alquimia encierra violencia y belleza a la vez. Emerson comprendía esta ambivalencia: «Todo espíritu se construye una casa y, más allá de la casa, un mundo y, más allá del mundo, un cielo –escribió–. Lo único que alcanzamos a ver es lo que somos».

Un día, mientras pensaba en voz alta sobre la ballena, Leonora me preguntó: «¿Cómo sabes que no ha sido enviado para curarnos, que su canción no es curativa?».

Puede que todas las canciones tengan propiedades curativas si las escuchamos con el estado de ánimo propicio, al final de siete semanas cruciales o las peores de nuestra vida, las que hemos perdido para siempre. Puede que desear y pedir sean la misma canción reproducida en frecuencias distintas. En un momento dado Leonora me dijo, sencillamente: «La ballena lo es todo».

52 Azul sugiere no solo que una ballena puede servir como metáfora de la soledad, sino que la metáfora en sí es un bálsamo contra esa soledad. La metáfora siempre conecta dos puntos dispares, señalando que ninguna emoción existe aislada, ningún afán existe al margen de los afanes y cuitas ajenos. La soledad busca metáforas no solo para definirse, sino también por la complicidad que nace de la identificación con el otro, la promesa de afinidad a través de la comparación. Hay toda una comunidad reunida en torno a esta afinidad en particular, gente que rastrea el latido de un corazón del tamaño de una furgoneta. Podría decirse que es una comunidad formada en torno a un vacío. Cuando volcamos nuestra compasión sobre 52 Azul, el objeto de ese senti-

miento no es una ballena, o no exactamente, sino aquello que hemos construido en torno a su figura. Pero eso no niega ni invalida ese sentimiento, lo bastante poderoso para ayudar a una mujer a volver a la vida después de haber estado siete semanas al filo de la muerte.

En el transcurso de nuestra conversación en Whidbey Island, hubo un momento en que le hablé a Joe de Leonora. Al principio no estaba segura de que me hubiese prestado demasiada atención, pero hacia el final de la visita se volvió hacia mí y dijo: «Esa mujer de la que me has hablado, la que estaba en coma... –Hizo una pausa. Yo asentí–. Es realmente extraordinario», concluyó.

Joe estaba en lo cierto al afirmar que la ballena no es más que una ballena. También lo estaba Leonora al afirmar que la ballena lo es todo. ¿Y si devolvemos a la ballena su condición física y material, liberándola de nuestro afán metafórico, sin por ello negar los contornos de su segunda identidad –la que nosotros hemos creado– y reconocemos lo que ha hecho por nosotros? Si dejamos que se desdoble en su forma real y el trasunto de lo que necesitamos que sea, dejaremos que esas ballenas gemelas sigan cada una su propio rumbo. Las liberaremos de la sombra una de la otra y las veremos surcando el mar, dejando a su paso una doble estela.

NOS CONTAMOS HISTORIAS PARA PODER VOLVER A VIVIR

En abril del año 2000, un niño de Luisiana llamado James Leininger empezó a tener pesadillas sobre accidentes aéreos. Cada vez que su madre entraba en la habitación para consolarlo, lo encontraba retorciéndose en la cama, agitando los brazos y las piernas como si intentara zafarse de algo, repitiendo una y otra vez las mismas frases: «¡El avión se estrella! ¡El avión está ardiendo! ¡El hombrecillo no puede salir!».

A lo largo de los siguientes años, un relato cada vez más específico empezó a cobrar forma a partir de estos sueños, hasta que un día James les dijo a sus padres que eran recuerdos de una vida anterior, en la que había sido piloto de aviación y había muerto abatido por los japoneses. El niño empezó a mencionar nombres propios para los que sus padres no encontraban explicación: había pilotado un Corsair, despegado de un portaviones llamado Natoma. Sus padres no le habían hablado aún de la Segunda Guerra Mundial y no alcanzaban a imaginar de dónde salían estas visiones. James les habló de los amigos que tenía a bordo: un hombre llamado Jack Larsen y otros como Walter, Billy y Leon que lo estaban esperando en el cielo y cuyos nombres usó para bautizar sus figuras articuladas del soldado G.I. Joe. Andrea, su madre, se convenció de que James recordaba de veras una vida anterior. Su padre Bruce, en cambio, se mostraba más escéptico.

Sin embargo, cuando Bruce empezó a indagar un poco en el asunto, se topó con una serie de datos que hicieron tambalear su escepticismo inicial. En 1945, el portaviones estadounidense Natoma Bay estaba desplegado cerca de Iwo Jima. En la tripulación había un piloto llamado Jack Larsen y otro llamado James Huston, que fue abatido cerca de Chichi-Jima el 3 de marzo de ese mismo año. Entre los tripulantes del Natoma Bay se encontraban también Walter Devlin, Billie Peeler y Leon Conner, que perdieron la vida poco antes que el propio Huston. ¿Cómo iba un niño a tener noticia de estos hombres, no digamos ya del barco y la secuencia de sus muertes?

En 2002, Bruce se presentó en una reunión de veteranos del Natoma Bay y empezó a hacer preguntas. No estaba por la labor de airear los supuestos recuerdos de su hijo, así que se hizo pasar por un historiador que estaba escribiendo un libro sobre el portaviones. A Andrea, mientras tanto, le traía sin cuidado la historia militar; solo quería acabar con las pesadillas de su hijo. Le dijo a James que lo creía, pero que su vida anterior había pasado y que ahora le tocaba vivir la presente.

Cuando James tenía ocho años, la familia emprendió un viaje a Japón con el fin de cerrar el círculo y dejar atrás esa etapa celebrando una misa fúnebre en memoria de James Huston. Desde Tokio tomaron un ferry y desembarcaron en Chichi-Jima tras una travesía de quince horas. Desde allí se desplazaron en una embarcación más pequeña hasta el lugar aproximado donde el avión de Huston se había precipitado al mar, donde James arrojó al agua un ramo de flores moradas. «Yo te saludo y nunca te olvidaré», dijo. Luego sollozó sin parar durante veinte minutos con la cara enterrada en el regazo de su madre.

–Tú déjalo todo aquí, campeón –le dijo su padre–. Déjalo todo aquí.

Cuando por fin James levantó la mirada y se secó las lágrimas, quiso saber dónde habían ido a parar sus flores. Alguien señaló una mancha de color en la distancia. Allí estaban, lejos pero todavía visibles, flotando a la deriva en la superficie del mar.

Un soleado día de enero de 2014 visité las oficinas de un pequeño instituto de investigación de Virginia, llamado Unidad de Estudios Perceptivos (UEP). Fui hasta allí para entrevistar a un psiquiatra infantil, Jim Tucker, que había pasado los últimos catorce años elaborando una base de datos de niños que decían recordar vidas anteriores. Cuando nos conocimos, esa base de datos incluía a más de dos mil familias, pero Tucker me dijo que el de James Leininger seguía siendo su caso más sólido.

Yo había ido a entrevistar a Tucker por encargo de una revista de moda de Nueva York y sabía que en la redacción esperaban que lo desacreditara. Cuando le comentaba a alguien que estaba escribiendo una historia sobre la UEP, cuya investigación se centraba en los recuerdos de vidas pasadas, experiencias rayanas en la muerte y percepciones extrasensoriales, escuchaba comentarios del tipo: «Un momento, ¡¿qué has dicho?!». El tema se prestaba a los chistes fáciles, pero yo siempre defendí la reencarnación, no tanto porque creyera en ella como porque me había vuelto profundamente escéptica respecto al propio escepticismo. Me parecía mucho más fácil señalar los puntos débiles de todas las cosas –personas, programas, sistemas de creencias– que construirlas, sostenerlas o por lo menos tomarlas en serio. Este descreimiento sistemático no dejaba hueco para el misterio y el asombro.

La fe en la reencarnación no es un fenómeno insólito. Todos nos hemos preguntado alguna vez adónde vamos al morir. En 2018, un estudio del Pew Research Center reveló que el treinta y tres por ciento de los estadounidenses creen en la reencarnación, mientras que una encuesta de Harris Poll realizada en 2013 concluyó que el sesenta y cuatro por ciento de los ciudadanos de este país creen en lo que se definía de un modo un tanto vago como «la supervivencia del alma tras la muerte». Ya de vuelta en Nueva York, cada vez que cogía el metro, veía fotos del niño autista de trece años que había desaparecido en octubre de ese año. El chico vivía en Queens, y no había un solo tren con destino a esa parte de la ciudad que no llevara su cara impresa. Yo me había convencido contra toda lógica de que acabarían encontrándolo, o de que estaba sano y salvo, dondequiera que estuviese, y si esa convicción me convertía en una ingenua, lo aceptaba de buen grado.

Cuando Tucker me recibió en las oficinas de la UEP, situadas en un edificio señorial con fachada de ladrillo en el centro de Charlottesville, no me pareció un chiflado ni un místico, sino un tipo afable, lúcido y a todas luces inteligente, un hombre de mediana edad que se estaba quedando calvo, pero conservaba la constitución ágil y delgada de sus años mozos, algo así como el padre de esa amiga del insti que en sus ratos libres corría maratones. Poseía un aplomo innato y una formalidad no exenta de cortesía. Se expresaba con palabras cuidadosamente medidas, pero sin rastro de vacilación, al afirmar que los médiums daban voz al espíritu de los fallecidos o que las marcas de nacimiento podían confirmar lesiones sufridas en vidas anteriores. Era un poco como escuchar a un geólogo puesto de anfetaminas describiendo con toda naturalidad la composición mineral de la tierra.

La UEP se fundó en 1967 y se halla oficialmente adscrita a la Universidad de Virginia, pero se financia sobre todo a través de donaciones particulares, empezando por el legado de un millón de dólares que en su día hiciera Chester Carlson, inventor de la fotocopiadora, cuya mujer creía tener el don de la percepción extrasensorial. En 2013, cuando la revista estudiantil de la universidad publicó un artículo en portada sobre la investigación que se llevaba a cabo en la UEP, no tardó en recibir un aluvión de comentarios airados a través de su web. Muchos consideraban absurda la mera existencia de la UEP o se declaraban «horrorizados» al descubrir su vínculo con la universidad.

Mientras Tucker me enseñaba las oficinas, fui anotando en mi cuaderno una serie de detalles insólitos que componían una suerte de manual básico de la extravagancia institucional. En una foto enmarcada, uno de los exdirectores del centro aparecía ofreciendo un ejemplar de su libro, *Experiencias al filo de la muerte*, al dalái lama, nada menos, que algo sabría de la reencarnación. Los tablones de anuncios estaban empapelados con citas inspiradoras («Nuestras nociones de mente y materia deben pasar por muchas fases que todavía nos resultan inconcebibles») y folletos que hablaban sobre proyectos en marcha («Investigación sobre médiums que afirman dar información sobre personas fallecidas», «Experiencias místicas en enfermos epilépticos»). Dejamos atrás la «habitación blindada», concebida para experimentos de percepción extrasensorial: una cueva de aspecto lúgubre con un sillón reclinable donde los sujetos de estudio esperaban los mensajes que les enviaban los «emisores» desde otros puntos del edificio. Tucker me explicó de pasada para qué servía la habitación, cuyas paredes estaban recubiertas con planchas metálicas para bloquear la señal de los teléfonos móviles e impedir así que se hicieran trampas. Parecía dar por sentado que yo sabía cómo funcionaban las cámaras de percepción extrasensorial.

Mientras recorría la UEP, me sentí a menudo como una adolescente en clase de educación sexual, intentando evitar que se me escapara la risa. Pero esa propensión a la hilaridad no se me antojaba del todo auténtica. Era más bien como si canalizara un espíritu crítico colectivo, una opinión general «sensata» según la cual solo un tonto de capirote se tomaría en serio todas esas paparruchas, o como si sucumbiera a la risa nerviosa que estalla de pronto ante lo que no acabamos de entender.

En la biblioteca de la UEP había una impresionante vitrina en la que se exponían armas llegadas de todos los rincones del mundo –un alfanje nigeriano, una daga tailandesa, una espada de Sri Lanka– con las que se habían infligido heridas que supuestamente habían pasado de unas vidas a otras. La cartela que acompañaba un macillo de gong birmano contaba la historia de un monje al que un visitante trastornado mató de un golpe en la cabeza y que, según la leyenda, regresó al cabo de unos años encarnado en un muchacho con el cráneo llamativamente achatado. En un pasillo cercano, pilas de folletos daban cuenta de varios estudios de la UEP, incluido uno que llevaba por título «Siete nuevas experiencias paranormales relacionadas con el naufragio del Titanic». Pasamos por delante de dos cucharas colgadas en la pared, una de ellas retorcida como si la hubiesen fundido sobre las llamas de una fragua. Cuando le pregunté a Tucker qué eran, me respondió como restándole importancia: «¿Eso? Experimentos de doblar cucharas».

Luego estaba el candado. A su muerte en 2007, Ian Stevenson, el primer director de la UEP, dejó un candado cuya combinación solo él conocía. La idea era que, si su alma sobrevivía a la muerte, encontraría el modo de hacerla llegar a sus compañeros. Tucker y los suyos habían recibido varias llamadas telefónicas de desconocidos que afirmaban saber la combinación, pero aún no habían podido abrir el candado. Cuando me lo contó se permitió al fin cierta ironía, pero durante la mayor parte de la visita se contuvo a la hora de hacer bromas sobre la reencarnación. Esa noche, mientras cenábamos, me dijo que tiempo atrás había hecho sus pinitos como novelista, y cuando le pregunté si no se había planteado retomar la escritura, repuso con una sonrisa: «Quizá en otra vida».

Me contó que el hecho de compaginar su carrera profesional como psiquiatra infantil con las investigaciones extrasensoriales en la UEP era como tener doble personalidad. «El trabajo como psiquiatra infantil ha sido mi identidad de Clark Kent, la de los modales afables –dijo–, pero luego hay una identidad secreta, totalmente vinculada a otro mundo.» Me describió a grandes rasgos la composición de su base de datos: la mayoría de los casos eran niños con edades comprendidas entre los dos y los siete años cuyos recuerdos, a menudo en forma de sueños vívidos, venían envueltos en una amplia gama de emociones: miedo, amor, pena. La mayoría de esos niños eran extranjeros a los que ni siquiera Tucker conocía en persona pese a que entrevistaba con regularidad a nuevas familias que acudían a él en busca de respuestas. Solo daba un caso por «resuelto» cuando se había identificado una vida anterior plausible, por lo general alguien de la propia familia, aunque a veces se trataba de un desconocido para el propio niño, como en el caso de James.

Tucker parecía un hombre sensato y cabal que, sin comerlo ni beberlo, había acabado encarnando a Hamlet ante los Horacios del mundo: «Hay más cosas en el cielo y en la tierra [...] de las que sueña nuestra filosofía»[1]. Se había criado como protestante evangélico en Carolina del Norte y no había pensado demasiado en la reencarnación hasta que se casó por segunda vez. Su nueva esposa, Chris, que también había cursado estudios superiores, creía en las habilidades parapsicológicas y la reencarnación, y el hecho de vivir con

1. William Shakespeare, *Hamlet*, en *Tragedias. Teatro completo I*, trad. de Ángel Luis Pujante, Espasa Clásicos, Madrid, 2012. *(N. de la T.)*

ella hizo que Tucker abriera la mente a cosas que nunca hasta entonces se había planteado. Con el tiempo, llegó a la conclusión de que la psiquiatría infantil le resultaba gratificante pero no lo llenaba. Le gustaba comprobar que los chavales mejoraban gracias al tratamiento, pero en definitiva se limitaba a «encadenar una cita tras otra, sin posibilidad de tomar distancia». Su trabajo con los recuerdos de vidas anteriores le parecía menos reduccionista, por cuanto consistía en seguir los patrones difusos de un horizonte mucho más amplio del que abarcaba su campo de visión.

Semanas después, cuando escuché la grabación de las entrevistas con él, me avergonzó oírme asegurándole una y otra vez mi «receptividad ante el misterio». La insistencia era sincera, pero no podía evitar reconocer en mi propia voz el tono estridente y ansioso del autoconvencimiento y la astucia de la estrategia. De un modo más o menos inconsciente, había intentado persuadir a Tucker de que no era otra escéptica más. Según la famosa definición de Janet Malcolm, un periodista es «una especie de embaucador que se aprovecha de la vanidad, la ignorancia o la soledad de los demás para ganarse su confianza y traicionarlos sin remordimientos». En mis entrevistas con Tucker me oía confesándole de antemano: «Nunca puedes contar la historia de alguien tal como esa persona la habría contado».

Cuando visité a Tucker en la UEP, llevaba más de tres años recuperándome en Alcohólicos Anónimos a través del programa de los doce pasos y había llegado a la conclusión de que, para que funcionara, debía suprimir —o por lo menos suspender— varias formas de escepticismo a la vez: hacia el dogma, los clichés, los sistemas de afirmación introspectiva y autoconciencia predigerida y los relatos a todas luces esquemáticos que otros hacían de su propia existencia. En rehabilitación se nos pedía que evitáramos «el desdén previo a la investigación», y escribir un artículo sobre la reencarnación –visitando la UEP y sus cucharas dobladas– se me antojaba otra forma de poner a prueba esa predisposición a mantener la mente abierta.

En mis comienzos como escritora, sentía una profunda admiración por el ensayo de Joan Didion que lleva por título «El álbum blanco» y empieza con la famosa frase «Nos contamos historias para poder vivir». La última frase es menos famosa, pero en ella Didion viene a decir exactamente lo mismo, reiterando la suspicacia que le merecen todas esas «historias» y su pretendida coherencia, como si no lo hubiese dejado claro repetidas veces a lo largo del texto. Con el tiempo, empecé a tener mis dudas respecto a esa actitud de permanente duda. Me molestaba la altivez implícita en el hecho de que Didion se considerara una escéptica lúcida en un mundo rendido al autoengaño. Empecé a creer que había un fracaso ético inherente al escepticismo, la misma noción de superioridad que subyacía al impulso de rechazar los clichés en las reuniones de Alcohólicos Anónimos o los relatos a todas luces expurgados que los demás hacían de sus propias vidas.

Cuando me sentaba a escribir, descubría una creciente propensión a hacerlo sobre vidas o creencias de las que otros tal vez se mofarían: personas que creían sufrir una enfermedad dermatológica cuya existencia negaba la mayoría de la clase médica, personas con cierta dificultad intrínseca para encajar en la sociedad que sentían una poderosa hermandad espiritual con una ballena huidiza. Sin embargo, si era sincera conmigo misma, debía reconocer que esta afinidad también desprendía un ligero tufo a superioridad moral. Puede que me gustara creer que defendía a los desamparados, o tal vez fuera una forma de cobardía. Puede que estuviera demasiado asustada para refutar las historias que los demás se contaban a sí mismos para sobrevivir a su propia vida.

En ese caso en particular, no es que me dejara convencer por la explicación aparentemente científica de Tucker sobre el funcionamiento de la reencarnación: una teoría basada en una serie de experimentos sacados de la historia de la física, escogidos a dedo e interpretados de forma sesgada, según un físico al que tuve ocasión de entrevistar. Al fin y al cabo, Tucker era psiquiatra, no físico. Lo que me pasaba era que sentía un rechazo emocional, espiritual e intelectual hacia cierto tono desdeñoso que se jactaba de tener todas las respuestas, de saber lo que era posible y lo que no. Me parecía arrogante dar por sentado que comprendía los entresijos de la conciencia: qué era, de dónde venía o adónde se iba una vez que había cumplido su función.

Durante mi estancia en Virginia, acompañé a Tucker cuando fue a entrevistar a dos familias. Ambas tenían hijos adolescentes que, de niños, decían recordar vidas anteriores. En una casa grande con vistas a un bosque invernal de árboles desnudos, un universitario de veinte años llamado Aaron me contó que de pequeño recordaba haber sido tabacalero. Llegó a tener visiones de una plantación, una hermana cruel, un incendio. Por entonces fingía fumar cualquier cosa que cayera en sus manos: una rama, una cañita, los palitos de las piruletas. Estaba obsesionado con los tatuajes y las motos y se negaba a calzar nada que no fueran botas de vaquero. Se las ponía hasta para ir a la piscina, sin más atuendo que el bañador.

Su madre, Wendy, me dijo que descubrir «el alma vieja» de Aaron la ayudó a entender por qué le costaba tanto hacer amigos de su edad. Siempre había querido prepararle una fiesta de cumpleaños, pero nunca sabía a quién invitar: «No te ofendas, hijo mío –le dijo–, pero no encajabas en ningún grupo». El propio Aaron achacaba sus recientes problemas sentimentales a esa alma vieja. Las chicas de su entorno parecían interesadas sobre todo en salir de fiesta, me dijo, pero él solo quería sentar cabeza y formar una familia. Mientras charlábamos, vi a través de la ventana a un hombre en la linde del bosque, jugando a tirar palos a tres perros lanudos. Cuando se dio la vuelta para entrar en casa, Wendy me pidió que no mencionara el tema de la reencarnación en su presencia. Su novio era mecánico aeronáutico, me explicó. Todo aquello le parecía descabellado.

En una casa más pequeña de un barrio algo más modesto, en cuyo césped languidecían unos renos de plástico desinflados, Julie nos explicó que su hija Carol había empezado a hablar tarde en comparación con la media y que, una vez que lo hizo, tampoco decía gran cosa. Cuando la niña tenía cuatro o cinco años, se le ocurrió preguntarle por qué era tan poco habladora, y entonces Carol le reveló al fin la existencia de su otra familia: unos padres de pelo largo que cultivaban hierbas y tenían un teléfono antiguo de color verde menta. No entendía por qué no seguía viviendo con ellos y los echaba de menos. «Sentí la necesidad de asegurarle que era su verdadera madre», me confesó Julie. Le preocupaba que Carol compartiera los recuerdos de su vida anterior con toda la clase el día que le tocara ser la protagonista y que los demás niños se burlaran de ella.

Más de una década después, con casi veinte años, Carol nos contó a Tucker y a mí que se había apuntado a una academia de cocina para aprender a hacer tartas para personas con alergias alimentarias, y Julie sugirió que esa vena creativa también podía venirle de su existencia anterior. Nos explicó que uno de los recuerdos más intensos que Carol tenía de su vida pasada era el de estar dibujando sentada a la mesa de la cocina. Esta asociación de ideas parecía nacer de la misma fe ciega que rezuman las previsiones astrológicas: si así lo deseas, puedes lograr que casi cualquier cosa encaje en el rompecabezas de tu vida.

Al cabo de un instante, Carol corrigió sutilmente el relato de su madre. En sus recuerdos no se veía dibujando a la mesa de la cocina, sino pintando sobre un caballete en el interior de un rascacielos con paredes acristaladas. Hubo una pausa en la conversación. Todos reflexionamos sobre la zona borrosa que había entre los recuerdos de Carol y las historias que Julie se había contado a sí misma sobre esos recuerdos, en las que la cocina había reemplazado al rascacielos y el dibujo había reemplazado al caballete con tal de mover y realinear las resplandecientes esquirlas de cristal del calidoscopio de la memoria.

El día que volvía a casa, mi vuelo se vio cancelado por culpa de una tormenta de nieve, algo raro en Virginia, y pasé dos noches matando el tiempo en un hotel de negocios cercano al aeropuerto, apurando una botella tras otra de agua con gas en el bar del vestíbulo. El camarero y yo intercambiamos miradas compungidas mientras la tele desgranaba un sinfín de noticias apocalípticas: corrupción, abusos sexuales, delfines muertos tiñendo de rojo el agua de una cala japonesa cuya ubicación permanecía en secreto. En algún rincón profundo y recóndito de mi psique, me había convencido de que el agnosticismo y la aceptación eran virtudes morales en sí mismas, pero en la vida real no estaba tan segura de que así fuera. Flaco favor le hacía a nadie, seguramente, fingiendo que mi sistema de creencias era lo bastante tolerante para considerar todas las cosas igual de válidas. Tal vez hubiese experiencias con las que no me podía identificar, cosas en las que nunca podría creer.

¿A santo de qué me empeñaba en defender la veracidad de estos relatos de supuestas vidas pasadas? Más que porque me creyera capaz de demostrar la existencia de la reencarnación, lo hacía por el afán de desentrañar el origen de la fascinación que ejercía sobre mí la creencia en otra vida. Si nos contamos historias para vivir, ¿qué podemos sacar de las historias que nos permiten volver a vivir? Algo más que la necesidad de resistir a la aterradora irrevocabilidad de la muerte, algo relacionado con reconocer que vivimos condicionados por fuerzas que no alcanzamos a ver o comprender.

En la tele del bar del hotel –en plena tormenta de nieve, justo antes de irme a dormir– reconocí el rostro de Avonte Oquendo, el chico de Queens que se daba por desaparecido. Habían encontrado su cadáver en el East River. Cuando aún creía que podrían hallarlo con vida, la policía había difundido una grabación hecha por su madre con el fin de alentarlo a confiar en las fuerzas del orden: «Avonte, te habla tu madre. Estás a salvo. Ve hacia las luces».

Unas semanas después, mientras circulaba por una carretera secundaria de Luisiana, yendo hacia la casa de los Leininger en Lafayette, crucé bosques salpicados de pozas de agua resplandeciente y cabañas destartaladas que amenazaban con ceder bajo su propio peso. La radio de mi coche de alquiler iba hablando sobre los demonios. «Creo en el enemigo espiritual –decía un hombre–. Consigue lo que quiere mediante la sustitución.»

Antes de ir hasta allí había entrevistado a un psiquiatra infantil llamado Alan Ravitz sobre la posible existencia de recuerdos de vidas pasadas, y para mi sorpresa no había desechado la idea de entrada. «Vaya usted a saber –dijo–. No hay nada imposible.» Reconoció que Tucker había descrito «cierta clase de fenómenos que son difíciles de explicar» y señaló que muchos de estos supuestos recuerdos de vidas anteriores no eran el «típico relato fantasioso que los niños suelen inventar». No obstante, Ravitz sugirió que esas «vidas anteriores» también podían surgir alentadas por un sutil proceso de refuerzo. Cuando un niño cuenta una historia –o reproduce un recuerdo extraño, o bien un sueño estrafalario que parecía muy real– y recibe atención a cambio, es natural que siga elaborando esa historia.

Esta dinámica de refuerzo –por la que es posible que padres e hijos se retroalimenten– es uno de los aspectos que más me fascinaban de estos casos. Nos contamos historias sobre los motivos de nuestra soledad, o sobre aquello que nos obsesiona, y estos relatos sobre la ausencia pueden definirnos de un modo tan completo como nuestra realidad. Los niños construyen identidades en torno a fantasmas. Una madre cree que a su hijo le cuesta hacer amigos porque el alma de un anciano vive en su interior. Las historias sobre vidas pasadas ayudan a explicar la vida presente, prometen una estructura radicular debajo del suelo corriente y moliente de nuestra existencia. Ratifican que las realidades que nos resultan más cercanas –los ritmos que gobiernan nuestra vida, las personas a las que más queremos– están condicionadas por fuerzas que trascienden los límites de nuestra percepción. Es algo emocionante y aterrador a un tiempo. Es expansión y rendición a la vez.

Durante mi estancia en Luisiana alquilé un bungaló en Arnaudville, más allá del autoservicio de daiquiris y el granero reconvertido en bar de moteros de la I-49, más allá del rótulo luminoso que anunciaba a pie de carretera JESÚS REGALA ABRAZOS y el letrero pintado a mano de SE VENDEN CALDEROS DE HIERRO USADOS, más allá de las callejuelas con señales de límite de velocidad –10 KM POR HORA– de un intenso color morado. El bungaló era una cabaña de madera rústica agazapada entre pacanas y magnolios, con una antigua placa de madera del TÓNICO RECONSTITUYENTE DOCTOR KILMER colgada por encima del váter y una lámpara de latón junto a la cama en la que me imaginé acostándome con todos los hombres con los que ya no me acostaba.

Sus fantasmas abarrotaban la cabaña como si fueran recipientes de todas mis identidades pasadas.

Los Leininger vivían en una casa modesta, a la sombra de unos abedules negros de cuyas ramas colgaban lánguidas barbas de viejo. Nada más abrir la puerta, Bruce me invitó a tomar una taza de té y una rebanada de bizcocho de plátano y luego, sin apenas solución de continuidad, se ofreció para enseñarme su colección de armas de fuego. Me di cuenta de que le producía cierto recelo verme tomando notas en mi cuaderno. «No es que sea un pirado de las armas», me aseguró con una pistola en cada mano. Cuando salí del cuarto de baño, me encontré un puñado de balas esparcidas sobre el edredón de su cama. No quise tocarlas, pero las apunté mentalmente como «un detalle revelador». El tatuaje que yo lucía en el brazo parecía interrogarme a propósito de ese hombre, ese instante y esas balas. Decía *«Homo sum; humani nil a me alienum puto»*: «Hombre soy; nada humano me es ajeno». ¿Acaso me había negado tercamente a reconocer que algunas personas sí me resultaban ajenas? ¿Acaso debía sentirme identificada con todos los forofos de las armas de este mundo? ¿Era ingenuo o incluso éticamente irresponsable creer que debía buscar algo en común con todo el mundo, o creer siquiera que eso era posible?

En previsión de mi visita, Bruce había desempolvado sus archivos sobre el Natoma Bay y sus pilotos, que abarcaban más de una década de investigación. Los cuadernos y carpetas se apilaban sobre la mesa del comedor, pero aquello no era sino «una ínfima parte», dijo, de lo que tenía guardado en los armarios. Había dedicado una libreta a cada uno de los soldados que murieron en el portaviones, repleta con toda la información biográfica y los informes militares que había logrado recabar. Tenía una caja de madera de las de champán repleta de microfichas que le había enviado el historiador de a bordo. Bruce no tuvo empacho en reconocer que lo suyo era «una obsesión». Todo estaba etiquetado como PROPIEDAD DE BRUCE LEININGER / MATERIAL DE INVESTIGACIÓN PARA «UN BARCO AFORTUNADO ©». Así se titulaba el libro que estaba escribiendo sobre el Natoma Bay, con el que pretendía demostrar la veracidad de lo que les había contado años atrás a los veteranos supervivientes del portaviones para ganarse su confianza. Ahora Bruce hacía llegar a las familias de los pilotos fallecidos cualquier información que encontrara sobre las peripecias y muerte de sus seres queridos, detalles específicos que el ejército rara vez les facilitaba. Según me dijo, creía que James Huston se había reencarnado en su hijo por una razón: para que Andrea y él pudieran recuperar ese pedacito de historia estadounidense que, de no ser por ellos, habría caído en el olvido.

Bruce me enseñó el armario del despacho en el que James solía jugar. Fingiendo que era la cabina de mando de un avión, saltaba desde su interior con una bolsa de lona a la espalda, simulando un paracaídas. Luego sacó algunos de los objetos que había ido reuniendo a lo largo de los años, incluido un vial con tierra de Iwo Jima y un fragmento de motor del avión kamikaze que se estrelló contra el Natoma Bay en 1945: un trozo de metal bañado en alquitrán fundido y rebozado en astillas de secuoya procedentes de la cubierta del barco. Bruce lo trataba como si fuera una reliquia sagrada.

Tras años de investigación, logró localizar por fin a Anne Huston Barron, la hermana de James Huston, con la que había trabado amistad usando su tapadera habitual. Sin embargo, cerca de seis meses después de ponerse en contacto con ella por primera vez, Andrea y él decidieron revelarle la verdadera razón de su interés por James. Estaban nerviosos. Iniciaron la conversación telefónica sugiriéndole que se sirviera una copa de vino. Habían apuntado el número del servicio de urgencias local por si la noticia le provocaba un síncope. Mientras Bruce y Andrea compartían conmigo estos detalles

–la copa de vino, el número de urgencias– reconocí el estilo de *Soul Survivor*, el libro sobre los recuerdos de la vida anterior del pequeño James que la pareja había publicado en 2009. Esta clase de comentarios ingeniosos había pasado a formar parte de una historia un tanto trillada. Hasta cuando hacían bromas a costa de sí mismos se percibía en su voz el incómodo eco de unas palabras repetidas hasta la extenuación, que no por ello dejaban de surtir el efecto deseado.

En cuanto a Anne, en un primer momento no supo muy bien qué pensar de la revelación –se quedó en shock–, pero con el tiempo acabó abrazando la idea de que el hijo de Bruce y Andrea era su hermano reencarnado. Tal vez hubiese algo reconfortante en la posibilidad de que su James no se hubiese ido del todo. Bruce me enseñó una de sus cartas: «Todo esto me sigue pareciendo abrumador –había escrito–. Una lee sobre esta clase de cosas, pero nunca espera que le pasen». Y en su letra pulcra, meticulosa, una afirmación inequívoca: «Y, sin embargo, creo en ello».

Cuando conocí a James, me pareció un adolescente bastante equilibrado. Se mostró cortés sin ocultar cierto hastío, ni el interés poco menos que nulo que tenía en hablar conmigo. Era la enésima desconocida que había ido hasta allí para saciar su curiosidad sobre las memorias de una vida anterior que no recordaba desde hacía años, desde aquella ceremonia en alta mar. Era más fácil sonsacarlo sobre otros temas, como su pasión por el *jiu-jitsu* o la manera de saber si la carne de caimán estaba bien hecha. No es que estuviera a la defensiva, ni mucho menos, pero lo noté un poco cansado de todo el paripé de la reencarnación, y tal vez ligeramente abochornado por el circo mediático –el libro, las entrevistas– que habían propiciado esos recuerdos, como alguien que soportara estoicamente las alharacas de un hermano aficionado a dar la nota. Ya no quería ser piloto de la armada como James Huston, sino infante de marina, pero también pasaba muchas tardes delante de un videojuego que consistía en hacer puntería desde la cabina de mando de un avión, y del techo de su dormitorio seguían colgando las maquetas de aviones que Bruce había hecho para él.

Lo más difícil de pasar tiempo en compañía de los Leininger era lo bien que me caían. Mientras cenábamos juntos en un restaurante criollo de la zona, bajo la alargada sombra de un caimán disecado que medía tres metros y medio de largo, supe que no iba a escribir el relato que ellos hubiesen querido sobre su familia. Una vez más, Janet Malcolm verbalizó mi sentimiento de culpa antes incluso de que yo lo sintiera: «Tal como la viuda crédula que se despierta un buen día y descubre que ese joven encantador la ha embaucado y desaparecido llevándose todos sus ahorros, también el sujeto aquiescente de un texto no ficcional aprende una dura lección cuando el artículo o el libro en cuestión sale a la luz». Y, sin embargo, me resistía a describir a los Leininger como charlatanes, mercaderes de un misterio de andar por casa, progenitores que habían convertido la supuesta vida anterior de su hijo en algo parecido a un negocio familiar, con una biografía superventas y otro libro en camino, por no hablar de las incontables conferencias y entrevistas televisivas. Nunca me dio la impresión de que lo hicieran movidos por el afán de lucro, sino más bien porque habían descubierto algo verdaderamente misterioso en su hijo, una fuerza que no acertaban a explicarse, y porque la explicación se había convertido en un relato con dinámica propia, una historia que les brindaba un propósito vital: indagar en un rincón olvidado de la historia humana y, en un sentido más general, afirmar ante el mundo que el alma podía viajar de un cuerpo a otro.

Por supuesto, la historia de su hijo también les concedía un aura especial: habían publicado un libro, salían por la televisión. Yo empezaba a percibir una pertinaz ironía subyacente a todas las historias de reencarnación: permitían reemplazar la creencia en la singularidad de cada persona por una idea de intercambiabilidad –antes de sernos dada, nuestra alma perteneció a otros– pero, al mismo tiempo, ofrecían una explicación excepcional a cosas profundamente banales: una niña apocada, un niño al que le cuesta hacer amigos, las pesadillas infantiles. Transformaban experiencias cotidianas en síntomas de un exótico fenómeno existencial.

Hacia el final de mi visita, los Leininger se ofrecieron para enseñarme algunos de los programas especiales de televisión en los que habían participado. Vimos juntos *El fantasma que habita el cuerpo de mi hijo* y *La ciencia del alma*, así como un reportaje de la televisión japonesa que nunca se había traducido al inglés, por lo que los Leininger seguían sin saber qué decía el presentador. De hecho, había sido ese programa japonés el que había costeado el viaje de toda la familia a Chichi-Jima y la catártica despedida que allí tuvo lugar. Vimos el metraje descartado, en el que los Leininger pasan horas sentados en un barco a la espera del ritual. Bruce y Andrea me advirtieron de que vería a James llorando a moco tendido, y en sus palabras había un reto implícito: «Intenta no creer después de ver cómo se deshizo en lágrimas».

Andrea se fue de la casa mientras veíamos el documental con la excusa de que tenía que comprar un cartucho para la impresora, aunque también confesó que ver a James llorando le afectaba emocionalmente. Bruce quiso saltarse la parte de su propio «discurso lacrimógeno» a bordo, pero yo le pedí que no lo hiciera. Resultó ser un sentido homenaje a la valentía de James Huston y un canto a la belleza de su última morada, esas aguas azules que bañaban una remota isla japonesa donde, como dijo Bruce mirando a cámara, «empezó el viaje de mi propio hijo».

En el documental, todo el mundo le iba preguntando a James qué tal estaba. «Bien —contestaba el niño—. Estoy bien.»

No pude evitar preguntarme si estas reacciones iniciales habrían decepcionado a la familia o al equipo que dirigía el documental, si para ellos habría supuesto una frustración organizar un elaborado homenaje póstumo en la otra punta del mundo para que el protagonista no derramara una sola lágrima.

En pantalla, sin embargo, Bruce no parecía decepcionado, ni mucho menos: «Me alegro de que no sientas nada —le dijo a su hijo—. Bastante has sufrido ya».

Solo al finalizar el discurso y las honras fúnebres, cuando Andrea dijo al fin que había llegado el momento de despedirse de James Huston, el niño rompió a llorar. Y siguió llorando convulsivamente. No podía parar.

Fuera de pantalla, años después de ese día, en el sofá de su sala de estar, Bruce se quedó mudo por unos instantes. Luego me dijo que todavía le disgustaba pensar siquiera en lo que le habría pasado por la cabeza a su hijo ese día. En un momento dado, uno de los cámaras se cuela en el encuadre para abrazar a James y después abraza también a Bruce.

«Estaban destrozados», me dijo este, refiriéndose a todo el equipo de rodaje japonés. Llegados a ese punto, sus lágrimas se habían convertido en parte inseparable de la historia, prueba de su entrega y su fe en la historia que estaban contando, pero me pregunté qué sentimientos había despertado en ellos la reencarnación de un soldado que había luchado contra su país.

Andrea se reunió con nosotros más tarde para ver algunos de los otros documentales. Dijo que le gustaba uno en el que no salía tan avejentada como de costumbre. El más amistoso de los cuatro gatos de la familia se acomodó en el sofá con nosotros, pero volvió la espalda a la pantalla. Intuí que tampoco era la primera vez que veía aquellas cintas.

Bruce se anticipaba a sus propias palabras en pantalla articulándolas en silencio. «¡Tonterías!», masculló para sus adentros justo antes de vociferar eso mismo en televisión. Estaba evocando su propio escepticismo inicial, interpretando una versión anterior de sí mismo, cuando todavía no creía que los recuerdos de James fueran reales. Disfrutaba escenificando su incredulidad previa porque no era algo que contradijera su fe actual, sino parte integrante del mismo arco narrativo, con lo que sugería a otros escépticos que sus dudas eran perfectamente razonables, pero en última instancia equivocadas.

Por su parte, Andrea parecía menos interesada en la reacción de terceras personas ante los recuerdos de James que en el modo como su hijo los había experimentado. Me enseñó una pila de dibujos de cuando era pequeño: torpes círculos que representaban el girar de las hélices, un reguero de puntitos dispersos que reproducían el fuego de las baterías antiaéreas y, a su alrededor, todo roto, astillado y repleto de tachones hechos con un rotulador rojo como la sangre. Me enseñó unos muñecos de palotes que representaban a los pilotos lanzándose desde el cielo. Algunos de los paracaídas se abrían como una flor, dibujando un arco por encima de las siluetas humanas, mientras que otros, los de los menos afortunados, bajaban a plomo convertidos en trazos rectos.

Desde el otro lado de la estancia, donde seguía viendo la televisión, Bruce comentó que, según un informe militar que había encontrado, James Huston abatió en cierta ocasión a un piloto japonés que se había lanzado en paracaídas. Andrea se quedó consternada; no sabía nada de eso. «Se me ha puesto la carne de gallina –dijo–. Será por eso que James siempre estaba dibujándolos, porque había abatido a uno.»

Mientras tanto, en la pantalla de la televisión, Bruce iba sentado en una diminuta embarcación y posaba una mano sobre la espalda de su hijo. «Eres un valiente», le dijo.

En ese instante, bajo la sensacionalista historia de reencarnación, latía otro relato más sencillo: el de un padre que intentaba consolar a su hijo. Lo que tenía ante mí eran dos progenitores dispuestos a creer que su amor podría llenar el vacío entre aquello que no podían explicar y las explicaciones que buscaban pese a todo. El amor no es inmune al anhelo humano de un relato coherente. Es un anhelo que yo misma experimento continuamente. De hecho, me gano la vida gracias a él. En el caso de esta familia, ese anhelo había dado origen a un relato complejo que se retroalimentaba, basado en el deseo de proteger a un niño sumido en la oscuridad.

Antes de irme, Andrea me enseñó una redacción que James había escrito con doce o trece años, titulada «Pesadillas»:

La tortura ardiente del fuego y el humo me golpeó cada noche a lo largo de cinco años [...]. Las pesadillas no eran sueños, sino algo que había pasado de veras: la muerte de James M. Huston. Su alma había regresado con forma humana. Había regresado a través de mi cuerpo y había decidido volver a la Tierra por un motivo: para decirnos a todos que la vida es realmente eterna.

El fantasma del escepticismo acechaba este *crescendo*, y James era consciente de ello:

Tal vez creáis que soy un necio por afirmar estas cosas, por creer en ellas. Pero cuando mis padres escribieron un libro sobre mi vida y mi experiencia, varias personas que estaban al borde de la muerte o padecían una enfermedad incurable me escribieron para decirme que mi historia los había ayudado, que les hizo perder el miedo a morir.

Al pie de la redacción, la profesora de James había escrito una sola palabra, repetida tres veces en letras rojas: «Guau. Guau. Guau».

Unos meses después de haber vuelto de Luisiana, recibí una carta de mi tía, que acababa de pasar la tarde con mi abuelo, un antiguo ingeniero químico al que le quedaban pocos meses para cumplir cien años. Habían estado hablando sobre la posibilidad de la reencarnación. Para mi abuelo —el primero de la familia que fue a la universidad y un hombre profundamente racional a lo largo de toda su vida— la pregunta de qué vendrá después había dejado de ser retórica. Mi tía y él habían comido salmón con patatas —alimentos sólidos, alimentos que les recordaban que ese cuerpo físico seguía perteneciéndoles— mientras él esbozaba su visión de la vida y la muerte: «Al nacer cogemos un pedacito de conciencia que, cuando nos morimos, vuelve al lugar del que salió».

Esa misma semana, un verificador de la revista para la que había escrito el artículo se dedicó cada día a llenar mi bandeja de entrada de escepticismo. Me informó de que había más de un portaviones de la Segunda Guerra Mundial con tripulantes llamados Walter, Leon y Billy, por lo que los nombres bien podían ser una coincidencia, y que ningún Corsair había despegado jamás del Natoma Bay. Una parte de mí quería entrar al trapo, contestar que vale, que a lo mejor ningún Corsair despegó desde el Natoma, pero que James Huston era uno de los veinte pilotos que volaron a los mandos de un Corsair como parte de una misión experimental en una etapa previa de la guerra. «¡Hay pruebas fotográficas!», quería gritar, como buena acólita de Bruce Leininger, pero mi actitud defensiva nunca tuvo mucho que ver con los hechos, sino más bien con la manera de enfocar la cuestión.

Para mí, la pregunta más apremiante nunca había sido si la reencarnación existe realmente, sino cómo nos vemos a nosotros mismos a la luz de esa creencia. Había algo atractivo en la idea de identidad porosa y genérica que implicaba, algo estrechamente relacionado con lo que tanto me gustaba de la rehabilitación: que me obligara a verme como alguien intercambiable, a pensar en mis dilemas como algo compartido y en mi identidad como algo extraña e inevitablemente conectado con perfectos desconocidos. Al fin y al cabo, la rehabilitación también era un relato de reencarnación: el yo sobrio renace de su pasado ebrio. Era como si la reencarnación hiciera explícita la premisa filosófica subyacente al proceso de rehabilitación: si esta afirmaba «tu alma no es algo único y especial», la reencarnación proclamaba «tu alma ni siquiera es tuya». Si la rehabilitación afirmaba «podrías haber sido esta otra persona», la reencarnación proclamaba «en realidad has sido esa otra persona».

Y, si bien es cierto que hay quien encuentra consuelo en el relato de la reencarnación, no lo es menos que el alma es tan solo otro relato: la idea de una identidad esencial y singular inherente a cada uno de nosotros. La reencarnación confirma y a la vez desbarata esta creencia: lo que llamamos «alma» no muere, pero es posible que nunca nos haya pertenecido. Eso es, en última instancia, lo que más me atraía del relato de la reencarnación, que me exigía creer en una identidad sin fronteras rígidas, un yo que había vivido antes y volvería a hacerlo. Visto así, era una metáfora de lo que tanto me estaba costando aceptar sobre la vida en sí: que nada de lo que vivimos es único, que en cierto sentido no hacemos otra cosa que revivir.

La reencarnación es una afirmación del azar: «Yo podría haber sido cualquier persona. Tal vez haya sido una enfermera, un asesino a sueldo, un villano o un héroe. Tal vez haya sido un explorador colonial, el súbdito de una colonia, una reina o un marinero». Es humilde y es lo opuesto a la humildad, del mismo modo que hay quienes ven en mi tatuaje una expresión de empatía y hay quienes lo ven como una muestra de arrogancia: «Nada humano me es ajeno». Con mi incansable debate interno en torno a la reencarnación, buscaba la manera de sentir humildad ante esa toma de conciencia, de ser la profesora que escribe «Guau. Guau. Guau» en vez de ponerle nota a la redacción.

La reencarnación se me antojaba una expresión de fe en la identidad como algo que podía cambiar y permanecer constante a la vez: en la sobriedad, en el amor, en el cuerpo de un desconocido. Esa fe te lleva a creer que un chico de trece años de Queens tal vez no se haya perdido para siempre. «Vuelve», dice esa fe. Vuelve a Lafayette, a Virginia, a Birmania. Vuelve con cicatrices que cuenten una historia que nadie entiende, a un césped sembrado de renos de plástico desinflados o una casa con vistas a una escuálida arboleda invernal, a un mecánico aeronáutico que juega a lanzar palos a los perros, un hombre que se niega a creer que alguna vez fuiste un chico perdido en Long Island City. Vuelve a alguna urbanización de las afueras, a algún bloque de pisos, a alguna casa adosada. Vuelve con el recuerdo vivo, para que puedas contarnos dónde has estado. Queremos saberlo. Vemos a un niño que se calza las botas de vaquero para ir a la piscina. Vemos a un hombrecillo que no logra abandonar el avión. Vemos el pasado llenando el presente como si fuera humo: recuerdos de hermanas, paracaídas y llamaradas. Decimos «Guau». Volvemos a decirlo. Nos sentimos humildes. No lo sabremos a ciencia cierta hasta que el cuerpo aparezca flotando en el río, e incluso entonces puede que no sea el fin de la historia. Avanzamos hacia las luces. Estamos a salvo o no lo estamos. Vivimos hasta que dejamos de hacerlo. Volvemos, salvo que no podamos.

HISTORIA DE UNA ESCALA

Esta es la historia de una escala. ¿Quién la cuenta? Yo os la estoy contando en este momento. Una noche de enero mi vuelo se retrasó. Volvía de Luisiana, donde había estado entrevistando a varias personas sobre sus vidas pasadas, y perdí el vuelo de conexión en Houston, por lo que tuve que quedarme allí a pasar la noche. Intentar hacer turismo en las inmediaciones del aeropuerto de Houston es como intentar componer un poema con las palabras impresas en un sobre de gelatina: no busques la belleza; simplemente deja que cuaje. Deja que las autopistas fluyan noche adentro como un carrete de hilo desovillado. Parpadea para protegerte de los letreros de neón de las grandes cadenas. Busca cobijo allá donde puedas.

Me cobijo en el hotel rosa salmón al que me envían. En el autobús que nos traslada hasta allí desde el aeropuerto oigo la voz de una mujer difícil que va sentada en la primera fila de asientos. No puede creer que a la mañana siguiente solo salga un autobús cada hora hacia el aeropuerto. No puede creer que el vale que le han dado para cenar esta noche sea tan irrisorio. Necesita que alguien le lleve la maleta hasta el vestíbulo del hotel. Mañana también necesitará que alguien se la recoja. Más tarde, en el restaurante del hotel, vuelvo a oír su voz

71

en la mesa de atrás: quiere que le dejen la maleta donde pueda verla; quiere el agua sin hielo; no quisiera molestar, pero necesita saber si el bocadillo vegetal es realmente vegetariano. Quiere saber más cosas sobre los demás viajeros que se han quedado en tierra y que nos acompañan, en especial sobre Martin, alias el Alemán, y la estudiante de matemáticas de la Universidad de Penn State. A la futura matemática le encanta celebrar el día del número pi. La mujer de la voz quiere saber si ese día prepara una pizza. No, contesta la estudiante, el día del número pi se limita a comer pizza. ¿Y qué clase de pizza le gusta? De todas clases. ¿Qué clase de matemáticas estudia? De todas clases. Bueno, vale, siente una predilección especial por los patrones y secuencias. La mujer de la voz quiere saber qué opina de i elevado a i. La futura matemática no sabe a qué se refiere. «Ay, amiga mía... –dice la mujer de la voz–. No dejes de buscar i elevado a i.»

Cuando por fin se vuelve hacia mí, descubro que la mujer de la voz tiene el pelo negro y rizado. Me pregunta cómo me gano la vida y le encanta saber que soy escritora. Dice que le gustaría dedicarse al negocio de las entrevistas. Se diría que ya lo está haciendo. Al parecer, viene de pasar unas vacaciones en Cabo San Lucas y viajará en el mismo avión que yo de vuelta a Newark. Sugiere que presentemos una queja conjunta por la escasa frecuencia de paso del autobús de enlace. El de las cuatro de la mañana es demasiado pronto para nuestro vuelo, pero el de las 5:00 h no llegaría a tiempo. Habría que añadir uno que salga a las 4:40 h o las 4:45 h. La mujer de la voz es una neoyorquina difícil que intenta convencerme de que formemos una alianza de neoyorquinas difíciles. Pero yo no soy una neoyorquina difícil. De hecho, ni siquiera soy de Nueva York, solo da la casualidad de que vivo allí. Lo único que quiero es coger el autobus de las 4:00 h y olvidarme de todo el asunto. Me avergüenza que me asocien con sus exigencias y sus ínfulas, con esas justificaciones –«yo sufro más, yo necesito más»–, tal vez porque me reconozco en ellas.

Solo cuando la mujer y yo vamos hacia la recepción del hotel para comprobar el horario de paso del autobús me fijo en su forma de andar. Además de voz, la mujer de la voz tiene un cuerpo. Y resulta que cojea. En cuanto me fijo en su cojera, no puedo dejar que haga la petición de cambio de frecuencia ella sola, como si negarle mi apoyo equivaliera a abandonarla en un momento de necesidad. La mujer de la voz le dice al recepcionista que necesita ayuda para llevar las maletas a su habitación y que volverá a necesitarla por la mañana. Explica que en el aeropuerto iba sentada en una silla de ruedas. Apuesto a que sufre uno de esos malestares difusos en los que el dolor va cambiando de ubicación, pero nunca acaba de marcharse. Apuesto a que ya se sentía como una víctima antes incluso de empezar a tener dolor. No puedo creer que esté pensando esto, yo que he escrito con indignación sobre la tendencia del mundo a minimizar el dolor de las mujeres precisamente de este modo, precisamente con estos argumentos.

No conseguimos que nos pongan un autobús de enlace a las 4:40 h. La mujer de la voz me dice que va a hablar con la dirección del hotel y que me llamará en cuanto haya zanjado la cuestión. Toma nota de mi número de teléfono e intercambiamos nombres.

Ya en mi habitación, busco en internet el nombre que me ha dado. Es bastante inusual y alude a una parte del cuerpo. Las primeras diez entradas corresponden todas a la misma actriz porno y la undécima es un artículo sobre la cadena de ataques con arma blanca que había tenido lugar un año antes en el Upper West Side. Un indigente había apuñalado a cinco desconocidos con la mitad de unas tijeras. El rostro de la mujer de la voz es uno de los cinco que ilustran la noticia. Amplío la imagen en mi pantalla. Intento recordar su cojera, qué parte del cuerpo le dolía. «Cinco personas, incluido un niño de dos años, han sido trasladados de urgencia al hospital después de que un hombre la emprendiera a puñaladas contra los transeúntes durante nueve minutos...». Imagino a la mujer de la voz con las tijeras clavadas en el muslo, la rodilla o el pie, segándole un nervio o una vena y dejándole una cojera que un año después aún perdura.

Cuando la vea por la mañana, no le diré lo que he descubierto. El protocolo de nuestra era exige que finjamos seguir siendo perfectas desconocidas, aunque ella sabrá que la he buscado en internet, y yo estoy segura de que ella habrá hecho lo mismo. Sin embargo, me descubro reconsiderando todo cuanto la he visto hacer hoy –cada queja, cada exigencia, cada irritante intento de entablar una charla intrascendente–, como si una víctima no pudiera ser también una persona egocéntrica. Ahora quiero leer con más generosidad todo lo que encuentre sobre ella, como si así pudiera compensarla por la vejación de haberla convertido en un personaje de mi relato, «la mujer de la voz», cuando ya era otra clase de personaje en un relato totalmente distinto.

A la mañana siguiente, intento hacer todo cuanto está en mi mano por ayudar a la mujer de la voz. Le acarreo las maletas por el aeropuerto de Houston. Me ofrezco para acompañarla mientras espera que le traigan la silla de ruedas. Disimulo mi incomodidad cuando se dirige con malos modos al personal del aeropuerto. Que la han a-pu-ña-la-do. Me pide que suba con ella al avión antes que los demás pasajeros y que le guarde la maleta en el compartimento superior de la cabina. Me pregunta si la ayudaré a llegar al centro desde el aeropuerto de Newark, o lo que es lo mismo, a cruzar la estación ferroviaria del aeropuerto de Nueva Jersey y coger el tren hasta Nueva York –pasando por Penn Station–, con todos sus escalones, escaleras mecánicas, andenes, vestíbulos, aglomeraciones y portaequipajes atestados de maletas. Yo le digo que sí, sí, sí. ¡Sí a todo! Ella tiene un relato y ahora yo formo parte de él. Me siento henchida de bondad, tanto que apenas doy crédito cuando el hombre sentado a mi lado en el avión pretende entablar una conversación conmigo. ¿Acaso no lo ve? Mi bondad ya ha encontrado su objeto, no me queda ni pizca para hablar de nimiedades con perfectos desconocidos. La mujer de la voz va en la parte delantera de la cabina, donde seguramente habrá alguien lamentando no haberse sentado en la parte de atrás.

El hombre que tengo a mi lado empieza a contarme que ha llevado a su hermana en coche hasta Texas, adonde se ha mudado por trabajo, porque es enfermera itinerante. Me cuenta que se han topado con una tormenta de hielo en Atlanta, y la verdad es que no podría importarme menos. Este tipo es como un niño, se queja de que el aeropuerto de Houston no tiene suficientes máquinas expendedoras. Me siento como su madre, como si tuviera la obligación de ofrecerle un tentempié. Los diminutos monitores suspendidos sobre nuestras cabezas emiten un documental en el que una cría de bisonte se ve rodeada por una manada de lobos. ¿Qué pasará? Solo puede pasar una cosa, y todos lo sabemos. Cuando llegue a Brooklyn no habrá nadie esperándome en casa. Estoy estrenando soltería, la treintena ya la tengo más que estrenada y entre los cojines del sofá se van acumulando migas de las cenas que me preparo a base de galletas saladas, apenas dignas de una persona adulta.

Ahora el tipo me está hablando del tiempo que pasó en Irak. Dice que allí se acostumbró a los cielos del desierto. Primer aldabonazo. Su vida no es exactamente como me la había imaginado. No sé cómo preguntarle por la guerra, pero lo hago de todos modos. Pedirle que me hable de los compañeros con los que estuvo allí me parece una vía de abordaje segura. Niega con la cabeza al tiempo que dice: «El mejor equipo del mundo».

—Y ahora aquí me tienes —añade, dando una palmada al saco de lona que descansa sobre su regazo—, volviendo a casa con el petate lleno de caracolas de cangrejo ermitaño.

Le pregunto cuántas lleva. «Unas cincuenta», dice. Su hija tiene cuatro cangrejos ermitaños como mascotas. Le pregunto si tienen nombre. «Tienen tantos nombres que no me aclaro —repone—. Siempre se los está cambiando. Ahora mismo hay uno llamado Tijeritas y los demás son Bizcochito.» ¿Los tres? «Eso es. Bizcochito, Bizcochito y Bizcochito.» Me aclara que necesita una provisión infinita de caracolas porque los cangrejos no paran de crecer y van cambiando de casa.

Eso quiere decir que las caracolas que lleva en la bolsa no son de cangrejo ermitaño porque las hayan hecho cangrejos ermitaños, sino porque es posible que algún día las usen unos cangrejos ermitaños. «Correcto», dice.

Puede que haya cierta profundidad en sus palabras. Consideramos que algo es nuestro no al fabricarlo con nuestras manos, sino al darle una utilidad, y el espacio en el que nos cobijamos del mundo exterior puede llegar a formar parte intrínseca de nosotros. El hombre dice algo más, algo sobre la pecera que está construyendo para Tijeritas y los tres Bizcochitos, aprovechando unas mamparas de ducha usadas de la empresa de construcción en la que trabaja. Ha reunido más de veinte placas grandes de vidrio, dice, y más de cincuenta pequeñas. Yo me devano los sesos tratando de desentrañar la lógica de esta otra frase: «Las tenemos grandes y pequeñas, tantas que no sabemos qué hacer con ellas», pero no hay manera. Y venga a hablarme de Houston otra vez. «Pero ¿cómo de grande será la pecera? —le pregunto—. ¿Como toda una manzana de edificios?» Este tipo no parece decidirse entre ser interesante o no serlo, como alguien que casi siempre se retrasa, pero de vez en cuando, inexplicablemente, llega puntual. De todos modos, ¿qué derecho tengo yo a exigirle que despierte mi interés? Las vidas ajenas son como caracolas vacías en las que solo quiero escarbar cuando estoy de humor, cuando son lo bastante buenas.

De momento, quiero saber qué comen estos cangrejos. Me dice que se conforman con un pienso en gránulos, pero prefieren la fruta fresca. «¿Qué clase de fruta?» «Piña», dice. Les chifla la piña. Me explica que son muy delicados. Por ejemplo, necesitan una mezcla de agua dulce y salada.

«¿Y si viven en el mar? –le pregunto–. ¿Cómo consiguen agua dulce?»

No lo sabe. «Eso es lo que sigo tratando de averiguar», afirma.

Este hombre me descoloca. Me sentía como su madre hasta que dijo que tenía una hija. Pienso en todo el miedo que habrá vivido –el sentimiento de culpa, de pérdida, la monotonía de la vida militar– y en lo ajeno que me resulta todo eso. Lo infinito e inabarcable de su existencia me llega reducido a anécdotas finitas: los grandes cielos del desierto, una niña azuzando a los cangrejos con un palo. A ratos me digo que no le debo nada a este perfecto desconocido, pero luego siento que se lo debo todo porque él ha luchado en una guerra y yo no, porque lo he despreciado o malinterpretado, porque he olvidado por un instante que su vida –como todas las vidas– es mucho más de lo que yo alcanzo a ver.

Eso me lleva a pensar en el discurso de graduación de David Foster Wallace, «Esto es agua», ese que a todo el mundo le parece una fuente de inspiración salvo a los que lo ven como una sarta de obviedades y creen lamentable que a todos los demás les parezca tan inspirador. A mí me parece muy inspirador. Wallace habla sobre el tedioso acto de hacer cola para pagar en el supermercado, cuando los demás clientes te ponen de los nervios, «qué estúpidos, bovinos, catatónicos e inhumanos parecen». Sin embargo, añade, podemos decidir verlos de otra manera. Podemos mirar a la mujer que acaba de chillarle a su hijo y conceder que, quién sabe, puede que lleve tres noches sin pegar ojo porque su marido se está muriendo de un tumor óseo. Puede que sea la funcionaria que acaba de ayudar a tu mujer a superar una traba burocrática en la Dirección General de Tráfico. Puede que la insufrible mujer del autobús fuera apuñalada por un trastornado mientras salía a correr como todas las mañanas. Si aprendemos a prestar atención, afirma Foster Wallace, «estará en nuestro poder experimentar una situación de hacinamiento, calor y espera interminable, la peor pesadilla de todo consumidor, como algo no solo valioso, sino también sagrado, que arde con la misma energía que ilumina las estrellas».

En medio de una tormenta de nieve, la estación de tren de Newark no arde con la misma energía que ilumina las estrellas. Estoy ayudando a la mujer de la voz –y del cuerpo lastimado– a coger un tren con destino al centro. En la diminuta cafetería de la estación pedimos dos tazas de chocolate caliente y esperamos en el andén exterior, bajo la nieve, ateridas por el frío glacial de Nueva Jersey. Estoy harta de ser una buena samaritana, quiero llegar a mi propio piso. La mujer de la voz me dice que se hizo daño por una estupidez. Que todo fue culpa suya.

Me siento un poco desconcertada. ¿Acaso se siente culpable por sus privilegios de clase? ¿Se siente cómplice del sistema que oprimía al indigente que la apuñaló? ¿Va a decirme que él también tenía una historia digna de ser contada? Porque así es: una enfermedad mental sin tratar, toda una vida deambulando de albergue en albergue. Lo condenaron a veintitrés años de cárcel, donde seguramente sigue sin recibir tratamiento para su enfermedad mental. Una de sus víctimas había sido primera bailarina de la compañía de ballet de Nueva York y ese día salió a dar un paseo con su hijo, un niño pequeño que recibió dos cuchilladas en el brazo. Estamos ante una de esas historias en las que *a priori* está claro quién es la víctima y quién es el villano, pero solo *a priori*. Puede que todos seamos villanos, puede que sea eso lo que la mujer de la voz está tratando de decirme. También me dice que está cansada de estar de pie, aunque no puedo sacar una silla de la nada.

El caso, me explica, es que estaba bailando en Cabo San Lucas y empezó a dolerle la rodilla, pero siguió bailando de todas formas. Sonaba «Mamma Mia», ¿cómo no iba a seguir bailando? Fue así como se hizo daño. Me mira y asiento en silencio. Para que veas.

Pero por dentro me siento estafada, como si me hubiesen arrebatado algo: la historia en la que acarreaba las maletas de una mujer que seguía recuperándose de un ataque con arma blanca. Ahora me veo metida de lleno en la historia sobre una mujer que bailaba como una posesa en la Riviera Maya. Es una historia que habla de guardar maletas en los compartimentos superiores de un avión y esperar el tren soportando el frío glacial de Nueva Jersey, de llegar a la estación ferroviaria más fea del mundo y abrirse paso en su laberinto de túneles subterráneos arrastrando tres maletas para salir al lúgubre ajetreo de un purgatorio a medio camino entre Midtown y Koreatown.

Por motivos que no sabría explicar, he empezado a sentir apego hacia esta mujer, despierta en mí un extraño afán protector. Es como si hubiésemos pasado juntas una especie de odisea, algo que no tiene demasiado que ver con hacer noche en Houston ni con la tormenta de nieve en Nueva Jersey, sino más bien con todas las transmutaciones que ha sufrido en mi relato interno: ha pasado de ser una tirana a ser una santa para acabar como una simple turista bailonga.

79

Nos despedimos en la parada de taxis. La mujer de la voz me da las gracias por la amabilidad y se va a casa en taxi. Yo cogeré el metro para volver a mi piso desierto, donde leeré otro artículo sobre el apuñalamiento del que fue víctima, trufado de citas de los testigos oculares: «Iba dando bandazos de aquí para allá, como un zombi, ¿sabes? Se notaba que no estaba en sus cabales. Tenía mirada de loco. Soltó a esa mujer, echó a correr y entonces vino hacia mí». Encuentro otra foto de la mujer de la voz en la que un agente de policía se la lleva en brazos. Con una mano, rodea el cuello del policía y con la otra presiona su propia garganta. Sintió como un desconocido le rajaba el cuello con el filo de unas tijeras. Nunca sabré cómo sonaba su voz mientras pedía auxilio en la calle a plena luz del día, cuando solo era una neoyorquina difícil suplicando a su ciudad que la salvara.

Así es como iluminamos las estrellas, una y otra vez: acudiendo con nuestros cuerpos corrientes y molientes, difíciles, cuando otros cuerpos corrientes y molientes, difíciles, nos necesitan. Y de eso se trata, de hacerlo una y otra vez. Nadie desarrolla empatía en una sola ocasión, nadie se pone en la piel de otro una sola vez. Tenemos que seguir cultivando esta voluntad de contemplar las vidas ajenas con generosidad, aunque nuestra propia vida nos parezca una mierda y estuviéramos dispuestos a dar cualquier cosa por colarnos en la de otro, aunque no dudáramos en arrancar a un Bizcochito de su caracola, y al otro, y al tercero también, con tal de hallar cobijo. El servicio despertador a las 3:30 h de la mañana en Houston no ofrece cobijo. El sistema público de transportes de Nueva Jersey el día después de la Super Bowl no ofrece cobijo. La tormenta de nieve no ofrece cobijo a nadie, y además agrava el dolor de rodilla.

¿Sugiere ese sentimiento de empatía que quieres ayudar al prójimo? ¿O que no quieres hacerlo, pero lo haces de todos modos? Para tener empatía no hace falta que el destinatario sea merecedor de la misma. No se requiere una buena noche de sueño para ejercerla, ni un historial intachable para recibirla. No requiere ningún trasfondo particular.

Yo creía que el relato iba cambiando sin cesar, pero la parte más importante nunca cambió ni un ápice: la mujer de la voz nunca dejó de ser alguien que sufría dolor y que yo tenía justo delante de mis narices. A veces el mero hecho de estar de pie resulta doloroso. Hay quien necesita ayuda porque la necesita y punto, no porque su historia sea conmovedora, noble o lo bastante insólita para justificar la generosidad ajena, y entonces hacemos lo que podemos, así de simple. Eso no nos convierte en mejores personas, ni peores. No nos cambia en absoluto, salvo cuando imaginamos, por un instante, el día en que seremos nosotros los que tengamos que pedir ayuda.

LAS VIDAS QUE HABITAMOS

Gidge Uriza vive en una elegante casa de madera con vistas a un arroyo de aguas cristalinas, flanqueado por sauces llorones que puntean sus verdes riberas. Cerca de allí las praderas titilan, sembradas de luciérnagas. Gidge siempre está comprando piscinas nuevas porque cada día se encapricha de algún modelo distinto. La que tiene ahora es un rombo verde esmeralda con una cascada que mana desde un arco de piedra. Gidge se pasa el día en bañador, holgazaneando en la terraza de la piscina, o bien se acurruca bajo un edredón orlado de encaje sin más atuendo que el sostén y un albornoz. A su lado hay una pila de libros sobre la que descansa un donut bañado en chocolate. «Buenos días, chicas –escribe un día en su blog–. Esta mañana me está costando horrores levantarme, pero es que cuando me despierto en mi preciosa cama rosada se me hace cuesta arriba ponerme en marcha.»

En otra vida, la que la mayoría de las personas llamarían «real», Gidge Uriza es Bridgette McNeal, una mujer de Atlanta que trabaja ocho horas al día como teleoperadora y tiene a su cargo un hijo de catorce años, una hija de siete y dos gemelos de trece que sufren autismo severo. Sus días vienen marcados por las exigencias que trae consigo la tarea de criar a dos niños con necesidades especiales: bañarlos cuando se ensucian (siguen usando pañales, y lo más probable es que nunca dejen de hacerlo), preparar un bizcocho de manzana con uno de ellos para apaciguarlo después de una rabieta, pedir al otro que deje de tocar el tema musical de «Barney el dinosaurio» tan despacio que suena, en palabras de la propia Bridgette, «como un canto fúnebre satánico». Un buen día se lleva a sus cuatro hijos a un centro de interpretación de la naturaleza para pasar una tarde idílica que se ve interrumpida por la cruda realidad de tener que cambiarle el pañal a un adolescente en un lavabo con olor a moho.

Pero cada mañana, antes de todo eso –de preparar a los chicos para que se vayan a clase y trabajar ocho horas seguidas en el *call center*, poner la cena sobre la mesa y asegurar la paz durante la misma, bañar a los gemelos y desplomarse sobre la cama– Bridgette pasa hora y media en la plataforma online Second Life, donde vive en un sofisticado paraíso de su propia creación. «Buenos días, chicas. Esta mañana me está costando horrores levantarme.» Se despierta a las cinco y media de la mañana para habitar una vida en la que puede permitirse el lujo de no salir de la cama en todo el día.

¿Qué es Second Life? La respuesta corta es que se trata de un mundo virtual creado en 2003, cuando muchos lo saludaron como el futuro de internet. La respuesta larga es que se trata de un paisaje polémico –quizá revolucionario, quizá discutible– repleto de ciudades góticas, cabañas de playa aparentemente destartaladas, castillos vampíricos, islas tropicales, templos en plena jungla, terrenos con huellas de dinosaurios, discotecas con bolas de luces y gigantescos tableros de ajedrez lisérgicos. En 2013, para celebrar el décimo aniversario de Second Life, la compañía que creó la plataforma, Linden Lab, publicó una infografía en la que hacía públicos sus números: se habían generado treinta y seis millones de cuentas, cuyos usuarios habían pasado en total 217.266 años en línea, habitando un territorio en constante expansión que abarcaba casi dos mil kilómetros cuadrados y se componía de unidades territoriales llamadas «sims». La gente suele referirse a Second Life como un juego, pero dos años después de su lanzamiento, Linden Lab advirtió a los empleados a través de una circular interna que no debían emplear ese término. Second Life era una «plataforma», palabra que supuestamente sugería algo más holístico, inmersivo y envolvente.

Second Life no tiene una meta específica. Su inmenso paisaje consiste exclusivamente en contenidos generados por los usuarios, lo que significa que todo lo que ves ha sido creado por alguien, un avatar detrás del cual hay un usuario de carne y hueso. Estos avatares construyen y compran viviendas, entablan amistades, se emparejan, se casan y ganan dinero. Celebran sus «días rez», el equivalente online del cumpleaños, que conmemoran el día que se dieron de alta en la plataforma. Cuando van a la iglesia no pueden comulgar físicamente –la corporeidad del ritual es imposible–, pero sí lograr que las historias fundacionales de su fe cobren vida. En la catedral de Isla Epifanía, los anglicanos de Second Life oyen el retumbar de los truenos en Viernes Santo o ven el súbito resplandor del alba el Domingo de Pascua en el preciso instante en que el sacerdote anuncia: «Cristo ha resucitado». Tal como dice un manual de Second Life: «Desde tu punto de vista, Second Life funciona como si fueras un dios».

Sin embargo, desde su apogeo a mediados de los años 2000, Second Life se ha ido convirtiendo en el blanco de todas las burlas. Cuando les decía a mis amigos que estaba escribiendo sobre esta plataforma online, sus rostros casi siempre dejaban traslucir la misma secuencia de reacciones: cara de póquer, seguida de un fugaz destello de reconocimiento y, por último, un leve desconcierto: «Ah, pero ¿todavía existe?». Desde hace años, Second Life ya no es motivo de burla, sino algo de lo que nadie se molesta siquiera en burlarse.

En 2007, cuando se alcanzó el millón de usuarios mensuales, muchos observadores esperaban que esa cifra siguiera aumentando, pero una vez alcanzado ese pico descendió en los años sucesivos hasta quedar estancada en cerca de ochocientos mil, de los que se calcula que entre el veinte y el treinta por ciento son usuarios primerizos que nunca vuelven a la plataforma. Tan solo unos años después de anunciar que Second Life era el futuro de internet, el mundo tecnológico pasó página. Como afirmaba un artículo de *Slate* publicado en 2011, «Al echar la vista atrás, vemos que el futuro fue más bien efímero».

Pero si Second Life prometía un futuro en el que pasaríamos varias horas al día habitando una identidad virtual, ¿no estamos ya viviendo ese futuro? La única diferencia es que sucede en Facebook, Twitter e Instagram. Según iba descubriendo cosas sobre Second Life y pasaba más tiempo explorando ese universo, se me antojaba cada vez menos una reliquia obsoleta y más un espejo deformante que refleja el mundo en el que muchos vivimos. A lo mejor sentimos la necesidad de ridiculizar Second Life no porque sea irreconocible, sino porque toma un impulso reconocible y lo lleva más allá de los límites de la comodidad, hacia un territorio inquietante de puro extraño: la promesa no solo de una voz virtual, sino también de un cuerpo virtual; no solo abrir Twitter en el móvil, sino olvidarte de comer porque estás bailando en una discoteca virtual; no solo una versión editada de tu vida real, sino una existencia completamente al margen de esta. Simboliza el canto de sirena y al mismo tiempo la vergüenza de anhelar una vida distinta.

En el hinduismo, el concepto de avatar se refiere a la encarnación de una deidad en la Tierra. En Second Life, el avatar es tu cuerpo, que se traduce en un constante despliegue de expresión individual. Entre 2004 y 2007, un antropólogo llamado Tom Boellstorff habitó Second Life en calidad de etnógrafo sobre el terreno. Bautizó su avatar como Tom Bukowski y se construyó una vivienda y un despacho llamado Ethnographia. Su planteamiento inmersivo partía de la premisa de que el mundo de Second Life es tan «real» como cualquier otro y se sentía legitimado para estudiarlo «en su propio contexto» en vez de intentar comprender las identidades virtuales de sus usuarios en función de sus vidas no virtuales. El libro que publicó a partir de ese estudio, *Coming of Age in Second Life —Adolescencia, sexo y cultura en Second Life*, título que rinde homenaje a la obra clásica de Margaret Mead, *Adolescencia, sexo y cultura en Samoa—*, documenta las singularidades de la cultura digital en esa plataforma. Boellstorff afirma que «comentar el *lag* [los retrasos en el *streaming* de Second Life] equivale a hablar del tiempo en la vida real» y entrevista a Wendy, un avatar cuya creadora siempre la pone a dormir antes de cerrar sesión. Boesllstorff recuerda haberle preguntado: «¿Entonces el mundo real es lo que Wendy sueña hasta que vuelve a despertarse en Second Life? —y añade— Juraría que vi un amago de sonrisa en el rostro de Wendy cuando contestó: "Ajá, eso es"».

Una de las mujeres a las que Boellstroff entrevistó describió su avatar como una manifestación más auténtica de su identidad personal que su cuerpo de carne y hueso: «Si pudiera abrir una cremallera y sacar esa identidad de mi interior, esa sería yo», afirmó. Los avatares femeninos son por lo general figuras delgadas con una delantera generosa hasta lo inverosímil, mientras que los masculinos son jóvenes y musculosos; casi todos los avatares tienen rasgos armoniosos que recuerdan vagamente los dibujos animados. Se comunican a través de chats o usando programas de reproducción de voz para hablar como en la vida real. Se mueven andando, volando, por teletransporte o clicando en «*poseballs*», esferas flotantes que les permiten llevar a cabo toda clase de acciones, como bailar, practicar kárate o cualquier postura sexual imaginable. No es de extrañar que muchos usuarios lleguen a Second Life atraídos por las posibilidades del sexo digital, sexo sin cuerpos de carne y hueso, sin nombres reales, sin las limitaciones de la gravedad, a menudo con elaborados comentarios textuales.

La moneda oficial de Second Life es el dólar Linden, y los tipos de cambio más recientes lo valoran en poco menos de medio centavo de dólar estadounidense. En la década de su lanzamiento, los usuarios de Second Life gastaron 3,2 mil millones de dólares reales en transacciones virtuales. En 2006, la primera millonaria de Second Life –una magnate de la inmobiliaria digital que se hace llamar Anshe Chung– salió en portada de la revista *Businessweek* y, un año después, el PNB de Second Life superaba el de varios países pequeños. En su inmenso mercado digital todavía es posible comprar un vestido de novia por cuatro mil lindens (poco más de dieciséis dólares) o un corsé rojo escarlata con alas de ángel por poco menos de trescientos cincuenta lindens (cerca de 1,50 dólares). Se puede comprar incluso un cuerpo alternativo: un tono de piel distinto, otra clase de pelo, un par de cuernos, genitales de todas las formas y tamaños... Una isla privada cuesta en la actualidad casi ciento cincuenta mil lindens (unos seiscientos dólares), mientras que el yate de lujo Millennium II cuesta veinte mil lindens (poco más de ochenta dólares) y viene con más de trescientas animaciones específicas para sus camas y sus tres jacuzzis, diseñados para que los avatares puedan poner en práctica una amplia gama de fantasías sexuales.

Second Life empezó a perder impulso justo cuando Facebook despuntaba. El ascenso de esta red social suponía la competencia no tanto de otra marca, sino de otro modelo de negocio. Al parecer, la gente no buscaba una existencia distinta, sino más bien una versión editada de su vida real. Aspiraban a convertirse en la suma de sus fotos de perfil más favorecedoras, y no tanto en un avatar con una identidad totalmente independiente de la suya. Pero puede que Facebook y Second Life no sean tan distintos en lo que respecta a su atractivo. Ambos se nutren del deseo de habitar una identidad selectiva que, o bien se construye a partir de la experiencia vivida —fotos de acampadas y comentarios ingeniosos sobre la moda del *brunch*—, o bien a partir de todo aquello que la experiencia vivida nos niega: un cuerpo ideal, una pareja ideal, un hogar ideal.

Bridgette McNeal, la teleoperadora de Atlanta con cuatro hijos a su cargo, lleva poco más de una década en Second Life. Su avatar se llama Gidge, el apodo que en su día le pusieron quienes la acosaban y se burlaban de ella en el instituto. Pese a ser una mujer de mediana edad, su avatar es una veinteañera esbelta y ágil a la que describe como «mi yo perfecto, si nunca hubiese comido dulces ni tenido hijos». Durante su primera etapa en Second Life, el marido de Bridgette también tenía un avatar, y quedaban los dos —una rubia despampanante y un robot plateado de silueta rechoncha— para salir juntos en ese mundo virtual mientras en la vida real estaban sentados cada uno frente a la pantalla de su portátil en el estudio de la casa familiar. A menudo, esa era la única manera que tenían de pasar tiempo juntos, porque las necesidades especiales de sus hijos hacían que resultara difícil encontrar una niñera. Cuando la entrevisté, Bridgette describió su casa en Second Life como un reducto en el que nada está prohibido: «Cuando entro en ese espacio, puedo permitirme el lujo de ser egoísta —dijo, evocando a Virginia

89

Woolf–: es como tener una habitación propia». Su hogar virtual está lleno de cosas que nunca podría tener en el real –joyas en bandejitas, objetos decorativos sobre las mesas, productos de maquillaje en el mueble del lavabo– porque sus hijos podrían comerlas o romperlas.

Además del blog que documenta su existencia digital, con las piscinas de mármol y los biquinis verde menta con volantitos, Bridgette tiene otro blog dedicado a su existencia como madre en la vida real o «VR», en el que escribe sobre su día a día sin tapujos, en un tono hilarante y con una franqueza demoledora. Al recordar la tarde que pasó con sus hijos en el centro de interpretación de la naturaleza, habla de lo que sintió al ver un águila de cabeza blanca: «Algún imbécil le disparó una flecha. Por su culpa perdió la mayor parte del ala y no puede volar, la mantienen a salvo en esa especie de santuario que visitamos hace unos días. A veces creo que mi marido y yo nos sentimos un poco como esa águila: atrapados. En el fondo no podemos quejarnos: tenemos comida, un techo sobre nuestras cabezas y las necesidades básicas cubiertas, pero el autismo nos ha atrapado de por vida. Nunca seremos libres».

Cuando le pregunté por qué enganchaba tanto Second Life, me dijo que era fácil perderte en su mundo de fantasía cuando deberías estar ocupándote de lo que pasa a este lado de la pantalla. Le pregunté si alguna vez había estado a punto de hacerlo y me contestó que, desde luego, en algún momento se había sentido tentada: «Eres delgada y preciosa. Nadie te pide que cambies un pañal –me dijo–. Pero puedes acabar quemada: no quieres irte, pero tampoco quieres seguir allí».

Second Life fue inventado por Philip Rosedale, hijo de un piloto de portaviones de la Armada estadounidense y una profesora de inglés. De niño, se sentía impulsado por una ambición que no conocía límites. Recuerda estar junto a la leña apilada en el patio trasero de la casa familiar, pensando: «¿Qué hago yo aquí, y qué me distingue de todos los demás?». Siendo un adolescente, a mediados de los años ochenta, usó uno de los primeros modelos de ordenador personal que se comercializaron para ampliar la representación gráfica de un conjunto de Mandelbrot, una imagen fractal que se repetía hasta el infinito y se volvía más detallada según el observador se iba acercando. En un momento dado, comprendió que tenía ante sí una imagen más grande que la propia Tierra. «Podríamos pasarnos la vida recorriendo esa superficie sin llegar nunca a verla en su totalidad», me explicó. Fue entonces cuando comprendió que «lo más flipante que se podría hacer con un ordenador sería construir un mundo entero».

En 1999, justo cuando empezaba a imaginar Second Life, Rosendale asistió a Burning Man, el festival de performances artísticas, instalaciones escultóricas y hedonismo alucinógeno que se celebra cada verano en pleno desierto de Nevada. Según me dijo, estando allí vivió una experiencia «inexplicable»: «Tienes la sensación de estar colocado sin haber tomado drogas ni nada que se le parezca. Simplemente te sientes conectado con los demás de una forma especial, que no acostumbras a sentir». Acudió a una rave en una caravana de aluminio Airstream, vio a unos trapecistas meciéndose en las alturas por encima del desierto y se tumbó en un bar de cachimbas entre cientos de alfombras persas. El festival Burning Man no fue lo que lo impulsó a crear Second Life –llevaba años imaginando un universo digital–, pero lo ayudó a comprender qué clase de energía buscaba: un lugar en el que la gente pudiese hacer del mundo lo que quisiera.

En eso consistía el sueño, pero vendérselo a los primeros inversores no fue tarea fácil. Linden Lab proponía un universo construido por aficionados y basado en un novedoso modelo de generación de ingresos que no dependía de suscripciones de pago, sino de los intercambios comerciales generados en el universo virtual. Uno de los diseñadores de Second Life recordaba así el escepticismo inicial de los inversores: «Se daba por sentado que la creatividad era una especie de ciencia oculta que solo Spielberg y Lucas dominaban». Con el fin de vender Second Life como un universo con entidad propia y no un simple juego, Linden Lab contrató a un escritor para que ejerciera de «periodista infiltrado». Se llamaba Wagner James Au y documentó la carrera profesional de algunos de los desarrolladores más importantes de la etapa inicial de Second Life: un avatar llamado Spider Mandala (que en la vida real regentaba una gasolinera en el Medio Oeste) y otro llamado Catherine Omega, que se definía en Second Life como «morena punkorra con un cinturón de herramientas», pero en la vida real vivía de okupa en un piso ruinoso de Vancouver. El edificio no tenía agua corriente y la mayoría de sus habitantes eran drogadictos, pero Omega usaba una lata de sopa para pillar la señal wifi de unas oficinas cercanas y poder así cargar Second Life en su portátil.

Rosedale me habló de la emoción de esos primeros días, cuando el potencial de Second Life parecía inabarcable. Nadie más estaba haciendo algo parecido a lo que su equipo y él tenían entre manos: «Solíamos decir que nuestro único competidor era la vida real». Me contó que durante una época, en 2007, se publicaban al día más de quinientos artículos sobre el proyecto. El propio Rosedale adoraba explorar Second Life encarnado en un avatar que atendía al nombre de Philip Linden. «Era como un dios», me dijo. Imaginaba un futuro en el que sus nietos verían el mundo real como una especie de «museo o teatro» mientras la mayor parte de su vida laboral y personal se desarrollaba en reinos virtuales como el de Second Life. «En cierto sentido –le comentó a Wagner James Au en 2007–, creo que veremos cómo el mundo físico en su totalidad se queda un poco atrás.»

Alice Krueger empezó a notar los primeros síntomas de la enfermedad a los veinte años. Por entonces iba a la universidad y, al agacharse para ver los insectos comiendo hojas como parte de un trabajo de campo para la asignatura de Biología, notó un súbito e intenso acaloramiento. Otro día, estando en una tienda de comestibles, tuvo la sensación de que toda su pierna izquierda había desaparecido de repente. No solo que se le había dormido, sino que se había desvanecido por completo. Cada vez que iba al médico, le decían que todo estaba en su cabeza. «Y es verdad que todo estaba en mi cabeza –confirmó cuarenta y siete años después–, pero en un sentido muy distinto.»

A los cincuenta años, por fin, le diagnosticaron esclerosis múltiple. Para entonces apenas podía andar. La asociación de vecinos de la urbanización de Colorado donde vivía le denegó el permiso para construir una rampa delante de su casa, así que su movilidad se vio muy limitada. Tenía tres hijos de once, trece y quince años. No pudo asistir a la ceremonia de graduación del más pequeño cuando acabó los estudios secundarios, ni visitar su campus universitario. Empezó a sufrir un dolor agudo en la zona lumbar y tuvo que pasar por el quirófano para que le separaran varias vértebras que se habían soldado entre sí, pero a raíz de su estancia en el hospital desarrolló una infección por estafilococos resistente a múltiples fármacos. El dolor persistía, y entonces le diagnosticaron una desviación en la columna vertebral causada por la propia operación, durante la cual la habían tenido suspendida por encima del quirófano «como un pollo asado». A sus cincuenta y siete años, Alice se descubrió confinada en casa y sin trabajo, a menudo aquejada de un dolor lacerante y dependiendo en gran medida de los cuidados que le brindaba su hija. «Miraba estas cuatro paredes –me dijo– y me preguntaba si habría algo más.»

Fue entonces cuando descubrió Second Life. Creó un avatar llamado Gentle Heron y le encantaba buscar toboganes acuáticos, entusiasmada por el puro placer de hacer aquello que su cuerpo carnal no podía. Según iba explorando ese mundo virtual, empezó a invitar a personas que había conocido en foros online sobre discapacidad para que se unieran a ella en Second Life, pero hasta cierto punto se sentía responsable de la experiencia de esos usuarios en la plataforma, de modo que acabó fundando una «comunidad virtual de personas con discapacidad» en Second Life, conocida como Virtual Ability [capacidad virtual]. El grupo ocupa un archipiélago de islas virtuales y acoge a personas con un amplio abanico de discapacidades, desde el síndrome de Down al trastorno por estrés postraumático o el trastorno bipolar. Lo que comparten todos sus integrantes, según Alice, es la sensación de no estar plenamente integrados en el mundo.

Mientras lanzaba Virtual Ability, Alice emprendió una mudanza en la vida real, a la región de Great Smoky Mountains de Tennessee, porque en Colorado había agotado el plazo máximo de prestaciones por discapacidad de larga duración («No sabía que eso podía pasar», le dije, a lo que contestó: «¡Yo tampoco!»). Cuando le pregunté si se sentía como una versión distinta de sí misma en Second Life, rechazó ese planteamiento de forma tajante. No le gusta demasiado la dicotomía entre «real» y «virtual», que en su opinión implica una distinción jerárquica, como si una parte de su vida fuera más «real» que otra cuando se siente plenamente capaz de expresar su identidad en ambas. No quiere que Second Life se vea como una diversión banal. Después de nuestra primera charla, me envió quince artículos científicos revisados por pares sobre los avatares digitales y lo que se conoce como encarnación o personificación.

Alice me habló de un hombre con síndrome de Down que se ha convertido en un miembro importante de la comunidad Virtual Ability. En la vida real su discapacidad es omnipresente, pero en Second Life interactúa con otras personas sin que se percaten de esa discapacidad. Fuera de internet vive con sus padres, que se sorprendieron al ver que era capaz de controlar su propio avatar. Todas las noches, después de cenar, mientras ellos recogen la cocina, él se sienta delante del ordenador, ansioso por volver a Second Life, donde tiene un dúplex alquilado en una isla llamada Cape Heron. Ha convertido toda la planta superior en una inmensa pecera que le da la sensación de estar caminando entre los peces, y la planta de abajo en un jardín donde tiene un reno como mascota y lo alimenta a base de Cheerios. Según Alice, este hombre no ha levantado una frontera clara entre Second Life y la «realidad», y su forma de enfocar la experiencia ha servido de inspiración a otros miembros de la comunidad que lo citan cuando hablan de borrar esa frontera en su propia mente.

Cuando empecé a trabajar en este ensayo, me imaginaba cayendo bajo el hechizo de Second Life. Me veía observándolo todo desde el asombro, seducida por la cultura que me habían enviado a estudiar. Pero la experiencia de habitar un mundo virtual me hizo sentir incómoda desde el primer momento. Me había imaginado defendiendo Second Life de quienes lo desdeñaban por considerarlo poco más que un premio de consolación concebido para gente cuya «vida principal» no era precisamente para tirar cohetes, pero me descubrí escribiendo que «Second Life me da ganas de ducharme».

Mi respeto intelectual hacia el proyecto aumentaba día tras día. Hablé con una mujer legalmente ciega cuyo avatar tenía una terraza desde la que veía el paisaje (gracias a la ampliación de la imagen en la pantalla) con mayor claridad que el mundo que había más allá de su ordenador. Oí hablar de un veterano con trastorno por estrés postraumático que cada quince días impartía un taller de cocina italiana bajo una pérgola al aire libre. Visité una versión en línea del parque nacional de Yosemite creada por una mujer que se había unido a Second Life tras encadenar varias depresiones graves con sus respectivos ingresos hospitalarios. Usaba un avatar al que había llamado Jadyn Firehawk y pasaba hasta doce horas al día en la plataforma online, sobre todo cuidando de su inmaculado paraíso digital –donde abundaban los saltos de agua, las secuoyas y los caballos que llevaban el nombre de personas importantes en la vida de John Muir–, agradecida por no tener que habitar una identidad definida por la enfermedad en ese mundo virtual, a diferencia de lo que ocurría en los foros de internet sobre el trastorno bipolar, en los que solo se hablaba de eso. «En Second Life llevo una vida plena –me dijo–, de la que se nutren todas mis demás identidades.»

Sin embargo, pese a mi creciente admiración, no podía evitar que Second Life me siguiera generando cierto rechazo visceral ante la desolación que transmitían sus gráficos, discotecas, mansiones, piscinas y castillos, su negación de la suciedad y la imperfección que hacen que el mundo nos parezca real. Cada vez que intentaba describir Second Life, me resultaba casi imposible –o por lo menos me resultaba imposible hacerlo de un modo interesante– porque toda descripción hurga necesariamente en los fallos y fisuras. Explorar el mundo de Second Life era como moverse entre imágenes de postal, un mundo de clichés visuales. No había nada andrajoso, roto o desvencijado, y si lo había era porque se había cultivado con esmero esa estética.

Por supuesto, esta aversión hacia Second Life –así como mi tendencia a abrazar las imperfecciones y defectos en el mundo físico– no hacía sino ratificar lo afortunada que era. Cuando me movía por el mundo real, lo hacía protegida por mi (relativa) juventud, salud y libertad. ¿Quién era yo para juzgar a quienes habían hallado en los confines de Second Life aquello que no encontraban en el mundo real?

Un día, Alice y yo nos encontramos casualmente como avatares en Second Life y me llevó a una de las islas de Virtual Ability, donde me invitó a practicar taichi. Lo único que tenía que hacer era clicar en una de las *poseballs* que flotaban en medio de un círculo de hierba para que esta se encargara de animar mi avatar de forma automática. Pero yo no tenía la sensación de estar practicando taichi, sino de estar sentada delante de mi portátil, viendo cómo mi avatar bidimensional practicaba taichi.

Pensé en Gidge, que se levantaba temprano en Atlanta para sentarse al borde de una piscina virtual. No puede oler el cloro, ni notar el calor del sol en la espalda, ni chamuscarse la piel hasta que se le caiga a tiras, pero debe de experimentar algo poderoso cuando se sienta al borde de una piscina virtual, un placer que no radica en la experiencia en sí, sino en la anticipación, documentación y posterior recuerdo de la misma. Por más etiquetas de «real» e «irreal» que pongamos a los mundos online y offline, el placer que ella siente cada vez que entra en Second Life es indiscutible. De lo contrario, no se despertaría a las cinco y media de la mañana para hacerlo.

Nunca se me dio bien manejarme en Second Life. Mi interfaz no paraba de decir «No se ha podido descargar una

97

parte del cuerpo». Se suponía que la plataforma te daba la oportunidad de perfeccionar tu aspecto físico, pero yo ni siquiera conseguía tener un cuerpo completo. Había elegido como avatar a una mujer de aspecto punki con pantalones cortos deshilachados, el cráneo medio rapado y un hurón encaramado al hombro.

La primera vez que entré en el mundo virtual, estuve deambulando por Isla Orientación como alguien que busca el lavabo llevando encima unas cuantas copas de más. Había columnas de mármol y elegante vegetación por todas partes, y de fondo se oía el tenue gorjeo del agua, pero aquello se parecía menos a un templo délfico que a un centro de retiro espiritual para ejecutivos inspirado en un templo délfico. Los gráficos parecían incompletos y desangelados, los movimientos estaban plagados de fallos y retardos. Intenté hablar con un tal Del Agnos, pero no recibí respuesta. Me sorprendió la vergüenza que me generó su rechazo, que me transportó a la timidez paralizante de mis primeros años de instituto.

Ese primer día de experiencia virtual, me teletransporté a una isla desierta donde supuestamente había una mansión abandonada y un pasadizo secreto que te trasladaba a un «estrafalario circo en el cielo», pero lo único que encontré fue una destartalada caseta de socorrista levantada sobre pilotes en medio del mar donde (¡de nuevo!) había un hombre que pasó olímpicamente de mí, un cruce taciturno entre un boxeador cachas y un mayordomo victoriano que lucía un collar de perro con tachuelas plateadas. Acabé cayéndome de la caseta de socorrista y flotando a merced de un oleaje gris azotado por la lluvia, bajo una tormenta eléctrica programada para no cesar jamás. Lo que sentí no fue exactamente la frustración de la experiencia vivida, con todo su bagaje de expectativas incumplidas, sino algo distinto: la imperfecta invocación de una simulación reduccionista de esa misma experiencia. Era como un decorado teatral que dejara a la vista el precario andamiaje de la tramoya.

Cada vez que me desconectaba de Second Life, me desvivía por volcarme en las obligaciones cotidianas que había dejado pendientes. ¿Recoger a mi hijastra de su clase de teatro? ¡Claro que sí! ¿Responder a mi jefe de departamento sobre la necesidad de contratar a un sustituto para ese profesor que había pedido una excedencia inesperada? ¡Ahora mismo! Esas obligaciones, a diferencia de Second Life, se me antojaban reales y me permitían habitar una versión de mí misma como alguien competente y necesario. Era como volver a respirar después de estar bajo el agua. Salía a la superficie boqueando desesperada, lista para enredarme en las vidas ajenas y conectar con los demás: «¡Sí! ¡Qué bien volver al mundo real y su desquiciante frenesí logístico!».

Cuando asistí por primera vez a un concierto en Second Life, me hacía mucha ilusión escuchar música real en un mundo virtual. Muchos conciertos de Second Life se hacen «en directo», es decir, que hay músicos de carne y hueso tocando música de verdad con sus instrumentos o cantando delante de un micrófono conectado a su ordenador. Pero esa tarde yo estaba intentando hacer demasiadas cosas a la vez: contestar dieciséis mensajes de trabajo pendientes, vaciar el lavavajillas, volver a llenarlo, preparar un sándwich de mermelada y crema de cacahuete para mi hijastra antes de llevarla al ensayo general de *Peter Pan*. El concierto iba a celebrarse en un muelle con vistas a una inmensa bahía de aguas cristalinas. Con los dedos pringosos de mermelada, cliqué en una *poseball* de baile y empecé una conga, pero nadie se me unió. Lo único que conseguí fue quedarme atrapada entre una maceta y el escenario, intentando bailar la conga, pero sin lograr moverme de mi sitio. El bochorno, más que la sensación de estar pasándolo bien, fue lo que me hizo sentir involucrada en el concierto. Mientras me preguntaba qué pensarían los demás de mí, me sentía —al fin— muy consciente de estar compartiendo un mundo con ellos.

Cuando entrevisté a Philip Rosedale, reconoció sin ambages que Second Life siempre había planteado dificultades intrínsecas a los usuarios; que lleva su tiempo aprender a moverse, comunicarse y construir un entorno; que hay un «nivel de dificultad insoslayable, asociado al ratón y el teclado», que su equipo «nunca logró rebajar». Peter Gray, director de comunicación global de Linden Lab, me habló de lo que llamaba el «problema del espacio en blanco» —el hecho de tener tanta libertad que resulta difícil decidir qué hacer— y reconoció que entrar en Second Life puede ser como «aterrizar de pronto en medio de un país extranjero».

No obstante, cuando hablé con usuarios experimentados, tuve la sensación de que esa obstinada inaccesibilidad de Second Life se había convertido en una parte esencial de su experiencia de integración. Recordaban con nostalgia la vergüenza inicial. Gidge me contó que alguien la convenció para que se comprara una vagina y durante un tiempo la llevó por fuera de los pantalones (es lo que ella llama #Problemillasde SecondLife). Malin Östh, música sueca que participó en el concierto de mi conga frustrada, me habló de la primera vez que asistió a un concierto en Second Life, y su experiencia no difería demasiado de la mía. Cuando intentó abrirse paso entre la multitud para llegar a la primera fila, acabó aterrizando sin querer en medio del escenario. Antes de que empezara el concierto, estaba convencida de que toda la experiencia le parecería artificial, pero le sorprendió comprobar lo avergonzada que se sentía, y eso le hizo darse cuenta de que realmente creía estar en compañía de otras personas. Yo sabía a qué se refería. Si tienes la sensación de que has vuelto a primero de secundaria, ya no crees estar en un limbo, sino en un lugar real.

En palabras de otra mujer a la que entrevisté: «Second Life no se abre sin más. No te lo sirve todo en bandeja ni te señala el camino, sino que te presenta un mundo en el que debes buscarte la vida, porque no hay tutorial que valga». Pero en cuanto le coges el tranquillo puedes comprar todas las bandejas que se te antojen, diseñar el yate de tus sueños o incluso construir una versión virtual del parque nacional de Yosemite. Rosedale creía que, si un usuario sobrevivía a ese purgatorio inicial, nada podría destruir su vínculo con el universo de Second Life: «Si aguantan más de cuatro horas —me aseguró—, se quedan para siempre».

Snow Crash, la novela ciberpunk de Neal Stephenson publicada en 1992 que gira en torno a un metaverso virtual, se cita a menudo como el principal antecedente literario de Second Life. Sin embargo, Rosedale me aseguró que cuando leyó la novela llevaba años pensando en crear la plataforma —«Que te lo diga mi mujer»—. El personaje principal de *Snow Crash*, oportunamente bautizado como Hiro Protagonist, vive con su compañero de habitación en el cubículo de un guardamuebles, pero en el metaverso es un príncipe de los de espada en ristre y un hacker legendario. No es de extrañar que pase buena parte del tiempo allí: «Comparado con el trastero, es la hostia».

En un estudio sobre la percepción de satisfacción vital llevado a cabo entre los usuarios de Second Life, los investigadores llegaron a la conclusión de que, a la luz de la profunda brecha declarada por los usuarios entre su vida real y la virtual, era lógico que «algunas personas se sintieran inclinadas a buscar refugio en la vida digital en vez de intentar cambiar su existencia». Pero si habitas una «Segunda Vida» más feliz que la primera, ¿te resultará más complicado encontrar motivos de satisfacción en esta, teniendo en cuenta que la vida real compite en todo momento con un reino en el que todas las fantasías son posibles?

101

La doble vida de Hiro en *Snow Crash* refleja algunas de las principales fantasías de Second Life, como invertir o volver obsoletos todos los parámetros que definen el éxito en el mundo real, o bien crear un espacio radicalmente democrático donde nadie tiene la menor idea de qué posición ocupan los demás en el mundo real. Muchos de los residentes de Second Life ven la plataforma como una utopía que conecta a personas de todo el mundo –al margen de su nivel de ingresos, disparidad de intereses, procedencia geográfica y posibles discapacidades–, un lugar donde los enfermos pueden habitar cuerpos sanos y quienes se han visto privados de movilidad pueden moverse libremente. Seraphina Brennan, una mujer transgénero que se crió en un pequeño pueblo minero de Pensilvania y no pudo empezar el tratamiento médico de transición hasta los veintitantos, me contó que Second Life le había brindado «la oportunidad de verme como me sentía de veras por dentro», porque fue el primer lugar donde pude habitar un cuerpo femenino.

En su libro *The Making of Second Life* [Así se hizo Second Life], Wagner James Au cuenta la historia de un avatar llamado Bel Muse, la típica «rubia californiana» detrás de la cual había una mujer afroamericana. Bel lideró un equipo que trabajó en la construcción de Nexus Prime, una de las primeras ciudades de Second Life, y le dijo a Au que era la primera vez que no se topaba con los prejuicios a los que estaba acostumbrada. En el mundo offline, le dijo, «tengo que causar buena impresión desde el primer instante, debo esforzarme por resultar afable y mostrarme elocuente nada más conocer a alguien. En Second Life, sin embargo, no tenía por qué hacerlo. Por una vez, podía pasar de todo eso». Pero esta anécdota –el hecho de que Bel Muse se sintiera más respetada cuando se hacía pasar por blanca en Second Life– no sugiere la posibilidad de dejar atrás el racismo, sino que confirma su persistencia. Si bien muchos usuarios de Second Life ven la plataforma como un territorio neutro donde todos conviven en pie de igualdad, libres de ataduras clasistas y raciales, la predominancia de cuerpos caucásicos y esbeltos, en su mayoría ataviados a imagen y semejanza de las clases más pudientes, simplemente revalidan los ideales sesgados que sostienen la desigualdad en el mundo real.

Sara Skinner, una mujer afroamericana que siempre ha dado a sus avatares un tono de piel similar al suyo, me contó que intentó construir un museo digital de historia afroamericana en un pueblo costero llamado Bay City. Otro avatar (de un policía) no tardó en levantar muros frente al edificio y, por irónico que parezca, construyó un juzgado que impedía ver el museo. El avatar del policía sostiene que todo se debe a un malentendido, pero el racismo suele jugar a tirar la piedra y esconder la mano, y no hay malentendido que valga cuando algún hombre blanco de Second Life le dice a Sara que parece un primate después de que ella rechace sus insinuaciones, o cuando alguien la llama «cara de mono» o intenta invalidar su vivencia del racismo porque no es negra, sino «mulata». Sara se ha propuesto reconstruir su museo en otro lugar.

Au me dijo que, si bien de entrada le entusiasmaba la premisa sobre la que se sostenía Second Life, y en concreto las posibilidades que ofrecía el contenido generado por los usuarios, se llevó un chasco al comprobar que, en su mayoría, lo que aquella gente quería de veras era pasarse la vida de juerga, como veinteañeros con acceso a una cuenta corriente ilimitada. Rosedale creía que el paisaje de Second Life sería hiperfantástico, artístico y extravagante –lleno de naves espaciales y topografías estrafalarias, como un Burning Man bajo los efectos de esteroides virtuales–, pero el paisaje resultante se parecía más bien a Malibú. La gente quería mansiones y

Ferraris. «Lo primero que construimos es aquello que más codiciamos», me dijo, y citó uno de los primeros estudios de Linden Lab, según el cual la inmensa mayoría de los usuarios de Second Life no residía en ciudades, sino en zonas rurales. Entraban en la plataforma buscando aquello de lo que carecía su existencia física: la concentración, la densidad, el potencial de conexión de los espacios urbanos. La sensación de que pasaban cosas a su alrededor y la posibilidad de participar en ellas.

El emprendedor sueco Jonas Tancred se unió a Second Life en 2007, después de que su empresa de cazatalentos quebrara a causa de la recesión. Jonas era un hombre de mediana edad canoso y un poco barrigón, pero su avatar, Bara Jonson, era joven y musculoso, tenía el pelo de punta y transmitía cierta ternura. Lo que más entusiasmaba a Jonas de Second Life no era que le dejara interpretar a un alter ego más atractivo, sino que le diera la posibilidad de tocar un instrumento musical, algo con lo que siempre había soñado, pero nunca había intentado en la vida real (acabaría uniéndose a Malin Östh para formar el dúo Bara Jonson y Free). Offline, Jonas podía estar plantado delante de la mesa de la cocina cubierta con un hule a cuadros, tocando una guitarra acústica conectada a su ordenador, pero en Second Life su avatar rockero, Bara, lo daba todo ante un público compuesto por supermodelos y moteros con mohicana.

Cierta noche, una mujer se presentó antes del concierto y le preguntó: «¿Se te da bien esto de la música?», a lo que él contestó: «Sí, por supuesto», y para demostrarlo hizo uno de sus mejores bolos. Esa mujer era Nickel Borrelly, que se convertiría en su mujer en el mundo virtual y, un par de años más tarde, en la madre de su hijo en la vida real.

Offline, Nickel era una mujer más joven que él, se llamaba Susie y vivía en Misuri. Después de un noviazgo surrealista, con profusión de vuelos en globo aerostático, bailes románticos a la luz de la luna y paseos en tándem por la Gran Muralla china, la pareja contrajo matrimonio en Second Life, en la isla Corazones Gemelos, «a las 12:00 h, ZHL», según rezaban las invitaciones electrónicas, o lo que es lo mismo, Zona Horaria Linden. Cuando intercambiaron votos, Bara declaró que aquel era el día más importante de su vida. No especificó a cuál de sus vidas se refería, o si la afirmación abarcaba tanto la real como la virtual.

Después de casarse con Nickel, la carrera musical de Bara en Second Life empezó a despegar. Al cabo de un tiempo, le ofrecieron la oportunidad de viajar a Nueva York para grabar un disco, lo que lo convirtió en uno de los primeros músicos de Second Life fichado por una productora en la vida real. Fue en ese viaje cuando Jonas conoció por fin a la Susie de carne y hueso. Unos años más tarde, cuando un documental abordó su relación, ella contó sus primeras impresiones de ese día: «Hostia, parece un poco cascado». Pero también dijo que conocerlo en persona fue como «volver a enamorarse».

El hijo de Susie y Jonas, Arvid, nació en 2009. Para entonces Jonas había vuelto a Suecia porque le había caducado el visado estadounidense. Mientras Susie estaba en la sala de parto, él estaba en su club musical de Second Life, primero esperando novedades, luego fumándose un puro virtual. Para Susie, la parte más dura fue el día después del nacimiento de Arvid, cuando el hospital se llenó de padres que iban a ver a sus bebés. ¿Qué podían hacer Susie y Jonas? Reunir a sus avatares para cocinar a medias un desayuno virtual en un romántico paraje a orillas del mar y compartirlo sosteniendo tazas de café humeante que no podían beber mientras veían vídeos reales de su hijo de carne y hueso en una tele virtual, recostados en un sofá virtual.

105

Susie y Jonas ya no son pareja, pero él sigue formando parte de la vida de Arvid. Hablan con frecuencia por Skype y Jonas viaja a Estados Unidos siempre que puede. Está convencido de que si Susie y él han logrado mantener una buena relación como padres pese a haberse separado es en buena medida porque se conocieron a fondo en el mundo virtual antes de coincidir en la vida real. En su caso, Second Life no fue una ilusión, sino una forma de comunicarse que les permitió entenderse el uno al otro mejor de lo que habrían hecho con un noviazgo convencional en el mundo físico. Jonas describe Second Life como una versión refinada de la realidad, no un sucedáneo superficial de esta. Como músico, cree que Second Life no ha cambiado su música, pero la ha «amplificado», permitiéndole establecer una relación más directa con el público, y le encanta que sus fans puedan teclear las letras de las canciones. Recuerda a una multitud «coreando» su versión de «Mmm Mmm Mmm Mmm», de los Crash Test Dummies. Había tanta gente tecleando la letra al unísono que las ristras de «mmms» acabaron llenando toda la pantalla de su ordenador. Para él, la realidad y la belleza de lo que ha creado –las canciones, su hijo– trascienden y superan con creces cualquier vestigio de su construcción virtual.

En 2013, Second Life tenía más de treinta y seis millones de cuentas activas, pero actualmente solo cerca de seiscientas mil personas siguen usando la plataforma con cierta regularidad (unas doscientas mil más la prueban cada mes, pero no vuelven). Son muchos los usuarios que le han vuelto la espalda. ¿Qué ha pasado? Wagner James Au ve en dos hechos simultáneos, el ascenso de Facebook y el estancamiento de los usuarios de la plataforma virtual, la prueba de que Linden Lab no supo interpretar los deseos del público al que se dirigía: «Second Life nació con la premisa de que todo el mundo quiere una segunda vida —me dijo Au–, pero el mercado ha demostrado que no es así».

Cuando le pregunté a Rosedale si se reafirmaba en las predicciones que había hecho durante los primeros años de Second Life –que el espacio donde transcurre nuestra vida sería virtual y que el mundo físico acabaría pareciéndose a un museo–, no se retractó, sino al contrario: dijo que llegaría el día en que veríamos el mundo real como «un lugar arcaico y adorable» que había dejado de tener un peso decisivo. «¿Qué haremos con nuestros despachos cuando ya no los necesitemos? –se preguntó–. ¿Los usaremos para jugar al frontenis?»

Insistí en este punto. ¿De veras creía que ciertas partes del mundo físico –el hogar que compartimos con nuestra familia, por ejemplo, o la comida que disfrutamos con nuestros amigos, la cercanía de los cuerpos a uno y otro lado de la mesa– dejarían de importarnos algún día? ¿De veras creía que la identidad corpórea no era una parte fundamental de la condición humana? Me sorprendió que diera su brazo a torcer al instante. El entorno familiar nunca se volverá obsoleto, dijo, ni el hogar físico, el lugar donde decidimos pasar cierto tiempo con las personas a las que queremos. «Todo eso tendrá una existencia más duradera –afirmó–, creo que en ese aspecto estamos de acuerdo.»

Alicia Chenaux vive en una isla llamada Bluebonnet, un pintoresco y bucólico enclave, en compañía de su marido Aldwyn (Al), con el que lleva casada seis años, y las dos hijas de ambos: Abby, de ocho años, y Brianna, que ahora mismo tiene tres años, aunque antes tenía cinco e inicialmente había tenido ocho. La vida familiar se traduce en una sucesión de recuerdos idílicos, a menudo presentados como instantáneas digitales en el blog de Alicia: buscando la calabaza ideal para Halloween en el huerto, de camino a Grecia para pasar unos días nadando en un mar pixelado. Es como la versión digital de un cuadro de Norman Rockwell, escenas idealizadas de la vida doméstica de la clase media-alta estadounidense, una fantasía sumamente banal si no fuera por el hecho de que Abby y Brianna son avatares infantiles interpretados por adultos.

Cuando Alicia descubrió con treinta y pocos años que no podía tener hijos biológicos, cayó en una profunda depresión, pero Second Life le ha ofrecido la posibilidad de ser madre. Su hija virtual, Abby, tenía ocho años en la vida real cuando sufrió un profundo trauma (cuyos detalles Alicia no siente la necesidad de conocer), por lo que encarna a una niña virtual de esa misma edad con el fin de revivir esa etapa de su vida. Brianna, por su parte, fue criada por niñeras en la vida real –sus padres no se volcaron demasiado en su crianza– y deseaba formar parte de una familia que se ocupara más activamente de ella. Tal vez por eso, ha querido ser cada vez más pequeña.

Alicia y su familia pertenecen a una comunidad de juego de rol familiar nacida en Second Life donde los niños y los potenciales progenitores publican sus perfiles en una serie de «agencias de adopción» y se someten a «períodos de prueba» durante los cuales conviven unos con otros para comprobar si son compatibles. Sara Skinner, la mujer que aspira a fundar un museo virtual de historia afroamericana, me contó que era la madre virtual de un niño de cuatro años encarnado por un militar destinado en el extranjero. Pese a tener una mala conexión a internet, su hijo virtual entraba en la plataforma a menudo solo para pasar un rato con ella mientras la señal iba y venía.

A veces los padres adoptivos viven un embarazo virtual a través de «clínicas de maternidad» o accesorios llamados «vientres interactivos», paquetes que proporcionan una fecha de parto y cambios corporales en el avatar, incluida la posibilidad de hacer que el feto sea visible en todo momento o de recibir noticias sobre su desarrollo («¡Tu bebé está dando volteretas!»), así como la simulación de un «parto realista» que incluye la entrega de un recién nacido virtual. En el caso de los padres de Second Life que pasan por un embarazo después de haber adoptado a un niño virtual, suele darse por sentado que el bebé que van a tener es el mismo que ya han adoptado. El objetivo es establecer el vínculo de un parto entre padres e hijo. «Incluye náuseas matutinas», promete un paquete; «Añadir molestias», sugiere más abajo, lo que significa que, en un momento dado, se te informará de que tu cuerpo virtual las está experimentando. «Podrás controlar tu embarazo de principio a fin, y que sea EXACTAMENTE como lo deseas», anuncia el mismo paquete, con lo que parece privar a sus clientes de algo inherente a la experiencia real de un embarazo: la sensación de que apenas controlas nada de lo que sucede.

En la vida real, Alicia comparte piso con su novio, y cuando le pregunto si le ha hablado de su familia en Second Life, contesta que «por supuesto». Mantenerlo en secreto sería difícil, porque queda con ellos casi todas las noches entre semana, salvo los miércoles, que son la «noche de la vida real», cuando se dedica a ver *realities* en compañía de su mejor amiga. Cuando le pregunto si saca cosas distintas de sus dos relaciones amorosas, la real y la virtual, me contesta que «desde luego». Su novio es estupendo, pero trabaja a todas horas, mientras que Al escucha su incesante parloteo sin rechistar. Estuvieron saliendo juntos durante dos años en Second Life antes de casarse. La «paciencia y perseverancia» eran dos de las cualidades que más atractivo lo hacían a ojos de Alicia, que no tuvo empacho en confesarme que «se obsesionó» con la organización de su monumental boda virtual. En la vida real, el hombre que encarna a Al es algo mayor que Alicia –tiene cincuenta y un años frente a sus treinta y nueve, además de mujer e hijos–, pero ella valora el hecho de que posea «ese bagaje de experiencias» y pueda ofrecerle una perspectiva «más sensata, más madura».

Cuando se casaron en Second Life, todo el mundo empezó a preguntarles si pensaban tener hijos (hay cosas que no cambian con el paso al mundo virtual). En 2013 adoptaron a Abby y al año siguiente a Brianna, y hoy en día su dinámica familiar se nutre del juego de roles, pero también de la realidad. Cuando Brianna se unió a la familia, anunció que buscaba algo más que «una simple ficción», y a veces las chicas interrumpen el juego de rol para comentar algo relacionado con su vida adulta fuera de internet: problemas con los novios o una situación estresante en el trabajo. No obstante, para Alicia es importante que sus hijas «se comprometan con el rol de niñas que interpretan», lo que significa que no tienen avatares adultos. Según me contó, Al y ella comparten fotos de su vida real, pero «las niñas no suelen hacerlo, pues prefieren que sigamos teniendo una imagen infantil de ellas».

Hace unos años, por Navidad, Al le regaló a Alicia un «paquete de poses» que le permite personalizar y guardar instantáneas de su familia: de la pareja abrazada en un banco del parque, de él llevándola a caballito... Muchas de las entradas del blog de Alicia incluyen una foto de su familia virtual pasándolo bien, a menudo acompañada de una nota al pie: «Por cierto, si queréis comprar la pose que usé para esta foto –reza una de esas notas–, la he subido a Marketplace». En otra entrada del blog, debajo de una foto de la pareja acurrucada en un banco, rodeada de árboles nevados y luciendo sus mejores galas invernales, Alicia reconoce que hizo la foto después de que Al se hubiese ido a dormir en la vida real. Se conectó por él y movió su avatar para conseguir la instantánea que buscaba.

En mi opinión, estas «poses» ilustran a la vez el atractivo y los límites del juego de rol familiar en Second Life. Es posible trabajarlas hasta el infinito para obtener una imagen idílica, pero, por mucho que te esfuerces, nunca lograrás el efecto de algo no trabajado. Aunque la dinámica familiar de Alicia parezca perfecta —una sucesión de instantes fotogénicos—, ella misma me reconoció que buena parte del aliciente reside en los momentos difíciles de esa misma dinámica, cuando tiene que intervenir para que las niñas dejen de discutir por los disfraces o no monten un berrinche por tener que volver a casa cuando las vacaciones llegan a su fin. En una entrada del blog, confiesa que su momento preferido del día son los «contados minutos» que pasa a solas con Al por la noche, pero el hecho mismo de que aluda a esos instantes efímeros —atractivos por cuanto sugieren obligación y sacrificio— se me antoja la enésima pose tomada de la crianza en el mundo real.

El año pasado Alicia y Al adoptaron a dos hijos más, pero se encontraron con el problema de que los nuevos miembros de la familia «lo querían todo, y lo querían ya». Pretendía llamarles «mamá» y «papá» desde el primer momento y les decían «Cuánto te quiero» al poco de haber pasado a formar parte de la familia. Buscaban una experiencia de crianza intensa y constante, no la alternancia entre juego de rol y realidad a la que ellos estaban acostumbrados, y hacían toda clase de barrabasadas para llamar su atención, como perder los zapatos, saltar desde el tejado, trepar a árboles de los que no podían bajarse solos. En resumidas cuentas, se comportaban más como niños de verdad que como adultos haciéndose pasar por niños. La adopción solo duró cinco meses.

Hay algo empecinadamente hermoso en la familia virtual de Alicia, en el hecho de que estas cuatro personas quieran vivir dentro del mismo sueño. Y hay algo indudablemente profundo en la capacidad de Alicia y sus hijas para forjar una nueva versión de la intimidad que las circunstancias reales les han negado. No obstante, los momentos de fricción escenificada (las riñas entre hermanas, los berrinches) también revelan la claustrofobia de una perfección impostada. Gracias a su capacidad para imitar una vida doméstica ideal, las familias de Second Life se saltan buena parte de las dificultades intrínsecas al día a día en el seno de una familia real. Tu familia virtual nunca te llevará más allá de lo que hubieses imaginado, porque se construye únicamente a partir de lo que alcanzas a imaginar.

Una noche, durante los primeros días de mi incursión en Second Life, estaba con mi marido en un restaurante de carne a la brasa (offline) en Lower Manhattan cuando le pregunté: «A ver, ¿qué hace que Second Life no sea tan real como la "vida real"?». En un primer momento, él no me contestó, sino que se limitó a alargar la mano y pellizcarme el brazo (con bastante saña, debo añadir). Luego dijo: «Esto es lo que hace que no sea tan real».

No se refería solamente a la dimensión física –al hecho de que nuestras vivencias sean indisociables del cuerpo que habitamos–, sino también a elementos como la sorpresa y la disrupción. Buena parte de la experiencia vivida se compone de lo que escapa a nuestra voluntad y capacidad de predicción, lo que queda al margen de nuestro control, del guión previsto. Buena parte de lo que somos se lo debemos a la sorpresa, la otredad, los pasos en falso, los obstáculos imprevistos y los matices de la imperfección: la áspera realidad de una acera con sus colillas y el tufillo veraniego a basura y tubo de escape, la posibilidad de que una rata se escabulla entre las bolsas de desechos, la cadencia musical de las voces y la risa de unos desconocidos que pasan cerca de nosotros.

Second Life promete otra realidad, pero no acaba de reproducir las grietas y rendijas que dan textura a la realidad física. En Second Life, los paisajes parecen muchas veces lienzos de Thomas Kinkade, el sexo reside en la imaginación y solo ejerces de madre cuando decides conectarte. Un estudio de 2011 reveló que los usuarios de la plataforma atribuían rasgos de personalidad más idealizados a sus parejas de Second Life que a las reales, concediéndoles una puntuación más alta en cualidades como la extroversión, la escrupulosidad, la afabilidad y la franqueza. La intimidad entre dos avatares no es «irreal», pero esa realidad es distinta a la que se da cuando dos personas entablan una relación emocional en el plano físico, cuando la identidad debe respaldar con hechos las palabras que ha pronunciado o los secretos que ha revelado, cuando debe habitar la constancia cotidiana del hogar.

Los paisajes idílicos de Second Life me recordaban una y otra vez lo que me había contado un amigo sobre su experiencia en la cárcel. Que le arrebataran la libertad significó para él no solo renunciar a todo el abanico de placeres que el mundo podía ofrecerle, sino también a todo el abanico de errores que podía haber cometido durante ese tiempo. Quizá el precio de un mundo perfecto, o de un mundo donde es posible controlarlo todo hasta el último detalle, sea renunciar a buena parte de lo que consideramos «vivencias», esas que nacen de lo que no podemos moldear a la medida de nuestros deseos y lo que, en última instancia, tampoco podemos abandonar. Alice y Bridgette ya lo saben, por supuesto. Lo viven a diario.

En Second Life, y en internet en general, las siglas *afk* significan «*away from keyboard*» [lejos del teclado], y en el transcurso de su investigación etnográfica Tom Boellstorff oía a veces a los residentes en Second Life decir que «querrían ponerse *en modo afk* en el mundo real para huir de situaciones incómodas, por más que supieran que era imposible; "nadie dice *afk* en la vida real"». Esta percepción inspiró lo que Boellstorff llama el «test *afk*»: «Si puedes ponerte en modo *afk* para no hacer algo, ese algo forma parte de un mundo virtual». Quizá lo contrario del test *afk* sea una definición bastante certera de lo que constituye la realidad: algo de lo que no te libras dándole la espalda, o al menos no para siempre. Philip Rosedale predijo que el mundo físico acabaría convirtiéndose en una especie de museo, pero eso se me antoja imposible. El mundo físico es demasiado inherente a la condición humana para volverse obsoleto, demasiado imprescindible para estos cuerpos imperfectos y dolientes con los que avanzamos por él a trancas y barrancas.

¿Me maravilló Second Life? Sin duda. Cuando me sentaba en una silla de mimbre en una azotea a charlar con la mujer legalmente ciega que se había construido una casa con vistas al mar embravecido de Cabo Serenidad, me parecía conmovedor que pudiera ver el mundo de Second Life mejor que el real. Cuando paseaba a lomos de un caballo por la versión virtual del parque nacional de Yosemite, sabía que la mujer que me guiaba entre los pinos había pasado años condicionada por su discapacidad, aislada del mundo, hasta que encontró un lugar en el que no se sentía marginada. Eso es lo que, en última instancia, resulta liberador de Second Life, no el hecho de que repudie el mundo físico, sino que se entrelace con ese otro mundo, de que se produzca un intenso intercambio entre ambos. Second Life nos permite vernos como a menudo nos sentimos, más plurales y menos coherentes de lo que el mundo nos permite ser.

Hay quien tacha la plataforma de escapista, y sus residentes suelen renegar de esa etiqueta, pero para mí la clave no es si Second Life representa o no una vía de escape. Lo importante es reconocer que el impulso de huir de nuestra propia vida es universal y de nada sirve demonizarlo. Habitar cualquier vida implica reconocer el anhelo de abandonarla, ya sea a través de las ensoñaciones, los relatos, el éxtasis que brindan el arte y la música, las drogas duras, el adulterio o la pantalla de un móvil. Estas formas de «ausentarse» no son lo opuesto a la verdadera presencia, sino tan solo una de sus manifestaciones, tal como el amor alberga el conflicto, la intimidad alberga la distancia y la fe alberga la duda.

II. Observar

ALLÁ ARRIBA, EN JAFFNA

Empezaba a caer la tarde cuando llegué a Colombo. Nos habíamos saltado un día con el viaje desde Nueva York y todo me parecía medio soñado. En el primer vuelo, el que me llevó hasta Dubái, unos ancianos escrutaban el cielo a través de las ventanillas, atentos a las primeras luces del alba, y se arrodillaron en el suelo de la cabina para rezar. De postre nos dieron bizcocho de albaricoque cubierto de nata montada. Había una adolescente con una camiseta rosa fucsia en la que ponía NUNCA MIRES ATRÁS. En el *Gulf Times* se sucedían las crónicas judiciales al estilo de Oriente Próximo —«Una mujer es azotada por insultar a la policía moral», «Instan a la detención de blogueros ateos»— y escalofriantes notas breves de mi propio país: «El gas lacrimógeno y las balas de goma no logran mantener la paz en Misuri».

Yo había ido a Sri Lanka a hacer un reportaje para una revista de viajes. El acuerdo era que la revista me pagaba para viajar a algún lugar durante una semana, pero solo me revelaría el destino veinticuatro horas antes de partir. Era la clase de encargo que despertaba envidias, pero al mismo tiempo me daba un poco de reparo, como si una alegre peripecia periodística se hubiese contaminado de cierta arrogancia colonialista: «¡Me presentaré allí sin saber nada sobre el lugar y lo

119

describiré sobre la marcha!». Pero ¿acaso iba a rechazar un viaje gratis a la otra punta del mundo? Por supuesto que no.

Al día siguiente tenía previsto viajar al norte del país, a la península de Jaffna, siguiendo la autopista A-9, que cruza la inmensa región de monte bajo y matorrales conocida como Vanni, el territorio que durante muchos años controlaron los Tigres de Liberación de Tamil Eelam, más conocidos como los Tigres Tamiles, hasta que en 2009 cayeron al fin derrotados por las fuerzas armadas del gobierno de Sri Lanka cerca de la laguna de Nanthikadal. Miles de civiles murieron durante el cerco final, y uno de los informes de Naciones Unidas cifraba el número de víctimas en cuarenta mil.

Es imposible comprender lo que supone viajar al norte de Sri Lanka sin un mapa de las fracturas territoriales que desembocaron en la guerra civil –una mayoría cingalesa y budista en el sur; una minoría tamil concentrada en el norte, con la guerrilla de los Tigres Tamiles luchando por un Estado independiente– y alguna idea sobre las persistentes consecuencias de esa guerra civil, como el deterioro de las infraestructuras y las tensiones étnicas latentes en un país fuertemente militarizado.

En el escaso tiempo que tuve para preparar el viaje, traté de profundizar en el conflicto, y cada vez que creía haber encontrado su origen, descubría que se remontaba aún más atrás en el tiempo. Puede que la guerra empezara con el llamado «julio negro» de 1983, cuando cerca de tres mil personas perdieron la vida en Colombo en los ataques contra la población de etnia tamil. Pero también es posible que empezara cuando los Tigres Tamiles mataron a trece soldados de Sri Lanka en la emboscada que precipitó esos disturbios. O tal vez empezara en los años cincuenta, cuando el cingalés se declaró la única lengua oficial del país. Cada inicio de las hostilidades tenía un precedente, y la propia guerra civil había terminado de un modo que, en opinión de muchos, no había servido para zanjar el conflicto. Dos cosas parecían cada vez más claras: hubo una represión brutal por la que el gobierno no acababa de asumir su responsabilidad y la población dividida del país no se ponía de acuerdo en los hechos que llevaron a la ruptura.

La primera noche que pasé en Colombo me fui a cenar con un periodista local. Me recogió en el hotel donde me alojaba, el Galle Face, un edificio de arquitectura tradicional situado en primera línea de mar, con abundantes cornisas de teca y balcones con vistas al agitado oleaje gris pizarra. La revista me había reservado una habitación para esa primera noche, pero no acababa de sentirme cómoda con el aire a rancio colonialismo británico que desprendía el lugar. Le dije al periodista que pensaba viajar al norte y le pregunté qué opinaba de la reconstrucción que había emprendido el gobierno desde el fin de la guerra. Me contestó que, llana y sencillamente, no había hecho nada bien. Los intentos de investigar la desaparición de civiles durante la guerra habían sido en buena medida gestos de cara a la galería. Los tamiles, una población de viudas de guerra sometida a control militar, seguían llevándose la peor parte. Pero también me dijo, en más de una ocasión, que era peligroso pensar en estos ciudadanos del norte exclusiva o principalmente como víctimas. También eran supervivientes que participaban de forma activa en la reconstrucción de su vida y de las comunidades a las que pertenecían.

Me contó que los ceilandeses del sur se desplazaban cada vez más al norte para descubrir zonas del país que nunca habían visto, y que el ejército había empezado a gestionar sus propias atracciones turísticas, incluidas una antigua cárcel fortificada reconvertida en hotel y un complejo turístico a orillas de la misma laguna de Nanthikadal donde tantos civiles habían perdido la vida. Esa noche busqué la página de Facebook del centro vacacional: «Disfrute de una relajante estancia y de la fresca brisa de la laguna de Nanthikadal».

El periodista me dijo que le molestaba oír los términos que los viajeros empleaban para referirse al norte, y sobre todo a sus playas «impolutas», «intactas», «vírgenes». Esas playas no están intactas, me dijo. Hay esqueletos en la arena.

Le pregunté cuánto hacía que había estado allí por última vez y se limitó a negar con la cabeza. Hacía mucho, me dijo. No necesitaba ir físicamente, sabía lo que había sucedido. No quería ir hasta allí para limitarse a mirar, se sentiría incómodo. Solo lo haría si creyera que su presencia podía ser útil.

Cerca de un año antes de aterrizar en Sri Lanka por encargo de una revista, había ahorrado suficiente dinero de mi sueldo como profesora asociada en la universidad para viajar a Camboya por mis propios medios. Quería visitar a una buena amiga que vivía allí. Una de las primeras cosas que hice en Nom Pen fue visitar Tuol Sleng, la antigua cárcel de los jemeres rojos: tres edificios de hormigón en cuyas exiguas habitaciones aún se conservaban somieres oxidados, viejos grilletes y cajas de tensión usadas para propinar descargas eléctricas. El recinto había albergado una escuela antes de convertirse en cárcel, o como quiera que se llame un lugar en el que entraron catorce mil personas y solo siete salieron con vida. Había manchas en el suelo, pero ninguna placa que indicara los nombres de quienes habían sangrado allí. En los balcones de los pisos superiores, el alambre de espino resplandecía al sol. Los conductores de tuk tuk evitaban ir hasta allí de noche porque creían que el lugar estaba plagado de fantasmas.

Según mi guía turística, «ninguna visita a Nom Pen estará completa sin una parada en Tuol Sleng». Me pregunté a qué se refería con «completa», como si insinuara que debías

saldar tu deuda con la historia –con las heridas de esa tierra–
para tener derecho a beber el ron que servían en rústicos cubos de madera en las playas tachonadas de sombrillas de Si-
hanoukville o para llenar varios álbumes en Instagram con
fotos en tonos sepia de Angkor Wat.

Cuando visité Tuol Sleng, todo el mundo se dedicaba a
sacar fotos de las palmeras y el alambre de espino. Todo el
mundo sudaba; era un día de mucho calor y el puesto de re-
frescos hacía su agosto. Yo estaba sedienta, pero me negué a
pasearme con una Coca-Cola Light por ese antro de muerte.
Sin embargo, hiciera lo que hiciese, no había manera de re-
huir la inevitable afrenta. Todos habíamos ido hasta allí para
observar aquellas cosas, y luego nuestra vida seguiría adelante como si tal cosa. Hacer turismo del genocidio convierte la
historia en una pura mercancía. El pasado se trocea en billetes de entrada y fotografías, en el souvenir de la propia experiencia, para que podamos llevárnoslo a casa.

Los jemeres rojos documentaron sus propias atrocidades
de un modo obsesivo, lo que facilitó en gran medida la tarea de denunciarlas. Podría decirse que cavaron su propia
tumba: no hay más que ver las abundantes fotografías de los
detenidos, las cisternas que usaban para torturarlos sujetándo-
les la cabeza debajo del agua, las horcas en las que habían
muerto asfixiados. Me dije que era mejor haber visto ese lugar que pasar de puntillas por esta tierra sin conocer sus heridas; que era mejor ver esa estructura de madera inclinada y
provista de grilletes con la regadera de hojalata a un lado, recordar a Christiane Amanpour discutiendo con uno de los
escritores de discursos de George W. Bush sobre si el «sub-
marino» contaba o no como forma de tortura. Me dije que
era mejor ver las fotografías montadas sobre tablones en la
planta baja del edificio A, que mostraban los rostros de los
prisioneros a su llegada a la cárcel y esos mismos rostros
–más delgados, demacrados, consumidos–, justo antes de

morir o de marcharse, lo que por lo general significaba que se los llevaban a los campos de exterminio para que se murieran en otra parte. Cuando ya no quedaba espacio en los alrededores de Tuol Sleng para enterrar a los muertos, empezaron a subir a los prisioneros en autobuses en plena noche para llevarlos a un lugar llamado Choeung Ek, en las afueras de la ciudad: los campos de la muerte.

Choeung Ek consistía básicamente en una llanura, un generador eléctrico y un cobertizo donde se acumulaban utensilios homicidas. Para cuando lo visité, se había convertido en una llanura sembrada de huesos. No se trata de una descripción lírica, sino literal. Comprobé como mis zapatos se hundían entre los fragmentos de huesos que no podía evitar pisar. Los muertos seguían estando muy presentes. La experiencia de acercarse a la estupa, el monumento funerario jemer que consiste en una torre acristalada llena de calaveras, fémures y costillas, generaba una especie de respeto reverencial que percibí cuando me quité los zapatos y agaché la cabeza, sintiendo mi cuerpo a un lado del cristal y aquellos huesos al otro lado. Se trataba de un ritual cuyas reglas conocía, pero caminar sobre huesos humanos –sorteando los fragmentos de costillas que asomaban entre jirones de ropa y trozos de suela– era otro cantar. Caminar sobre los muertos se me antojaba una falta de respeto, pero también una muestra de sinceridad. Al fin y al cabo, lo hacemos a todas horas.

No era fácil llegar a Jaffna, la ciudad más poblada del norte del país y capital cultural de la minoría tamil. Aunque las líneas de ferrocarril bombardeadas por los Tigres Tamiles se habían reconstruido en su mayor parte, el último tramo hasta Jaffna permanecía cortado. Podría haber ido hasta allí en avión desde Colombo pagando una pequeña fortuna, o en un autobús nocturno por mucho menos dinero, pero prefería no viajar por aire ni de noche, porque no era solo Jaffna lo que quería ver, sino toda la zona de Vanni, el contraste entre el sur y el norte, la huella de la guerra y lo que se había reconstruido desde el cese de las hostilidades.

Encontré a un conductor dispuesto a llevarme hasta Jaffna desde la capital, un trayecto de ocho horas en coche. El hombre no acababa de entender por qué me dirigía al norte, aunque me aseguraba una y otra vez que estaría a salvo. «Peligro antes –decía–. Ahora cien por cien OK.» Me lo repitió unas pocas veces a lo largo del día: «Cien por cien OK, cien por cien OK». Era natural de un pueblo de la costa sur, Ambalangoda, donde estaba con su madre cuando el tsunami de 2004 golpeó Sri Lanka. Logró sobrevivir porque se aferró a un cocotero. Su madre no tuvo tanta suerte.

Salimos temprano y cruzamos dos bulliciosas ciudades que vivían del comercio, Kurunegala y Dambulla, así como poblaciones más pequeñas dedicadas a una sola actividad: la aldea de las piñas, la aldea de los anacardos, la aldea de los tapacubos. Por el camino, adelantamos a varios tuk tuk con pegatinas del Che Guevara –HE LOVE YOUR REBEL– que zigzagueaban entre el denso tráfico que había traído consigo el capitalismo: True Lover Shop, Hotel Cool Bar, Hotel Tit 4 Tat. Seguimos avanzando por la A-9 en dirección al norte y, una vez que dejamos atrás Vavuniya, la capital del distrito homónimo, los comercios se volvieron más escasos y destartalados –algunos no eran sino improvisadas chozas repletas de bolsas de patatas fritas– y el paisaje se abrió ante nosotros, más llano, menos selvático. Uno tras otro, íbamos dejando atrás esqueletos de edificios sin tejado y con los muros llenos de boquetes a causa de las bombas. Muchos habían albergado viviendas particulares que ahora estaban desnudas y expuestas a la intemperie. El conductor me explicó que los tigres usaron esos edificios para esconderse, y por eso los habían bombardeado. «Cien por cien OK.» Buscamos relatos que nos lo aseguren. La violencia se vuelve imprescindible o bien se convierte en un complejo turístico, unas relajantes vacaciones.

En Kilinochchi, una antigua plaza fuerte de los Tigres Tamiles, nos detuvimos junto a un depósito de agua volcado, una mole de hormigón que se caía a trozos y por cuyas grietas asomaban varillas de acero corrugado. A un lado del depósito, como una broma de mal gusto, un diminuto letrero anunciaba: PELIGRO. Dejamos atrás campos erizados de carteles con dibujos desvaídos de calaveras y tibias allí donde pequeñas lomas de hormigón cubrían minas sin detonar. Enfilamos el desolado páramo del paso del Elefante, una delgada lengua de tierra que une la península de Jaffna con el resto de la isla, y nos detuvimos junto a un improvisado carro de combate: una retroexcavadora acorazada y elevada a monumento de guerra en honor a Gamini Kularatne, que murió frustrando una misión suicida de los Tigres Tamiles. Vimos a los viajeros de un autobús –probablemente turistas llegados del sur– comprando orquídeas para depositarlas al pie del monumento, flanqueado por soldados tan inmóviles como la estatua de bronce del héroe. Cerca de allí, el viejo uniforme de Gamini, sus platos y sus sábanas se exhibían en varias vitrinas.

Unos kilómetros más allá, junto a otro monumento de guerra, no había nadie sino nosotros dos y un soldado que me explicó el significado de la escultura, compuesta por un proyectil del que parece brotar una flor de loto y dos manos que se estrechan en señal de paz. Esta información me llegó en fragmentos de traducción sesgada y se me antojó hueca. Más allá de lo que uno opine sobre el fin del conflicto –¿hubo crímenes de guerra? ¿Cuántos, de qué tipo, quién los cometió?–, no se puede reducir a un pacífico apretón de manos. No lo fue, ni mucho menos.

En Jaffna había soldados por todas partes: frente a la deslumbrante biblioteca blanca con sus cúpulas ornamentales, al pie de las ferreterías, junto al campo de cricket, en cada cruce. El periodista con el que me había entrevistado me dijo que la ciudad contaba desde hacía poco con su primer semáforo, pero yo no lo vi. Eran los soldados quienes se encargaban de dirigir el tráfico.

Me alojé en una habitación blanca con una cama individual cerca del templo de Nallur, donde los fieles daban vueltas descalzos alrededor del recinto. También allí había soldados, pero montaban guardia –descalzos ellos también– sobre la arena. Creo que no vi a ningún otro turista. Unas chicas con uniforme escolar que iban en bici frenaron para saludarme. Siempre que salía del hotel me topaba con el mismo muchacho en silla de ruedas que venía a estrecharme la mano. Cada vez que nos dábamos un apretón de manos, sonreía hasta notar que la piel del rostro se me tensaba. Le debía algo más que una sonrisa, algo que no acertaba a poner en palabras. Todo el rato me venía a la mente lo que me había dicho el periodista: solo iría hasta allí si creyera que su presencia podía ser útil. También me venía a la mente el poema de Elizabeth Bishop «Cuestiones de viaje»: «¿Qué derecho tenemos a observar a unos extraños que interpretan una obra / en el más extraño de los teatros?». Y, por supuesto, también me venía a la mente el lema que yo misma llevaba tatuado. Me había hecho ese tatuaje plenamente convencida el año anterior, como una expresión de empatía y curiosidad, pero ahora mi propio brazo parecía reprenderme. Tal vez fuera más sensato reconocer que no podía llegar a entender todo lo humano.

Por lo general las personas como yo –es decir, las que han tenido el privilegio de viajar y consideran esa experiencia como parte de su identidad– disfrutan yendo allí donde otros viajeros no han llegado todavía, les gusta creer que su experiencia de viaje es más «auténtica», menos «turística». Sin embargo, estando en Jaffna, el hecho de que no hubiera más turistas a mi alrededor no me hizo sentir menos turista, sino todo lo contrario. Me convertí en objeto de todas las miradas, sospechas y especulaciones, con toda razón, cabría añadir, porque ¿a qué había ido hasta allí? Sentí que mi presencia no tenía ninguna utilidad.

En el minibar de mi habitación había una lata de Pringles y, sobre el escritorio, un cestito con tres mangos. Nathan, el conserje de facto, parecía empeñado en controlar mi estancia y llamaba con insistencia a mi habitación: «¿Ha cenado ya?», «¿Ha almorzado?», «¿Adónde irá hoy?». Me enseñó fotos de sus hijas y me contó que su familia hindú dejó de hablarle porque se había convertido al cristianismo por su mujer.

Paseando entre los edificios situados al este del viejo fuerte, visité la zona de la ciudad más castigada por la guerra: muros en ruinas, habitaciones desiertas invadidas por la maleza y las enredaderas, paredes de color rosa con la pintura desconchada, escaleras que llevaban directamente al cielo. Un niño se coló entre los escombros persiguiendo a un gatito. Las calles adyacentes al puerto eran una cuadrícula de chozas de pescadores con redes de malla azul colgadas por encima de las cercas. Vi a un hombre acuclillado en la calle polvorienta, remendando una de aquellas redes con cordel. Delante de las puertas rosa fucsia de un diminuto hospital, unos cabritillos mamaban de las ubres de su madre. Intenté avanzar como si tuviera un propósito, pero saltaba a la vista que no era así. Fui a parar a un callejón sin salida, donde había una casa pintada con los colores del arcoíris que se estremecía al compás de un estruendoso radiocasete. Di media vuelta, todavía intentando –en vano– aparentar determinación. Una ráfaga de petardos me sobresaltó, no por lo que era, sino por lo que no era. Los hombres me decían «hola qué tal cómo estás», me preguntaban de dónde era, si me había perdido, qué estaba buscando, qué decía mi tatuaje, al tiempo que señalaban mi brazo.

Rodeé la alambrada de un recinto militar compuesto por largos barracones con ventanas abiertas de par en par por las que se atisbaban catres desnudos y percheros llenos de uniformes planchados a conciencia. Un hombre que empuñaba una ametralladora me vio intentando quitarme una caca de pájaro de la suela del zapato con una hoja verde y lustrosa. Su sonrisa decía lo que él callaba: «¿De dónde eres? ¿Te has perdido? ¿Qué andas buscando?». En el patio que había a su espalda, otro soldado arrojaba grandes pedruscos a una perrita que parecía plantarle cara. El soldado siguió tirándole piedras. El otro soldado seguía empuñando la ametralladora. Los pájaros seguían cagando, por encima de mí y por todas partes. Volví a agacharme y seguí frotando la suela del zapato. Al cabo de unos minutos, la perra se escabulló por debajo de la alambrada.

La naturaleza misma de mi encargo me resultaba cada vez más frustrante. Tendemos a creer que la espontaneidad nos permite ser auténticos porque nos libera del peso abrumador de un exceso de contexto, de investigación, de intención. Pero la clase de espontaneidad a la que me veía abocada no parecía permitir nada salvo la ignorancia. Observar este lugar sin conocer su historia era lo más parecido a no ver nada en absoluto. Contemplar la biblioteca de Jaffna –sus majestuosas cúpulas blancas, su guardia de seguridad tan orgulloso de enseñarme la segunda planta– no habría tenido sentido de no saber que se levantó sobre las ruinas del edificio original, incendiado en 1981 por una turba antitamil. Fue una las bibliotecas más importantes de toda Asia, y en ese incendio se destruyeron manuscritos únicos que el

129

mundo perdió para siempre. El fantasma de esa destrucción flotaba sobre las cúpulas blancas que yo vi. ¿Qué clase de autenticidad puede nacer de contemplar una biblioteca sin saber nada sobre la destrucción de la que surgió? Eso no es sino déficit. Por lo menos yo sabía lo bastante para ser consciente de lo poco que sabía.

Había empezado a leer sobre la guerra en el vuelo a Dubái, y seguí haciéndolo mientras tomábamos tierra en Colombo y después, antes de quedarme dormida en sucesivas habitaciones de hotel, mientras desayunaba un *egg hopper* —esas delgadas tortitas de harina de arroz con forma de cuenco que albergan un huevo de yema temblorosa—, «especialidad local» que glosaba en mis notas antes de volver a la lectura de las amputaciones que se llevaban a cabo durante la guerra en los hospitales de campaña. ¿Le daba la espalda al lugar físico cuando me ponía a leer ese libro en vez de pasear por sus calles? ¿O cuando paseaba por sus calles sin haber leído ese libro? Me habían enseñado a creer en lo primero, pero lo segundo empezaba a tener más visos de verdad para mí.

En el autobús nocturno que me llevó de vuelta a Colombo, permanecí inmóvil mientras la anciana sentada a mi lado se ceñía cuidadosamente el sari naranja en torno al cuerpo. El autobús tendría que haber salido a las siete y media, pero abandonamos Jaffna a eso de las diez y nos fuimos deteniendo por el camino para recoger a otros pasajeros, para que se apearan, para que alguien comprara un aparato de televisión, para que el conductor pudiera llegarse andando a un santuario hindú levantado a pie de carretera donde juntó las palmas de las manos y se inclinó en señal de oración. Al volver, traía dos puñados de pétalos en las manos. Me pregunté si habría rezado por todos nosotros, y deseé que así fuera, porque no paraba de dar frenazos para sortear toda clase de cosas: un tractor cargado hasta los topes de maquinaria oxidada, una furgoneta que avanzaba a trancas y barrancas, lenta pero determinada. Cuando por fin salíamos de la ciudad, pasamos por delante de un último soldado que montaba guardia con la silueta de la ametralladora recortada contra el cielo nublado, y luego por un cementerio erizado de lápidas que resplandecían a la luz de la luna.

Hacia las tres de la mañana nos detuvimos durante media hora en medio de la carretera mientras el conductor alumbraba con la linterna un costado del autobús. Quién sabe qué estaba arreglando, o intentando arreglar en vano. Seguimos avanzando en la oscuridad hasta que por fin amaneció. Habíamos dejado atrás el norte: el héroe y sus orquídeas, la laguna y sus esqueletos. ¿De qué había servido, en resumidas cuentas, que viera nada de todo aquello? Seguía contemplando la destrucción desde fuera.

Es verdad que Sri Lanka es un paraíso, pero no lo es menos que todo paraíso se levanta sobre la ceguera.

Viajar de Nueva York a Dubái y desde allí a Colombo me llevó veinte horas, y viajar del norte de Sri Lanka hasta su extremo meridional, diecisiete: primero en un autobús nocturno, luego en un tren que bordeaba la costa, pasando por la fortaleza de Galle y las exuberantes colinas del interior, donde el verde se desdoblaba en infinitos matices —lima, menta, un intenso salvia que palidecía hasta virar al marrón—, y por último en tuk tuk hasta la ciudad de Mirissa, donde un mar rabiosamente azul asomaba en forma de destellos entre los puestos de madera repletos de pescado que brillaba como la plata.

Fue en Mirissa donde hice las cosas que la revista esperaba encontrar en mi artículo, experiencias exóticas que iba ensartando en el texto como los dijes de una pulsera: pequeñas anécdotas como zambullirme en una piscina azul turquesa enmarcada por una terraza de piedra, el olor de un *roti* crepitando en una parrilla en penumbra, un grupo de monos persiguiéndose alrededor de estanques donde flotaban las flores de loto. Fue en Mirissa donde salí a ver ballenas bajo la lluvia, o esa era la intención, mientras el barco remontaba olas tan altas como casas cuya espuma me dejaba empapada y rebozada en salitre, parpadeando a causa del escozor, sentada en la proa junto a una mujer que se aferraba a la barandilla con una mano mientras con la otra sostenía una bolsa de plástico que contenía su propio vómito. Fue en Mirissa donde encontré el Sri Lanka que sale en las guías de viaje, con playas de arena blanca y palmeras que se mecen bajo la lluvia, limonada de lima a la luz de las velas, helado de vainilla regado con miel de palma y guayabas abiertas por la mitad, exhibiendo el rosa intenso de su pulpa. Fue en Mirissa donde comí un *dal* tan delicioso que hubiese querido viajar en el tiempo para decirle a mi yo anterior, ese que creía haber comido *dal* en el pasado, que en realidad nunca lo había probado. No de verdad.

No quedaba ni rastro de la guerra, y a la vez estaba por todas partes. Los muertos estaban por todas partes.

¿Qué más os puedo contar del sur? En el tren, viajé sentada junto a un chico que volvía a Matara, su ciudad natal. Le eché quince años, a lo sumo dieciséis. Me preguntó por mi tatuaje, quería saber qué significaba. «Nada humano me es ajeno», le hubiese dicho, pero no podía porque hay cosas que sí me son ajenas, como el cingalés. Me invitó a probar unos cacahuetes picantes y me preguntó si tenía un número de móvil local, lo que me hizo gracia porque me sentía lo bastante mayor para ser su madre. Se ofreció para cambiarme el asiento por si quería ir mirando por la ventana. Se dio cuenta de que tenía sed de belleza, de que esa era mi función en el paisaje: beberlo, admirar la infinita gama de verdes.

Sonreía con tantas ganas que al hacerlo enseñaba las encías. Le pregunté si estaba estudiando lejos de casa.

Negó con la cabeza. «Soy soldado –me dijo–. Estoy destinado allá arriba, en Jaffna.»

Entonces me enseñó una diminuta foto tipo carnet en la que posaba vestido de soldado. Ni rastro de las encías, solo el uniforme verde. Le sonreí con el pulgar hacia arriba e hice además de devolverle la foto.

«No», dijo. Quería que me la quedara.

NO HAY PALABRAS

El 20 de octubre de 1862, un año y medio después de que estallara la guerra de Secesión estadounidense, el *New York Times* publicó una reseña de la primera exposición fotográfica del conflicto: una selección de las instantáneas con las que Mathew Brady había documentado la matanza de Antietam. «El señor Brady se ha propuesto enseñarnos la terrible realidad y crudeza de la guerra –informó el diario–. Si no ha traído consigo los cadáveres para depositarlos ante nuestras puertas o sembrar con ellos nuestras calles, poco le ha faltado.» Esta alabanza sugiere cierta fe en la capacidad del fotógrafo para ofrecer inmediatez, pero es una fe que se tambalea, acosada por la insistente brecha entre realidad y representación: «Poco le ha faltado». Es posible acercar la ausencia al espectador, pero nunca lo bastante para que llegue a tocarla. Como dijo Emerson a propósito de la muerte de su hijo: «No consigo acercarla más a mí».

«No hay palabras capaces de expresar, ni mente capaz de concebir, ni pluma capaz de describir las horribles escenas de las que he sido testigo», escribió el capitán unionista John Taggart en una carta dirigida a su hermano después de la batalla de Antietam. Al afirmar lo inútil del empeño no se niega a expresar lo vivido, sino todo lo contrario: insistir en que

135

la guerra es imposible de describir se convierte en la mejor manera de describirla. Los cadáveres nunca podrán llegar a nuestras puertas, insinúa Taggart, o por lo menos no por los medios de expresión convencionales: texto, lenguaje, lengua.

Siglo y medio después, en 2013, cuando el Museo Metropolitano de Arte inauguró una gran exposición fotográfica sobre la guerra de Secesión, la enmarcó entre ambos pareceres: la afirmación del *Times* de que las fotografías de Brady lograban evocar «la terrible realidad y crudeza de la guerra» y la negación de Taggart de que pudiera existir una mente capaz de concebirla. Una voz insistía en el potencial de representación, la otra en sus límites. Al señalar el principio y el final de la exposición, respectivamente, ambas funcionaban como una suerte de sujetalibros conceptuales, explicitando las preguntas que acechaban detrás de los retratos de soldados con las mejillas coloreadas y las panorámicas de campos de batalla ensangrentados: ¿puede la fotografía ofrecernos aquello que otras formas de expresión no alcanzan a captar? ¿Puede ofrecernos aquello que la mente no acierta a explicarse? ¿Hay ciertas formas de horror que nunca podremos entender a carta cabal?

La guerra civil estadounidense supuso una singular intersección de experimentación estética y trauma nacional: una nueva forma de arte se dio a conocer para documentar una tragedia sin precedentes. La guerra de Secesión cambió la historia de la fotografía al hacerle un encargo inimaginable, y la fotografía, a su vez, cambió el concepto de guerra aportándole un grado de representación hasta entonces inconcebible.

Las salas de la exposición del MET, titulada *La fotografía y la guerra de Secesión*, exhibían fotos que mostraban los esqueletos de ladrillo de fábricas sureñas arrasadas y las prominentes costillas de soldados famélicos. Mostraban la exuberante vegetación de los profundos valles de Virginia y la «espalda azotada» de los esclavos fugitivos, otra clase de paisaje donde el látigo había creado sus propias líneas y surcos. Estas yuxtaposiciones sugerían historias no contadas, historias insoportables: un grupo de jóvenes reclutas cenando en el campamento, sosteniendo los tenedores en alto alrededor de la hoguera, y luego los vientres hinchados de los muertos tendidos en el campo de batalla. En un visto y no visto, los muchachos se habían convertido en cadáveres y sus cuerpos habían pasado como si nada de una fotografía a la siguiente. Los soldados que posaban orgullosos con sus armas para un retrato de estudio se convertían en los amputados sin rostro de las asépticas fotografías médicas que se exponían dos salas más allá. El soldado raso Robert Fryer, un adolescente recién llegado del campo de batalla, posa con una mano sobre el pecho a la que faltan tres dedos, y resulta sobrecogedor lo mucho que se parece ese gesto al que haría un chico más joven simulando un arma imaginaria, con los dos dedos más largos extendidos a modo de cañón, para jugar a los soldados.

La fotografía de guerra documentaba la muerte al tiempo que la denunciaba. Los retratos de estudio de los soldados que partían hacia el frente les prometían dos tipos de inmortalidad: en cuanto talismanes, podían ayudarlos a esquivar la muerte; en cuanto reliquias, mantendrían vivo su recuerdo si morían en combate. También había imágenes sacadas directamente de la contienda, pues los fotógrafos se plantaban en los campos de batalla todavía humeantes o sembrados de cadáveres en descomposición. El progreso de la tecnología –el deseo de experimentar con nuevas técnicas y efectos, de que todo fuera lo más realista posible, más realista incluso que la propia realidad– hizo que algunas fotos rayaran en lo surrealista: soldados con las mejillas coloreadas por un arrebol que se aplicaba a mano, el rudimentario efecto 3D de los estereoscopios, por el que los cadáveres parecían emerger de entre los escombros. Más que realismo, estos efectos generan la misma sensación que nos produce un elenco teatral sobreactuado, cuya urgencia histriónica suena como una súplica: «¡Aquí, por favor, fijaos en este muerto!». Otro cadáver casi depositado a nuestra puerta, con las extremidades pegadas a ese visor estereoscópico al que, a su vez, se pegan los ojos del espectador.

En su obra *Ante el dolor de los demás*, Susan Sontag expresa la vergüenza que nos produce hallar belleza en el horror:

> Que un sangriento paisaje de batalla pudiera ser bello —en el registro sublime, pasmoso o trágico de la belleza— es un lugar común de las imágenes bélicas que realizan los artistas. La idea no cuadra bien cuando se aplica a las imágenes que hacen las cámaras: encontrar belleza en las fotografías bélicas parece cruel. Pero el paisaje de la devastación sigue siendo un paisaje. En las ruinas hay belleza.[1]

Sin duda hay belleza en las ruinas que recogen estas fotografías de la guerra de Secesión —la ruina de la industria, la ruina de los bosques, la ruina de los cuerpos, las fábricas que se desmoronan bajo los cielos de Georgia, la niebla que se eleva sobre campos erizados de cadáveres—, pero es una belleza peligrosa si nos distrae del hecho ineludible de toda esa mortandad y la violencia estructural que estuvo en su origen, que no es otra que la institución de la esclavitud.

La belleza de esas fotografías funciona mejor desde el punto de vista ético como una especie de caballo de Troya:

1. Susan Sontag, *Ante el dolor de los demás*, trad. de Aurelio Major, Penguin Random House, Barcelona, 2010.

nos seduce sobrecogiéndonos y luego se enquista en nuestro interior como un horror persistente. De paso, nos recuerda que esa foto la enmarcó alguien: el fantasma del fotógrafo está presente. Todo lo vemos a través de sus ojos.

Esa sensación de una presencia espectral es una de las cualidades que vuelven atractivo lo que Sontag denomina fotografía «antiartística»: «En la fotografía de atrocidades la gente quiere el peso del testimonio sin la mácula del arte, que se equipara a insinceridad o mera estratagema».[1] Quiere el peso del testimonio sin el fantasma del testigo, sin que sus huellas digitales le empañen la visión.

Este deseo de ser testigos sin la mediación del arte es uno de los motivos por los que muchos se sintieron traicionados al saber que ciertas fotos de la guerra de Secesión estaban trucadas: se habían usado objetos de utilería, desplazado los cadáveres, recolocado sus extremidades. La fotografía de Alexander Gardner titulada «Hogar de un tirador rebelde, Gettysburg» –que muestra el cadáver de un soldado confederado en su «hogar», como alude el fotógrafo irónicamente a la barricada levantada entre dos peñascos donde yace muerto–, se convirtió en el blanco de todas las iras cuando salió a la luz que muy probablemente Gardner había movido el cuerpo desde el campo de batalla hasta el paisaje más «fotogénico» de ese enclave rocoso. Como señala Sontag, lo raro no es que la fotografía haya sido trucada, sino «que nos sorprenda saber que lo ha sido», y no solo que nos sorprenda, sino que además nos «decepcione». Nuestro deseo de una fotografía absolutamente inalterada da fe de una falsa ilusión colectiva: la de que el cadáver en su emplazamiento original nos brindaría una visión no mediada de la realidad.

No obstante, las formas de distorsión manifiestas nos obligan a enfrentarnos al hecho de que en toda fotografía

1. *Ibid.*

existe inevitablemente algún grado de mediación, de construcción, de distanciamiento. Una vez que los cadáveres llegan a nuestra puerta, dejan de ser cadáveres: los han bañado en soluciones químicas, los han aplanado, encuadrado y enmarcado.

La mácula del arte está muy presente en estas fotografías de la guerra, pero no por ello deja de ser también la huella de algo profundamente auténtico: el anhelo de glorificar, inmortalizar, preservar. Existe una manera de contemplar las llamadas máculas de la mediación y la intención artísticas no como el rastro de un engaño –en realidad el cadáver no estaba allí, en realidad el soldado no usó esa arma–, sino como testimonios veraces del irrefrenable impulso de transmitir la valentía y el horror de la guerra lo más fielmente posible. Son la sinceridad de la exageración, la verdad de un deseo, fuera cual fuese –sobrecoger, indignar o despertar empatía– los que nos llevan a exagerar. Esa parte de nosotros que se siente traicionada por las armas de atrezo y los cadáveres reubicados tal vez sea más afín de lo que cabría suponer al deseo que hay detrás de esas acciones. Tanto la manipulación como la reacción indignada que esta suscita nacen de una angustia compartida en torno a los límites de la representación. No hay manera de fotografiar el cadáver de un soldado –lo desplacemos o no– que sea capaz de comunicar toda la verdad de su vida y su muerte.

Una vez que nos despojamos de la falsa ilusión de la fotografía como una verdad no construida, podemos empezar a explorar la fascinante historia de su construcción. «La cámara es el ojo de la historia», en palabras de Mathew Brady, pero detrás del ojo de la cámara siempre ha estado el ojo de un hombre (a menudo, el propio Brady), y detrás del hombre ha habido por lo general un equipo, y detrás del equipo ha habido siempre cierta financiación. La fotografía de la guerra de Secesión nació y se desarrolló al calor de las leyes de mercado: las galerías rivalizaban entre sí costeando la labor sobre el terreno de los fotógrafos con tal de obtener las mejores instantáneas, y los estudios vendían retratos a los civiles con fines lucrativos. La esclava liberta Sojourner Truth vendía su propio retrato para recaudar fondos con los que ayudaba a otros esclavos emancipados. En sus propias palabras: «Vendo la sombra para sostener la sustancia». Para Truth, la fotografía invertía los términos de propiedad a los que siempre había vivido sometida. «Antes me vendían para provecho de otros», escribió, pero ahora era ella quien se vendía para su propio provecho.

En el MET, los guardias advertían una y otra vez que «está prohibido hacer fotografías» en salas repletas de fotografías, pero los visitantes lo intentaban de todos modos, alzando disimuladamente los móviles y colgando todos esas imágenes de cadáveres en Instagram. La misma necesidad que había impulsado a los contemporáneos de esos soldados a fotografiarlos impulsaba ahora a unos perfectos desconocidos a retratarlos de nuevo, siglo y medio más tarde: el deseo de preservar y poseer, de transmitir, de atesorar.

En la fotografía titulada «Mujer sujetando retratos enmarcados de soldados de la guerra de Secesión», se nos muestra a una joven de gesto estoico, impasible. Le han coloreado las mejillas de un rojo tan encendido –en un estudio fotográfico, *a posteriori*– que parecen del todo ajenas a su expresión. Sostiene un marco doble con los retratos de dos hombres: uno de ellos parece sobreexpuesto, mientras que el otro está en sombra. Los sujeta con fuerza. Quiere algo de esos rostros, y yo quería algo del suyo cuando me planté delante de su retrato. Escruté su gesto, intentando averiguar el qué. ¿Qué quería yo? Atrapar algún sentimiento, desvaído por el paso del tiempo, pero no borrado del todo. Una escueta cartela informativa no puede darnos lo que buscamos en las instantáneas de los muertos. Queremos recordar cosas que nunca nos han pasado. Queremos intuir una pena que jamás hemos sentido.

El amigo –casualmente, fotógrafo– que me acompañó a la exposición no se sintió conmovido por aquellas fotografías de la guerra, y se preguntaba cómo podía nadie dejarse conmover por unas imágenes cuyo propósito era precisamente despertar ese sentimiento. ¿Acaso no contribuía esa expectativa emocional a amortiguar su impacto? ¿Cómo podíamos sentirnos abrumados por una emoción que nos venía impuesta? Pasé horas en la exposición, escudriñando las fotografías, acaso intentando sortear ese escollo induciéndome la pena a fuerza de pensar en ello. Pero uno no puede llevar los cadáveres hasta su puerta a fuerza de pensar en ellos. Solo nos llegan de veras cuando su llegada nos sorprende.

En mi caso, no fue la imagen panorámica de un campo de batalla lo que los trajo hasta mi puerta. No fue un reguero de cadáveres abotargados sobre la hierba con los bolsillos vueltos del revés por los ladrones. No fue siquiera una instantánea de los soldados justo antes de entrar en combate, con los tenedores hundidos en cuencos llenos de judías, sonriendo a la cámara con la dentadura torcida y una vitalidad que se me clavó en el alma porque muchos de ellos no tardarían en morir.

En mi caso, fue una foto de estudio. Los cadáveres que llegaron a mi puerta fueron los de tres hombres que posaban trajeados, con las mangas de los brazos amputados dobladas a la altura de los codos. Dos de ellos aparecen de pie y uno sentado, los tres en posturas rígidas. Sus rostros lucen expresiones solemnes y hieráticas, pero dos de ellos miran a un espacio intermedio, mientras que el tercero tiene dos agujeros negros –dos cuencas vacías– allí donde deberían estar sus ojos. Su expresión también es solemne y hierática, pero mira al vacío; nunca volverá a posar los ojos sobre nada.

Cuando vi esa fotografía, toda la fascinación que me había sostenido a lo largo de la exposición se desvaneció de pronto, como un gran mar, para dejar paso al sentimiento. Mi reacción tenía algo que ver con la solemnidad de la puesta en escena, pues ese cuidado sugería un ansia de orden en medio del gran caos de la guerra, y tenía algo que ver también con el gesto imperturbable de esos hombres, pues el hecho de que se negaran a revelar tristeza me invitaba a llenar ese vacío, a contrarrestarlo de algún modo, sometiéndome a la física hidráulica de la empatía compensatoria. Y tenía algo que ver, en particular, con la boca del hombre ciego, pues sus labios dibujaban una línea rígida cuyo significado no acertaba a adivinar –¿determinación, ira?– porque no podía leer la expresión de sus ojos ausentes.

Todas estas disecciones de mi súbita empatía son certeras, pero sería más sincero decir llana y sencillamente que algo pasó. Cuando me detuve a observar esa foto, algo pasó. Un cadáver llegó a mi puerta. No tenía ojos. Pertenecía a William R. Mudge, soldado de la Unión. Antes de la guerra, trabajaba como fotógrafo en Massachusetts.

QUE GRITE, QUE ARDA

En el verano de 1929, tras completar su primer curso en Harvard, James Agee viajó al oeste para pasar unos meses trabajando como jornalero en el campo. Tal como le dijo por carta a Dwight Macdonald –un compañero de la Universidad de Exeter con el que tenía amistad desde hacía mucho y que acabaría siendo redactor jefe de la revista *Fortune*–, albergaba grandes esperanzas para esos meses venideros:

> Voy a pasar el verano trabajando en la siega, empezando por Oklahoma en junio. La cosa pinta bien, se mire como se mire. Nunca he trabajado, y no se me ocurre mejor ocupación que la de jornalero. Me gusta emborracharme y lo haré; me gusta cantar y aprender canciones subidas de tono o las que cantan los vagabundos, y lo haré; me gusta andar a mi aire –y cuanto más lejos de casa, mejor–, y lo haré.

Es una carta divertida. Agee nunca ha trabajado, pero sabe que le gustará. Sí que se ha emborrachado, y sabe que eso también le gustará. Hay cierta idea de destino manifiesto en su sintaxis hipnótica, una insistencia gramatical en la concretización del deseo: «Me gusta esto, y lo haré; me gusta

145

aquello, y lo haré; me gusta lo otro, y lo haré». Fantasea con un ambiente de camaradería y distracciones. Quiere sentirse liberado de su propia vida interior. Se ha dejado la piel estudiando a los sonetistas en el césped del campus y le apetece cambiar de tercio. «La cosa pinta bien, se mire como se mire.» No exactamente, como se verá.

«Kansas es el Estado más desagradable que he visto en mi vida –escribió a Macdonald en una carta fechada «quizá el 1 de agosto»–: ahora mismo me dedico a segar y a recoger la mies en una cuadrilla "mixta" [...]. Me clavé una horca en el talón de Aquiles por accidente». Agee dibuja un retrato vívido de sus cuitas en la tórrida canícula del interior continental –lo vemos cojeando a lo largo de una carretera polvorienta, alzando los dedos empolvados de cereal para enmarcar entre irónicas comillas su nueva vida–, pero también queda claro que disfruta en cierta medida de las penalidades que sufre, o por lo menos que disfruta poniéndolas sobre el papel. Así se despide: «Debo volver al tajo, Jim».

En ese momento de su vida, el trabajo manual de Agee no tenía demasiado en común con las tareas creativas a las que se entregaba habitualmente. Ese otoño, en Harvard, se había centrado sobre todo en ser elegido para el consejo editorial de *Advocate*, la revista literaria del campus, y en dedicar poemas amorosos de dudoso valor literario a una novia que vivía lejos y a la que intentaba –con gran esfuerzo, al parecer– permanecer fiel: «Sacrifiqué la alegría para que tu amor prevaleciera; / un hermoso esqueleto yace ahora a mi vera».

Fue en buena medida la desazón por su novia –y el sacrificio de la alegría al que lo obligaba esa relación– lo que impulsó a Agee a marcharse al campo como jornalero: «Trabajaré sin descanso de sol a sol –escribió–, de modo que, por una vez, no podré pasarme el verano atormentándome y sintiéndome como un despojo humano». A juzgar por lo que dice en su carta, veía el trabajo físico como una liberación, lo cual es absurdo, por supuesto, y Agee así lo reconoce antes de que nadie pueda dejarlo en evidencia por ese motivo: «Me temo que sueno un poco como un bohemio de tres al cuarto o un cándido amante de la naturaleza, pero no soy tan rematadamente abyecto». No bien lo dice, se da cuenta de lo ingenuo que suena. Esta autoflagelación preventiva se convertiría con el tiempo en uno de sus sellos distintivos.

En las primeras cartas de Agee ya están presentes muchos de los rasgos de su estilo posterior: cierta fascinación por mundos muy alejados del suyo, una ambivalencia angustiosa que se debate entre juzgar o apreciar las interacciones que experimenta y una pertinaz obsesión por el vínculo entre trabajo físico y vida espiritual. ¿Cómo se manifiesta el sentimiento dentro de un cuerpo que trajina de sol a sol? ¿Acaba esa brutal monotonía por aniquilar la conciencia? ¿Es degradante insinuar que lo hace o negarlo?

«La cosa pinta bien, se mire como se mire.» Siete años después, Agee lo negaría desde todos los ángulos posibles.

Escrita a partir de lo vivido en 1936 y publicada en 1941, *Elogiemos ahora a hombres famosos*,[1] la inclasificable obra de Agee –una crónica con voluntad de reportaje escrita en un desbordante tono lírico– habla sobre la dura vida material de tres familias de aparceros en el corazón rural de Alabama. El libro describe los hogares que habitan y las penurias del día a día, haciendo inventario de su ropa, comida y pertenencias, enfermedades y gastos. Pero también nos obliga a compartir el punto de vista torturado desde el que Agee emprende estas descripciones como si levantara otra casa, una laberíntica arquitectura de relatos frustrados y periodismo autosabo-

---

1. *Elogiemos ahora a hombres famosos*, trad. de Pilar Giralt, Ariel, Barcelona, 2017. *(N. de la T.)*

teador, construida a partir de una sintaxis enrevesada y tortuosas abstracciones, lastrada por sentimientos de apego emocional y, por encima –o por debajo– de todo lo anterior, un abrumador sentimiento de culpa. El libro es exhaustivo y deja al lector exhausto. Se atormenta por aquello que le parece hermoso. A veces, ni siquiera quiere existir: «Si pudiera, no escribiría nada mientras estoy aquí –anuncia Agee al comienzo del libro–. Me limitaría a las fotografías; el resto serían fragmentos de tela, trozos de algodón, puñados de tierra, grabaciones del habla local, pedazos de madera y hierro, frascos de olores, muestras de comida y excrementos [...]. Un trozo de cuerpo arrancado de raíz sería quizá lo más indicado». No escribiría nada, aparte de las cuatrocientas páginas que acabó escribiendo. No había trabajado, pero sabía que le gustaría. Ahora sí que había trabajado –en la redacción de este libro, una tarea ingrata– y sabía que no le gustaba el resultado de su esfuerzo, pero lo daba a conocer de todos modos, porque ¿qué otra cosa podía hacer? Era el fruto de su trabajo.

El germen de *Elogiemos ahora a hombres famosos* fue un encargo de la revista *Fortune,* que envió a Agee a Alabama durante el verano de 1936. Viajó hasta allí en compañía de Walker Evans, cuyo reportaje fotográfico se haría tan famoso como las palabras del propio Agee. «Es la mejor oportunidad que me han dado nunca en *Fortune* –escribiría este en una carta–. Siento una tremenda responsabilidad personal hacia la historia, dudo bastante de mi capacidad para contarla y más aún de la verdadera voluntad de *Fortune* de usarla como a mí me parece que (en teoría) debería contarse.» Evans contó que esta noción de «tremenda responsabilidad personal» determinó la investigación de su compañero: «Agee trabajaba con lo que parecía una mezcla de urgencia y furia. En Alabama estaba poseído por el reportaje, no hacía otra cosa día y noche. Apenas debió de pegar ojo».

Las dudas de Agee sobre su propia capacidad para contar la historia no hicieron sino aumentar una vez que el viaje concluyó. Como relataría al padre James Harold Flye, al que había tenido como profesor en la escuela episcopal de Sewanee y sería uno de sus grandes mentores durante toda la vida: «Allí todo era impredecible, cambiaba de un día para otro... me volví medio loco entre el calor y la dieta [...]. El viaje fue muy duro, y sin duda una de las mejores cosas que me han pasado nunca. Escribir sobre lo que allí encontramos es harina de otro costal. Imposible hacerlo en una forma y extensión que *Fortune* pueda usar, y el esfuerzo de intentarlo me tiene tan anonadado que temo haber perdido la capacidad de hacerlo bien a mi propia manera».

Agee estaba en plantilla y tenía su propio despacho en la sede de *Fortune*, en el Edificio Chrysler de Manhattan, donde se iba de juerga hasta el amanecer y, entre whisky y whisky, hilvanaba algún artículo sobre las peleas de gallos y la Autoridad del Valle de Tenessee. Pero no le faltaban razones para dudar de «la verdadera voluntad» de *Fortune* de publicarle el reportaje. A finales de 1936, la revista decidió guardarlo en un cajón. Llegados a este punto, Agee empezó a buscar otras formas de narrar y publicar el material. Se presentó a las becas Guggenheim con su proyecto, que tituló «Un testimonio de Alabama» y describió como un intento de «contar todo lo posible con el máximo rigor posible, desconfiando por igual de los métodos y actitudes "creativos" o "artísticos" y de los métodos y actitudes "documentales"», a lo que añadió, en un alarde de humildad, que este planteamiento seguramente daría pie «a formas de escribir relativamente novedosas». No obtuvo la beca, pero al cabo del tiempo una editorial se avino a pagarle un pequeño anticipo, de modo que se recluyó en Nueva Jersey y empezó a desarrollar el artículo original hasta convertirlo en esa magnífica e inabarcable obra que es *Elogiemos*. El libro se publicó en 1941 y pasó casi inadvertido. Se vendieron cerca de seiscientos ejemplares –unos pocos cientos más como resto de edición– y fue, en palabras de Macdonald, «un fracaso comercial sin paliativos».

No fue hasta la reedición de 1960 que el libro despegó al calor del movimiento por los derechos civiles entre un público lector ya preparado para apreciar la rica textura narrativa del Nuevo Periodismo. Lionel Trilling se referiría a *Elogiemos* como «el más realista y significativo esfuerzo moral de nuestra generación», defendiendo no solo su envergadura cultural, sino también su capacidad para cambiar nuestra forma de entender qué significa «realismo» y aceptar la compleja textura emotiva que a veces exigen los retratos «realistas» de la existencia humana. Mientras todo esto sucedía, se daba por sentado que el manuscrito original del artículo de Agee se había destruido o perdido para siempre, hasta que su hija lo encontró entre unos papeles que llevaban años en su piso de Greenwich Village: treinta mil palabras mecanografiadas bajo el título de «Algodoneros».[1]

Leer este borrador original cuidadosamente estructurado y compararlo con el relato desbordante en que se convirtió nos permite contemplar desde dos puntos de vista distintos el proceso de ser testigo de algo. ¿Cómo se las arregla la mente moralmente indignada para organizar los elementos de la narración? Y luego, una vez que empieza a dudar de sí misma, ¿cómo se las arregla para reorganizarlos?

De entrada, resulta tentador ver en «Algodoneros» y *Elogiemos* una oposición binaria: el artículo inédito y el libro publicado, uno supeditado al capital y el otro liberado por la

---

1. *Algodoneros. Tres familias de arrendatarios,* trad. de Alicia Frieyro, Capitán Swing, Madrid. *(N. de la T.)*

forma. Pero en el proceso de Agee no hay contradicciones, sino que se limita a narrar sobre la marcha el intento autofrustrado de captar lo que había visto, de hacerle justicia, algo que siguió intentando pese a saber que nunca lo conseguiría. *Elogiemos* despliega una sintaxis más ampulosa, una mayor complejidad y opacidad metafórica, un mayor aliento lírico, pero estas diferencias revelan, en última instancia, una divergencia temática más profunda. El artículo documenta las vidas ajenas, mientras que el libro documenta el propio proceso de documentación.

En cierto sentido, *Elogiemos* no es sino una interminable confesión de todo lo que Agee sintió, pensó y cuestionó mientras intentaba contar la historia de esas familias de Alabama. Buena parte del material ya estaba en el artículo original, pero sus nodos de particularidad física —descripciones de casas, objetos, ropa y comida— se van enredando inevitablemente en el abrumador dilema de una conciencia narrativa tiránica: el inagotable pero siempre coartado anhelo de proximidad de Agee. Imaginemos una «versión del director» cinco veces más larga que la película original, con la cámara volviéndose todo el rato para enfocar la cara del propio director, que explica qué sintió al rodar cada escena, incluidos sus comentarios hirientes a los actores o su convencimiento de que ni siquiera la versión alargada que estás viendo en este instante es tan buena como la que él había imaginado, ni por asomo.

Un simple vistazo al índice de «Algodoneros» sugiere un marco de trabajo con reglas familiares —los capítulos se titulan «Cobijo», «Comida», «Salud», etcétera—, pero en cambio *Elogiemos* parece renunciar de entrada a la estructura: sus secciones son extrañas y aparecen desordenadas. Se compone de tres «partes» intercaladas con secciones dispares: «(En el porche: 1» y «(En el porche: 2» —ambas encabezadas por misteriosos paréntesis que no llegan a cerrarse, como si solo formaran parte del libro a medias–, una sección titulada «Dos puntos» y otra titulada «Intermedio: Conversación en el pasillo», todas ellas precedidas por textos introductorios o prólogos: «Versos», «Preámbulo» y «Por todo Alabama». Este índice, a su vez, se titula «Diseño del libro segundo», lo que apunta a una ineludible conciencia narrativa: este libro es el producto de muchas dudas y desvelos sobre cómo podría o debería articularse semejante artefacto, cuyas diversas secciones jamás podrán arrogarse una visión global, y su rechazo a uniformizarlas en aras de la coherencia revela un empeño por hacer inteligible la dificultad de su propia construcción.

Ambos textos ofrecen versiones absolutamente dispares del abordaje periodístico: en «Algodoneros» ese abordaje es implícito, mientras que en *Elogiemos* se da por hecho que está contaminado desde el primer momento. En «Algodoneros» intuimos los cuerpos físicos de los sujetos de Agee –de mirada cándida y gesto cansado, ahítos de sorgo y lacerados por los forúnculos–, pero en *Elogiemos* nos enfrentamos también al cuerpo del propio Agee. Un indignado e indignante «yo» va desgranando todo lo que vemos, y lo hace con una mirada sesgada, sobrecogida. Descubrimos la relación emocional de Agee con los sujetos del reportaje («Aprecio a Emma y la compadezco profundamente»), así como rasgos de su personalidad que a menudo se nos antojan gratuitos. Cuando Agee confiesa: «Soy la clase de persona que generaliza», pensamos: sí, ya lo sabemos. Reconocemos al Agee que se volvió «medio loco entre el calor y la dieta», cuya garganta y tripas rechazaban la comida que le servían, cuya piel rechazaba la cama que le ofrecían. Cuando describe la noche que pasó con una de aquellas familias, durmiendo en el porche, lo hace en segunda persona del singular, como si el que pernoctó allí fuera otro «yo» separado del suyo:

Nada más despertar y notar en la cara la suavidad casi viscosa de la pelusa de algodón y la frágil tela de algodón, deshilachada de tanto lavarla, te vienen a la mente las sabandijas que podría albergar, y tu primera reacción es de ligera repugnancia y miedo porque tienes la impresión de que tu cara, hinchada y sudorosa a causa del sueño, salpicada de pelusa, ha sido contaminada, secreta y lascivamente mordida y desangrada, mancillada.

Esta digresión visceral es típica de la voz narrativa de *Elogiemos*. El narrador se perfila como un conjunto de terminaciones nerviosas, asqueado y a la vez repugnado por su propio asco, pese a lo cual cataloga particularidades físicas sin temor a caer en la banalidad y la repetición al describir lo que ve («pelusa de algodón», «tela de algodón deshilachada»), sintiéndose mancillado por el mismo lugar en el que quiere adentrarse. Se considera contaminado y lejano a un tiempo. Empieza la frase con algo externo, la textura de una tela, y acaba sumido en su propia vida interior, «mancillado». La afirmación aparece aislada al final de la frase, como un instante de pausa, el equivalente sensorial a un callejón sin salida.

El cambiante «yo» de *Elogiemos* vino prefigurado por un vacilante «tú» en «Algodoneros» que pasa de lector a escritor y de escritor a sujeto. A menudo funciona como una invitación imperativa: «Es muy raro que, en un mismo año, obtengas buenas cosechas de tus cultivos más importantes», escribe Agee, convirtiendo a sus lectores en agricultores. En este pasaje, describe una plaga de insectos: «Invaden las hojas y se transforman en moscas que ponen huevos de los que salen millones de lombrices a las que oyes masticar al unísono porque suena como cuando arde la maleza». No es solo que puedas oír cómo mastican las lombrices, sino que debes hacerlo. El conjuro pirotécnico se transforma en imperativo moral. El fuego ruge a tu alrededor.

153

En otros pasajes, Agee recurre a la segunda persona del singular para conseguir que los lectores adopten otra perspectiva, la suya. Cuando observa a los hijos de los aparceros, parece querer distanciarse de su propia reacción instintiva: «Tal vez creas percibir que en su interior late el ardor lento, sulfuroso, de una sexualidad precoz». Por supuesto, no somos nosotros sino el propio Agee quien ha reparado en esa «precocidad sexual», pero no está dispuesto a confesar la carga erótica de su mirada. Aún no está listo para conjugar la primera persona del singular.

Cuando por fin encarna ese «yo» en *Elogiemos*, lo hace a menudo para castigarlo o señalar sus errores. La sensación de claustrofobia que se percibe en el libro se debe en parte a la insinuación de que toda estrategia de representación es de algún modo imperfecta o equivocada. Es una especie de parálisis. ¿Qué decir cuando se sabe que nada será lo bastante bueno? Vemos una interesante prefiguración de este escepticismo en «Algodoneros», donde Agee se entrega con frecuencia al ejercicio de imaginar las reacciones adversas que otros podrían tener ante ese mismo material. Se empeña en definir su voz afirmando lo que no es. Descubre una fotografía coloreada de Roosevelt sobre la repisa de una chimenea e imagina que algún «promotor de proyectos federales» la usa para «lucirse con un bonito artículo sobre el icono en la humilde morada del labriego»; cuestiona la «obtusa» pero «ampliamente extendida» exageración sobre el trabajo infantil en las plantaciones de algodón; describe un sofá «"rústicamente" combado» pero entrecomilla el adverbio para subrayar su uso irónico. Al poner en entredicho determinadas percepciones, sugiere que otro testigo tal vez hubiese observado la misma realidad de un modo equivocado y se hubiese lucido con un bonito artículo, exagerando los tintes trágicos de la historia o embelleciendo la miseria. Agee quiere dejar claro que su trabajo documental no pretende encumbrar a Roose-

154

velt ni su New Deal, sino rechazar la idealización de la pobreza; quiere evitar el trato sensacionalista de la cruda vida en el campo para que su verdadera crudeza pueda apreciarse mejor.

Aquí encontramos otra importante distinción entre el artículo y el libro: en «Algodoneros», Agee pone reacciones adversas en boca de unos observadores hipotéticos, mientras que en *Elogiemos* las hace suyas. Desecha una sensación de realismo –la ilusión de presentar las verdades sin mediación ni alteración alguna– y la sustituye por otra: confesar toda mediación, toda falsificación, todo artificio y subjetividad, el ineludible contagio de quien documenta los hechos, es decir, el propio Agee.

Si Sontag se preguntaba por «el peso del testimonio sin la mácula del arte», Agee mide el «peso del testimonio» de todas las maneras posibles al tiempo que clama contra la fantasía de la objetividad. Señala la «mácula del arte» exponiéndose como un autor asqueado y traicionado por sus propios materiales de representación. Rechaza la estrategia tanto de la ficción narrativa (trama, personajes, ritmo) como del periodismo al uso (la ilusión de objetividad o de un «yo» condenado a la invisibilidad). Agee se resiste a convertir a sus personajes en arquetipos idealizados sugiriendo que la pobreza «destruye inevitablemente» la conciencia tal como la entendemos. Se resiste a caer en el relato dramático subrayando una y otra vez la monótona existencia de sus sujetos. Y, entre mil y una metáforas, insinúa la insuficiencia de la propia metáfora.

Al describir la partida de Emma –una joven casada a la que ha tomado cariño y por la que se siente atraído– el día que esta se dispone a mudarse en compañía de su marido, lo hace con una larga frase cuyo sentido se nos escapa, tal como la joven se le escapa en la distancia. Perdemos a Emma tal como lo hace Agee. A medio párrafo, lo encontramos viendo desaparecer la camioneta a lo lejos:

> [...] se arrastra sin pausa, una hormiga perdida, obstinada y ceñuda en dirección al oeste por carreteras rojas y blancas, sin apoyo bajo el sol febril, suspendida, impedida su caída por la mera fuerza de su crecimiento externo, como ese incongruente y sutil latiguillo, largo y ágil, que la enredadera despliega rápidamente sobre el vasto muro liso de la tierra, como una cabeza de serpiente y un sinuoso arroyo que avanza a tientas para fijarse y anclarse, tan lejos, tan apartada del tallo fuerte y enraizado: y esto es Emma.

Ese último comentario suena a chanza: «Y esto es Emma». Pero ¿qué es «esto»? ¿Es Emma el sutil latiguillo, la cabeza de serpiente, el sinuoso arroyo, el tallo fuerte y enraizado? ¿O acaso el tallo enraizado es la familia de la que se ve apartada? ¿Encierra su partida algún tipo de esperanza o se traduce solo en pérdida? Si Emma es una serpiente, un sinuoso arroyo y un sutil latiguillo –la aliteración también se despliega, larga y ágil, sobre la lengua–, semejante acumulación de imágenes sugiere un desesperado afán de atraparla bajo múltiples capas, a sabiendas de que nunca serán suficientes para traerla de vuelta ni para determinar a ciencia cierta qué es Emma, qué es ninguna vida.

A ratos, Agee invoca la fotografía como un contrapunto a los fracasos del lenguaje y sus inevitables distorsiones, sugiriendo que las instantáneas son «incapaces de registrar nada salvo la absoluta y árida verdad», aunque en el fondo se trata de otra falacia, pues toda fotografía se construye mediante el encuadre y la selección. Para las que tomó con Agee en Alabama, Evans retiró y reorganizó los objetos que había en las cabañas de los aparceros, colocando las mecedoras bajo la luz natural o despejando estancias abarrotadas para extraer una placentera austeridad de la penuria ajena, tal como Gardner había desplazado el cadáver de un soldado rebelde para crear una escenografía trágica estéticamente más poderosa. Las cabañas eran bocetos de trazo grueso que Evans convirtió en retablos icónicos: un par de botas solitarias sobre la tierra batida, una cocina espartana delimitada por una pared de tablones de madera torcidos, un paño de cocina blanco que cuelga de un gancho, mimetizándose con el reflejo de la luz en la tulipa de cristal de una lámpara de aceite.

En una reseña de las fotografías de Evans titulada «Sermón con una cámara», el poeta William Carlos Williams –que también estaba, en sus propias palabras, «obsesionado con el sufrimiento de los pobres»– elogiaba el trabajo de Evans no por la «absoluta y árida verdad» que transmitía, sino por apelar a lo universal exponiendo la desesperación de un modo elocuente a partir de sus materias primas. «Es a nosotros a quienes vemos, a nosotros sacados de un entorno provinciano [...], a nosotros dignificados por el anonimato», escribe Williams. «Lo que el artista hace vale para todas las cosas, todos los días, en todas partes, para despertar y dilucidar, para fortalecer y engrandecer la vida a su alrededor y volverla elocuente. Para hacer que grite, como hace Evans.»

«¿Pueden ser "bellas" cosas que no estaban destinadas a serlo, sino que se crean por la confluencia del azar, la necesidad, la inocencia o la ignorancia?», se pregunta Agee. En su correspondencia, se muestra constantemente preocupado por su propensión a glorificar la miseria, atormentado por su propia «forma de esnobismo inverso [...], un respeto y una humildad innatos y automáticos para con todos aquellos que viven en la extrema pobreza». A veces confiesa este esnobismo («No puedo sentir un entusiasmo incondicional hacia la electrificación en el medio rural porque aprecio demasiado la luz de las lámparas de aceite») y otras veces lo ejerce sin más, reparando en una «mula de un blanco puro cuya presencia [entre las mulas negras] bajo esta luz mágica es la de un unicornio esclavizado». La voz de Agee rezuma emoción y la rechaza a un tiempo. Lo de los unicornios lo dice en serio, hasta que se desdice. Su sensibilidad hacia la belleza le revuelve el estómago, pero la consigna de todos modos e insiste en que «el tabique del dormitorio delantero de los Gudger es, entre otras cosas y por encima de todo, un gran poema trágico».

Sería fácil dar por sentado que Agee solo pudo escribir con el tono declaradamente lírico de *Elogiemos* una vez que se vio liberado del ancla económica que representaba *Fortune* con su estética puritana, pero en realidad no fue así. De hecho, por lo general *Fortune* alentaba cierta clase de abandono metafórico. Su propietario, el magnate de la prensa Henry Luce, fundó la revista sobre la premisa de que sería más fácil enseñar a los poetas a escribir sobre negocios que enseñar a los hombres de negocios a redactar bien. Agee no se privó de cultivar el lirismo melodramático en el artículo original que nunca llegó a publicarse: habla de moscas que «aletean hasta morir en el suero de leche» y de hortalizas «hervidas hasta que pierden todo su verdor y adquieren un mortecino color oliva». No es una simple cena grasienta, sino sepulcral. Las acelgas no se fríen sin más, sino que se martirizan.

Solo en *Elogiemos* cuestiona Agee de forma explícita su propio lirismo desbocado. Sin embargo, al tiempo que pone en duda las prerrogativas metafóricas de la poesía y se resiste a las técnicas estéticas de la ficción narrativa, también critica sin disimulo las estrategias del periodismo. Como ya sabía la comisión de las becas Guggenheim, Agee contemplaba con «suspicacia» los métodos creativo, artístico y periodístico por igual. En *Elogiemos*, critica numerosos «ismos» –el capitalismo, el consumismo, el comunismo, el optimismo–, pero su crítica del periodismo es la más descarnada, como la de un niño abandonado que rechazara a sus padres ausentes. «La sangre y el semen del periodismo –escribe– son, en sí mismos, una clara y lograda forma de mentira.» En otros pasajes, sus críticas se dirigen más específicamente a *Fortune*:

> Me parece curioso, por no decir obsceno y absolutamente aterrador, que a una asociación de seres humanos reunidos por la necesidad, el azar y el provecho en una compañía, un órgano del periodismo, se le ocurriera hurgar de forma íntima en las vidas de un grupo de seres humanos indefensos y terriblemente perjudicados, una familia del campo, ignorante y desvalida, con el propósito de exhibir la miseria, las carencias y la humillación de estas vidas ante otro grupo de seres humanos [...] y que esa misma gente fuera capaz de contemplar esa posibilidad sin la menor duda sobre su cualificación para llevar a cabo un trabajo «honesto» y con una conciencia más que limpia.

Elogiemos hace exactamente lo mismo que critica al establishement periodístico –exhibir la miseria, las carencias y la humillación–, pero no orquesta esa exhibición con una «conciencia más que limpia», ni mucho menos. Su conciencia deliberadamente embarrada es lo que distingue a Agee del establishment periodístico. Es como si acumulara una deuda moral escribiendo sobre una población vulnerable y luego quisiera saldar esa deuda confesando su propio abuso de poder. La fuerte irrupción del «yo» en *Elogiemos* tal vez no se deba tanto a la imposibilidad de abandonar su propio punto de vista, ni a su reticencia a ceder terreno textual a la otredad, cuanto a la decisión formal y consciente de evitar los fracasos morales del periodismo. Y el drama de la com-

159

pleja relación de Agee con la posibilidad del fracaso moral es
–en mayor medida que las penalidades de las familias a las
que retrata– lo más parecido a una trama que llega a desarrollar en el libro.

El «yo» documental rara vez documenta sin hacer daño.
Cómo vive la otra mitad, obra clásica de la denuncia social,
relata una época en la que Jacob Riis, uno de los predeceso-
res de Agee en el canon de la pobreza estadounidense, se
aparta del sermón cívico para hacer hueco a una fugaz revelación de ineptitud: «Es posible hacerse una idea de lo que se
entiende por el "saneamiento" de estas barriadas a partir del
percance que provoqué en cierta ocasión al sacar una fotografía con flash [de pólvora destellante] a un grupo de mendigos ciegos en una de aquellas casas de vecindad: tenía poca
práctica y acabé prendiendo fuego a la casa».

Riis publicó *Cómo vive la otra mitad* en 1890, pocos
años antes de que se extendiera el uso de la cámara portátil
(también llamada «de detective»). Sin embargo, en vez de limitarse a aplaudir esta nueva herramienta, el relato de Riis
pone de manifiesto que, en el afán de hacer fotos, se corría el
riesgo de destruir aquello que intentaba captarse con ellas.
Imaginamos al torpe testigo prendiendo fuego a la pólvora
destellante en una sartén y usando un revólver para disparar
los cartuchos de pólvora, tan ansioso por salvar a esa gente
que casi la mata. «Me di cuenta de que buena parte del papel
y los harapos que colgaban de la pared estaban en llamas
–prosigue Riis–. Éramos seis personas en total, cinco hombres y mujeres ciegos que no tenían ni idea del peligro que
corrían y yo mismo.» La confesión de Riis aparece lastrada
por el paternalismo incluso al asumir la culpa de lo sucedido, pues deja claro que le costó «ímprobos esfuerzos» apagar
el incendio con sus propias manos. Él es el causante del pro-

blema, pero también el único que alcanza a verlo, y por tanto el único que puede ponerle remedio. Riis dilucida. Hace que grite. Hace que arda. Sofoca las llamas.

Agee nunca quemó ninguna casa, pero su prosa delata una constante obsesión por la posibilidad de hacer daño y, más específicamente, por la posibilidad de que su reportaje traicione a los sujetos del mismo, aquellos cuyo sufrimiento retrata de una forma poética. Siempre ha sido consciente del poder y a la vez el peligro de su propia intrusión. Una de las fotografías de Evans muestra un letrero colgado por encima de la repisa de la chimenea que reza: SED BIENVENIDOS. SE RUEGA SILENZIO. Y Agee se esforzó por no hacer ruido. Así describe el despertar de la familia Gudger al alba:

> Cuando por fin oigo la inocencia de sus movimientos al final del pasillo, el ruido del chorro de agua y del cucharón, estoy sentado en el porche delantero con un lápiz y un cuaderno abierto, y me levanto y voy hacia ellos.
>
> Con cierta perplejidad, pero me quieren, y yo, muy profundamente, a ellos; y confían en mí, pese a la vejación y el misterio, mucho más de lo que alcanza a expresar la palabra confianza.
>
> No será fácil mirarlos a los ojos.

En este pasaje, la culpa de Agee se enreda en la «inocencia» de sus sujetos y en la amenaza de su propio lápiz –el cuaderno abierto es como un confesionario que se alza entre ellos– y, al invocar un sentimiento mucho más profundo «de lo que alcanza a expresar la palabra confianza», delata su temor a no poder hablar nunca de confianza propiamente dicha, ni de amor. Por más que estime a sus sujetos (recordemos que los quiere «muy profundamente»), Agee también confiesa el lado tenebroso de esta intimidad: no será fácil mirarlos a los ojos.

161

Si no puede mirarlos a los ojos, Agee quiere hacer otras cosas con ellos. Quiere comer su comida y dormir en su cama. Quiere «abrazarlos y besarles los pies». Quiere conocerlos, entenderlos, explicarlos, quererlos y ser querido por ellos; a veces, quiere incluso hacer el amor con ellos. En un momento dado, se imagina en una orgía de varios días con Emma, la joven novia que acabará desapareciendo al fondo de una larga carretera sin asfaltar:

> Si por lo menos Emma pudiera pasar los últimos días de su vida disfrutando como nunca en la cama con George, la clase de hombre a la que está más acostumbrada, y con Walker y conmigo, por quienes siente curiosidad y atracción, y que somos al mismo tiempo tangibles y cordiales, y de quienes nada tiene que temer, y que por otro lado le ofrecemos el misterio o la fascinación de seres casi mitológicos.

La fantasía de una orgía es tan llamativa en sí misma que resulta tentador regodearse en el momento escogido –«los últimos días de su vida»–, pues parece sugerir que, para Agee, no cabe imaginar un tipo de vida distinto para Emma, sino tan solo un tipo de rol distinto en la suya. No solo confiesa su propio deseo, sino que lo proyecta sobre Emma al imaginar lo que esta piensa de él, aunque, en un divertido alarde de humildad, tiene el detalle de añadir un «casi» a «mitológicos».

Para Agee, esta orgía representa una alternativa al lúgubre acto de procreación (de hecho, define toda concepción en el seno de un matrimonio de aparceros como la «crucifixión de una célula y un espermatozoide azotado»), así como una perfecta comunión periodística en la que por fin se funden el sujeto y el objeto retratado. En la fantasía de Agee, esta consumación brindaría a Emma, enclaustrada y vejada por sus circunstancias, algo de dicha y libertad. «Casi todas las personas –escribe–, por muy heridas, envenenadas y ciegas que estén, son infinitamente más capaces de inteligencia y felicidad de lo que se permiten o suelen creer.» El sexo representa una comunión total, resucita la capacidad perdida, repara el daño infligido. Pero la intimidad sexual también entraña su opuesto: el peligro de profanación. No es casual que Agee viera una forma de mentira en el «semen» del periodismo. Por un lado, evoca la orgía como una fantasía de reciprocidad y comunión, pero por el otro teme que el periodismo sea más bien un derramarse onanista, un observador que se divierte a costa del sujeto observado.

Cuando por fin Agee pasa una noche en la casa de sus sujetos, lo que sucede no es una orgía, ni mucho menos. «Intenté imaginarme el coito en esta cama», escribe, y como era de esperar, «llegué a imaginarlo bastante bien.» Pero esta fantasía sexual no tarda en dar paso a una realidad corporal: «Empecé a sentir pequeñas picaduras y hormigueos por todo el cuerpo». Se trata de algo más cercano al «mancillamiento» de una violación en la que él es la presa.

Para Agee, imaginación y mancillamiento nunca andan muy lejos una del otro. Este acecha a aquella en forma de culpa y espectro. Aun después de la orgía imposible, de sobra lo sabe, todos ellos seguirían separados por la vieja línea divisoria entre sujeto y objeto, y Agee no es capaz de imaginarse «disfrutando como nunca» sin imaginar también lo que pasaría en cuanto la orgía llegara a su fin: «Cómo las partes condicionadas e inferiores de cada uno de nuestros seres irrumpirían a lo loco para tomar revancha». El fugaz placer o comunión que podría brindar una orgía vendría inevitablemente seguido por la traición del contexto una vez restablecido. Agee volvería a ser el periodista y Emma volvería a ser el sujeto del reportaje. No podrían quedarse en la cama para siempre.

Jacob Riis explica que, en cierta ocasión, hubo de reprimir su entusiasmo en una reunión de planificación urbanística cuando un contratista apeló a los presentes para que diseñaran edificios de viviendas más humanos. «Hubiese pegado un brinco en la silla y gritado "¡Amén!" —escribe—, pero recordé que era periodista y me contuve.» En vez de gritar, escribió *Cómo vive la otra mitad*. Era su manera de intentar transformar el mundo en un lugar merecedor de ese «amén», una acusación y una exhortación a la vez, una plegaria dirigida a toda la ciudad.

Elogiemos tiene mucho de plegaria, pero también de regañina. Leerlo, en palabras del escritor William T. Vollmann, «es como sentirse abofeteado». Agee no estaba pensando solo en sí mismo —en su propio sentimiento de culpa, de afecto, en la impotencia con que abraza a sus sujetos—, sino en nosotros, en quienes leemos sus palabras, en lo que alcanzamos a ver y lo que no. Quería arrojar una pila de excrementos sobre nuestro cuaderno abierto y dejar que averiguáramos la respuesta por nuestra cuenta. El dilema de la impotencia —el afán de seguir hablando frente a la incapacidad para decir lo suficiente— es uno de los grandes legados de Agee, lo que estrangulaba y a la vez espoleaba su discurso.

Pero el legado de Agee no se limita a esta sublime expresión de la futilidad. Su legado no se limita al escepticismo periodístico, sino que se manifiesta también en el intento de encontrar un lenguaje para articular el escepticismo y reescribir el periodismo en ese lenguaje, para insistir en la sinceridad que nos espera al otro lado del escrutinio individual. En las cuatrocientas y pico páginas de *Elogiemos* abunda el sentimiento de culpa, pero también la curiosidad. El borrador inicial de «Algodoneros» nos ayuda a recordarlo. Nos permite ser testigos de lo primero que hizo Agee y examinarlo a la luz del hito en que se convirtió tras ser digerido por los órganos responsables de un infinito desprecio hacia sí mismo.

En «Algodoneros» tenemos el primero de una larga sucesión de fracasos, todos ellos urgentes y rabiosos, todos ellos bellísimos. Tenemos el primer registro de elocuencia antes de que la elocuencia aprendiera a gritar. «Algodoneros» conjuga la segunda persona del plural y nos hace una invitación que se convierte en orden: podéis mirar, debéis mirar. Mirad lo que Agee escribió cuando recordó que era periodista y no podía estarse quieto, no podía guardar «silenzio». Mirad lo que pasó cuando buscó un «amén» y lo que encontró fueron estas palabras. Ahora acercaos más. Veréis como se va poniendo nervioso. Oiréis el crepitar de su culpa, como si la maleza estallara en llamas.

MÁXIMA EXPOSICIÓN

Un cálido día otoñal de 1993, dos mujeres se conocieron cerca de una barriada de chabolas en Baja California. Annie era una fotógrafa estadounidense que estaba de vacaciones y se alojaba con su novia en la caravana de un amigo. María subía a lo alto de un cerro bajo un sol de justicia con sus dos hijas pequeñas para llevarle el almuerzo a su marido, Jaime, un albañil que extraía barro de la ladera del monte para fabricar ladrillos de adobe. María estaba embarazada de casi ocho meses. Sus niñas acababan de encontrar un bloc de dibujo abandonado entre la maleza y Annie les regaló sus lápices. Sintió una conexión inmediata con María que tenía que ver con su calidez personal, la energía que desplegaba con sus hijas, y también con los contrastes del paisaje que las rodeaba: la barriada de chabolas que se alzaba junto a las resplandecientes aguas del Pacífico, el latigazo de la estrecha convivencia entre miseria y belleza sin que se anularan entre sí.

Annie se había llevado una cámara muy elemental para el viaje, pese a lo cual preguntó a María si podía sacarle unas fotos, a lo que esta accedió. Tal vez parezca un detalle menor –el hecho de que la una pidiera permiso y la otra se lo diera–, pero ese vínculo de petición y consentimiento fue la

167

base de todo lo que sucedió entre ambas mujeres a lo largo de las décadas siguientes. «¿Puedo captar este instante de tu vida y usarlo como vehículo de expresión artística?» Annie retrató a María con sus hijas sobre un horizonte de hierba agostada y luego a toda la familia frente a su casucha de adobe: los padres parecen cansados, las niñas sonríen de oreja a oreja.

Annie no era la primera estadounidense que pedía permiso a María para fotografiarla, pero sí fue la primera que volvió. Unas semanas después de que se conocieran, ya de vuelta en Los Ángeles, atrapada en un atasco monumental cuando se dirigía a una escuela para una sesión fotográfica, tuvo una epifanía en forma de ataque de pánico. No solo iba a llegar tarde al trabajo en la escuela –uno de sus primeros trabajos remunerados como fotógrafa–, sino que además el mundo entero parecía a punto de desmoronarse. En la radio se hablaba sobre la limpieza étnica en Bosnia, y su mejor amiga de la academia de arte había muerto recientemente, atropellada por un conductor que se había dado a la fuga, al poco de volver de Kuwait, adonde había ido a hacer un reportaje fotográfico. Todo se le antojaba frágil y aplastante a la vez. En aquella autopista colapsada, aporreando el volante de pura frustración, Annie tomó la decisión de no seguir perdiendo el tiempo. Se descubrió pensando en la familia a la que había conocido en México. Ese día, en ese atasco de hora punta, se prometió que seguiría fotografiándolos durante diez años.

Esos diez años se convirtieron en quince, luego en veinte y finalmente en veinticinco, de manera que, en el transcurso de un cuarto de siglo, Annie viajó veintiséis veces a México.

La primera vez que Annie volvió a Baja, María salió a la puerta de su casa de adobe visiblemente afligida y le dijo que su hija –por entonces, un bebé– estaba enferma. La pequeña

María y Carmelita en la playa (1994).

tenía diarrea y fiebre, y María temía por su vida. Era Carmelita, de la que estaba embarazada cuando Annie y ella se conocieron en el cerro. Annie no comprendió que estuviera tan asustada hasta que se enteró de que, años atrás, se le había muerto otro bebé por culpa de la diarrea.

Pasaría lo mismo cada vez que Annie volviera: nada más llegar, se vería sumergida de lleno en el torrente de sus vidas. Las hojas de contacto de sus primeras visitas revelan la existencia diaria en toda su miseria y esplendor: una carretilla repleta de platos sucios, un somier haciendo las veces de cerca, dos niñas sentadas sobre una torre de ladrillos tan alta como una casa de dos plantas, un chico detrás de un tenderete repleto de destornilladores. Sus fotos hurgan en los sentimientos desconcertantes que asoman bajo los momentos más cotidianos: una madre que, al reír, enseña fugazmente la dentadura cariada de la que se avergüenza; un padre que se enciende el cigarrillo de espaldas al viento que sopla desde el mar mientras coloca ladrillos a las cuatro de la mañana; el mismo hombre bañándose con una taza y un cubo de plástico, visiblemente azorado, o acariciando con la nariz el cuello de su hija pequeña, borracho de amor.

Durante una de sus primeras visitas, Annie vio a las niñas haciendo los deberes a la luz de las velas después de que el vecino les cortara la electricidad, que pinchaban de la red general, y ofreció copias de sus fotos a ese mismo vecino para convencerlo de que restableciera el suministro. En otra de sus visitas, Jaime estaba ayudando a Annie a arrancar su Oldsmobile –al que habían apodado «burro rojo»– haciendo un puente cuando llegó la policía, cacheó a Jaime y se lo llevó a la comisaría. Cuando Annie se quejó, aduciendo que solo estaba intentando ayudarla, le dijeron que lo conocían de sobra. Sacar fotos era la única manera que ella tenía de protestar por la detención, pero eso no impidió que la policía se lo llevara.

170

–Nada de fotos, muchachita –le dijeron por los altavoces del coche patrulla mientras arrancaban, saliendo así del encuadre. Pero ella las sacó de todos modos, durante veinticinco años.

Podría decirse que Annie tenía un compromiso, o que tenía una obsesión. La obsesionaba ver cómo evolucionaban María y su familia a lo largo de décadas, la obsesionaba el horizonte esquivo de una mirada que lo abarcara todo. Siguió visitándolos periódicamente a medida que los bebés se convertían en niños, luego en adolescentes y más tarde en padres de sus propios hijos. Siguió visitándolos cuando Jaime empezó a beber más de la cuenta y a pegar a María, cuando un incendio arrasó su casucha de adobe y Jaime cambió el alcohol por la heroína; cuando María lo abandonó y se trasladó a la ciudad donde vivía su madre; cuando encontró una nueva pareja y un nuevo hogar, además de trabajo en una fábrica de calzado donde hacía sandalias.

Jaime lavándose (1995).

171

Veinticinco años son suficientes para que aflore lo humano, demasiados si no se es un santo. Era tiempo suficiente para que los niños se despojaran de la piel de la inocencia y llegaran la bebida, las peleas, los embarazos y las incursiones al otro lado de la frontera. Una y otra vez, Annie se vio obligada a observar a sus sujetos en términos más complejos. El día que detuvieron a Jaime, por ejemplo, subió el cerro a la carrera para decirle a María que se lo habían llevado y, para su sorpresa, descubrió que fue la propia María quien había llamado a la policía; Jaime la había azotado en la cara con la hebilla del cinturón durante una discusión sobre el bautizo de Carmelita.

El trabajo documental de Annie es un proceso de involucración íntima. Cuando afirma: «Fotografío desde el corazón», sus palabras se sostienen sobre décadas de viajes por carretera, trayectos en avión y tiempo robado a los trabajos con los que se ha ganado la vida; décadas de picaduras de pulga, descomposición y fiebre, de dormir en el suelo y aprender a dominar el tirachinas con unos expertos que no levantan un metro del suelo; décadas como confidente de una mujer que sufrió dos relaciones abusivas; décadas de buscar el momento oportuno, la luz crepuscular, la mirada precisa entre madre e hijo; o de no encontrar el momento oportuno, pero volver de todos modos. «Ahora que lo pienso —me dijo en cierta ocasión—, este proyecto ha sobrevivido con buena salud casi el doble de tiempo que la más duradera de mis relaciones sentimentales.»

Annie Appel no es famosa, pero su trabajo se inscribe en una importante tradición documental. Es un linaje que se extiende desde el fotorreportaje fundacional de W. Eugene Smith publicado en 1951 por la revista *Life* sobre una comadrona negra que atendía a la población rural de Carolina del Sur hasta las instantáneas de adolescentes sin techo que hizo Mary Ellen Mark en el Seattle de los años ochenta. Es una tradición que se remonta a los «estudios populares» de Bayard Wootten –una madre soltera de Carolina del Norte que en 1904 cogió una cámara prestada para hacer fotos con las que mantener a sus dos hijos– y se proyecta hasta los retratos contemporáneos que la fotógrafa gallega Lua Ribeira ha recopilado de los adictos a la marihuana sintética que vagan por las calles de Bristol. «Me he hecho amiga de algunos de ellos», dice Ribeira de sus sujetos, «pero [...] ese choque es doloroso y complicado». Todos ellos son fotógrafos que toman como sujetos a personas corrientes y subrayan la importancia de esas vidas «vulgares», que no buscan vendernos cuentos de hadas sobre el valor redentor de sus fotografías ni creen tener una mirada objetiva, sino que forjan intensas relaciones emocionales con sus sujetos y crean imágenes moldeadas por esa intensidad. Ribeira observó en cierta ocasión, a propósito de los sintecho a los que retrata: «En esta estructura que habitamos, ellos tienen que estar *allí* para que nosotros podamos estar *aquí*», y sus fotografías borran momentáneamente esa distancia, no para fingir que la hemos salvado, sino para que nos fijemos en lo que hay al otro lado.

En muchos sentidos, Annie se identifica orgullosamente como una outsider, una artista al margen de las corrientes dominantes. Su trabajo se ha expuesto sobre todo en pequeñas galerías de San Pedro, la ciudad portuaria de Los Ángeles donde vive en la trastienda del estudio de danza de su mujer, que da clases de tango. Durante una década, Annie se ha ganado la vida como supervisora de un laboratorio fotográfico para poder así costearse sus proyectos personales: viajar a lo largo y ancho del país para retratar a los manifestantes del movimiento Occupy, fotografiar a una monja de clausura que vive en un monasterio de Hollywood o montar un estudio fotográfico portátil en el césped de Pershing Square, en el centro de Los Ángeles –donde invitaba a todo el que pasaba por allí a sentarse para que lo retratara, incluidos los indigentes, y convenció a la policía para que la dejaran quedarse cuando fueron a echarla de la plaza– y volver veintitrés años después para repetir el mismo proyecto. Sin embargo, durante casi tres décadas, la piedra angular de su vida creativa ha sido el proyecto México. Cada vez que Annie llama a su madre para decirle que se dispone a viajar al país vecino, esta le plantea, siempre con delicadeza, una nueva versión de la misma pregunta –«¿Otra vez? ¿No tienes ya suficientes fotos de esa familia?»–, invariablemente seguida por un desvelo maternal: «¿Te lo paga alguien?».

El hecho de que Annie no haya obtenido verdadero apoyo institucional para su proyecto no hace sino subrayar su compromiso personal con el mismo. No solo sostiene en solitario el proyecto México desde hace un cuarto de siglo, pese a no tener ningún reconocimiento oficial, sino que se dedica en cuerpo y alma a buscar financiación y a luchar incansablemente por su trabajo.

En 2015, el Smithsonian adquirió una serie de retratos del proyecto Occupy para su colección permanente, lo que supuso un fuerte espaldarazo profesional para Annie. Voló hasta Washington D. C. para llevar las fotografías en persona, y en su memoria quedaría grabado para siempre el instante en que entró en el museo con su porfolio, así como la poderosa sensación de euforia, de estar flotando en una nube, que experimentó al salir por la puerta con el porfolio vacío. Significó mucho para ella que el mundo se hubiese avenido por fin a decirle: «Tu trabajo es importante».

Porque es verdad que su trabajo es importante. Y lo es porque sus fotografías están llenas de vida en toda su caótica y compleja humanidad, porque arrojan luz sobre la intimidad, revelándola como una humeante pila de desechos orgánicos en la que se mezclan el miedo, la distancia y el anhelo. Su trabajo es importante porque evoca la infinita capacidad de la vida cotidiana para albergar a la vez el tedio y el deslumbramiento, la monotonía y súbitos destellos de asombro.

174

Doña Lupe cuidando de los nietos (2003).

En una foto fechada en 2003 de doña Lupe, la madre de María, que aparece sentada junto a tres de sus nietos, se perciben muchas cosas a simple vista: el esfuerzo que supone cuidar de los niños, el amor que hay detrás de ese empeño. Lupe está sentada en un taburete y sujeta a la más pequeña de sus nietas por la muñeca. A su espalda vemos una pila de platos en la encimera. La luz del sol baña el rostro de los niños y revela la vulgar inocencia de sus facciones. Uno de los nietos de Lupe, Joelle, que viste camiseta a rayas y unos vaqueros anchos, mira a cámara con aire desgarbado, la mirada expectante, mientras sostiene una paloma cuyas plumas asoman entre sus dedos. Es como si estuviera haciendo una ofrenda a quien sostiene la cámara, un regalo valioso que se retuerce entre sus manos y podría echar a volar en cualquier momento. Su rostro se ilumina con una expresión en la que conviven una frágil esperanza y una vacilación nacida de la incertidumbre. Apenas si ha dejado atrás la niñez, por lo que

175

aún no se avergüenza de que el mundo le parezca un lugar prodigioso.

Sin embargo, lo que hace que esta foto sea verdaderamente extraordinaria es justo lo que tiene de cotidiano, de no prodigioso. Un encuadre más convencional habría centrado la imagen en torno a Joelle y la paloma –con lo que hubiese resultado más lírica, icónica y alegórica la imagen del muchacho con ese símbolo de esperanza encarnado en el vuelo–, pero la composición de Annie busca algo distinto. Lo que hace es enmarcar la foto de tal manera que incluya no solo a Joelle y la paloma, sino también a su abuela y a dos de sus primos pequeños, además del desorden doméstico a su espalda: una bolsa de basura que se entrevé en primer plano, un palo de escoba que atrae la mirada hacia una esquina del encuadre. Todos estos elementos visuales hacen que nuestros ojos no sepan dónde posarse. Es algo afín a lo que tal vez habríamos visto si Walker Evans no hubiese reorganizado las casas de los aparceros a los que retrató para evocar, a partir de su miseria, cierta austeridad material hecha de líneas puras y simplicidad. Annie se niega a hacer lo mismo. Se empeña en dejar que el caos de la vida cotidiana se cuele en el encuadre junto con los detalles conmovedores. Se empeña en demostrar que son cosas inseparables.

Muchas de sus composiciones parecen ligeramente desencuadradas, como me señaló el fotógrafo Ryan Spencer, algo que las vuelve más sorprendentes desde el punto de vista estético, como si estuvieran atrapadas en un purgatorio al que va a parar todo lo que no está centrado ni descentrado del todo. Se trata de una manifestación plástica del interés de Annie por captar los instantes de transición, no necesariamente cargados de tensión emocional, pero sí de humana cotidianeidad. Esta cualidad discordante sintetiza el concepto estético francés de lo *jolie laide*: la idea de que algo es hermoso debido a sus imperfecciones y no a pesar de ellas. En una foto en la que sale Angelica, la hija de María, con sus cuatro hijos, la composición rezuma humanidad no a pesar de que el más pequeño –a la sazón, un bebé– esté llorando, sino precisamente por ello. Esa disrupción transmite una profunda vitalidad a toda la escena.

Angelica y sus cuatro hijos (2007).

Estos elementos del trabajo de Annie –las composiciones atípicas y cierta voluntad de incorporar en ellas el caos visual– son manifestaciones formales de un compromiso de retratar la vida en toda su complejidad, tal como la duración de su proyecto revela el compromiso de permitir que la complejidad humana de sus sujetos se despliegue a lo largo de décadas. Una vez que te obsesionas con documentar algo, puede parecer imposible dejar de hacerlo. Ningún final se antoja sincero o justificable. ¿Qué significa crear algo desde el punto de vista artístico a partir de vidas ajenas? ¿Qué diferencia hay entre ser testigo de una vida y explotarla por tu propio interés, y cuándo se da la experiencia por concluida en el primer caso? ¿Acaso llega a estarlo jamás? He aquí el problema que planteaba Borges en su cartografía imaginaria: para poder reproducir el mundo hasta el último detalle, habría que crear un mapa tan grande como el propio mundo que no tendría márgenes y nunca podría darse por terminado. O lo que es lo mismo: mientras esa familia sigue adelante con su vida, tú sigues ahí de testigo. Mientras esa mujer se hace mayor, sus hijos se hacen mayores y tienen hijos propios, tú sigues ahí de testigo. Cuando esa mujer se enfada contigo, tú sigues ahí de testigo. Aunque su vida parezca venirse abajo y tu propia vida parezca venirse abajo, sigues ahí de testigo. Es algo que no tiene fin. Ese es el problema, y también la gracia.

Annie creció en El Paso durante los años sesenta y setenta, muy cerca de la frontera con México, justo al otro lado de Ciudad Juárez. En sus palabras, «nací y me crié en dos ciudades gemelas separadas por un río». Desde la casa de su infancia en Thunderbird Drive –en lo alto de la montaña homónima, en la parte occidental de la ciudad, que acoge una de sus zonas más desahogadas–, México era un horizonte lejano. Nana, la empleada interna de la familia, cruzaba la frontera todos los fines de semana para ir a ver a los suyos. Cada vez que la detenían al volver a El Paso, desaparecía durante varios días. Si estaba en la calle cuando el coche verde de la policía de inmigración bajaba por Thunderbird Drive, se metía corriendo en casa.

La frontera era algo ineludible, y Annie siempre fue consciente de vivir a este lado de la misma, de haber construido su identidad en torno al sentimiento de culpa que trae consigo el privilegio, a la pertinaz vergüenza que ella define como «la constante necesidad de disculparme por haber nacido en una familia acomodada de El Paso». Siempre que los familiares de la Costa Este venían de visita, cruzaban la frontera con México para comprar vestidos bordados a mano y alcohol barato. En cierta ocasión, su hermano y ella también la cruzaron para comprar una bolsa de lo que resultó ser locoweed, una planta similar a la marihuana con la que los mexicanos daban gato por liebre a los gringos. A sus catorce años, cuando cruzó la frontera con un grupo de amigas algo mayores que ella para emborracharse de tequila en bares donde, para que te sirvieran una copa, bastaba con ser lo bastante alto para llegar a la barra, Annie tenía un aspecto vagamente varonil e ignoraba que en Juárez era habitual que desaparecieran chicas como ella. Una de sus profesoras explicó en clase que El Paso tenía los índices de muerte por accidente de tráfico más elevados de todo el país por los inmigrantes que cruzaban la autopista a la carrera. En la autoescuela le dijeron que estuviera atenta a esa posibilidad. En cuanto cumplió dieciséis años, empezó a transportar a las empleadas del hogar de su barrio hasta la parada del autobús todos los viernes, cuando cruzaban la frontera para pasar el fin de semana en México.

De niña, cuando iba con su familia en coche por la carretera interestatal, Annie entornaba los ojos para mirar al otro lado del río con la esperanza de ver a alguna persona de carne y hueso entre las chabolas con tejado de cartón de Juárez. Pero todo eso quedaba demasiado lejos. La escala estaba desajustada. «Por la noche, sin electricidad, la oscuridad al otro lado del río era total –recuerda–. Era como estar en alta mar mirando al horizonte desierto.» Pero el horizonte no estaba desierto. Annie ya lo sabía siendo una niña, y le ha costado veintiséis viajes y veintitrés mil fotografías negar ese espejismo. Podría decirse que su forma de negarlo consiste en sobreexponer esa otra realidad.

Durante todo el proyecto México, Annie ha usado tres cámaras, siempre las mismas, todas de la marca Nikon y completamente manuales, una con carrete de color, dos de blanco y negro. Nunca usa objetivos ni teleobjetivos, de manera que, para sacar un primer plano, tiene que acercarse. Tampoco recurre al flash, solo usa luz ambiental. Nunca recorta las imágenes en el estudio, lo que significa que debe confiar en la composición visual que determina en el momento de sacar la foto.

Las reglas de Annie funcionan como las limitaciones formales de un poema, en la medida en que proporcionan fronteras generativas que moldean el impulso creativo, pero también podría decirse que esas reglas evocan los pasos de un ritual. Para Spencer, los fotógrafos son «el equivalente en el universo artístico a los lanzadores de béisbol», porque todas sus supersticiones le recuerdan a esos jugadores que se sienten obligados a usar gorras sin lavar, besar un crucifijo de oro, mascar una marca específica de tabaco o dibujar determinados patrones en la tierra con el pie para poder salir al campo de juego.

Las limitaciones formales de Annie brindan inmediatez a sus composiciones, pero estas no serían posibles sin el compromiso emocional que vertebra su proceso creativo, sin esa profunda inmersión en la vida de sus sujetos y la construcción a largo plazo de esas relaciones. Cuando Annie descubrió la expresión «observación participante», llevaba años practicándola. No puede planificar sus fotos, sino que debe estar presente cuando surge el momento oportuno, lo que significa estar presente también en todos los demás momentos. En su caso, detrás de cada gran foto no hay solo una luz, un ángulo o una composición específicos, sino todos los años que la han precedido y han hecho que tanto ella como sus sujetos lleguen a ese instante concreto.

¿Qué muestran sus fotos? Un chico que sostiene una paloma. Una niña que le da la mano a su abuela. Un grupo de chiquillos jugando al pillapilla con las manos ensangrentadas después de haber metido los dedos en el cráneo de buey todavía fresco, con la lengua colgando por fuera de la boca, que descansa sobre una carretilla. En sus fotos vemos a Carmelita como una niña, como una colegiala huraña, como una adolescente en su primer trabajo: montar un tenderete cuya lona de color naranja filtra la luz del sol como la piel nervada que recubre las vísceras. Las fotos de Annie no separan a los sujetos retratados de sus circunstancias, pero tampoco los reducen a esas circunstancias. No los supedita a ramplones argumentos moralizadores sobre la desigualdad o el sentimiento de culpa. Deja que sus rostros ocupen la composición de muchas maneras distintas: a veces en un primerísimo plano, de manera que el fondo aparece borroso; otras veces difuminados en la penumbra o incluso parcialmente desencuadrados.

Hay una foto de Carlos, el hermano de María, tomada en un autobús mexicano, en la que él mira directamente a la cámara con un gesto penetrante, que desarma, y su rostro aparece perfectamente enfocado mientras los demás pasajeros se ven borrosos. Esta composición capta la esencia de todo el proyecto de Annie porque pone de manifiesto su forma de observar a los sujetos en situaciones de anonimato, como un vulgar trayecto en autobús, para poder resaltar de un modo dramático su particular naturaleza humana, en este caso a través de la mirada asombrosamente vívida de Carlos.

Carlos en el autobús (2007).

En una de las primeras fotografías del proyecto, tomada en 1995, Annie aparece sentada a la mesa de la cocina junto a María y Jaime. Él está comiendo y su mano planea sobre el plato de alubias. Hay una pila de tortillas en primer plano, una botella de Coca-Cola casi vacía, un retrato de Jesús que parece abarcar a todos los presentes con la mirada. En la pared que hay detrás de Jaime se ven los ocho boquetes que él hizo golpeando el revoque con los puños durante los accesos de ira provocados por el alcohol. Annie parece agotada, un poco adormilada, pero no nerviosa ni incómoda. No se molesta en fingir afecto o cercanía. Dos de las cámaras descansan sobre la mesa, a su lado.

Lo que me más me impresiona de esta foto en torno a la mesa de la cocina es el hecho de que estas tres personas no se miran entre sí, sino que parecen absortas en sus propios pensamientos y ajenas a las demás de un modo que sugiere familiaridad y distanciamiento a la vez. Las fotos de Annie intentan dar cabida a esos momentos carentes de todo brillo, a esa forma de mirar sin ver, a la incapacidad de estas personas para establecer contacto visual porque están demasiado cansadas para ponerse en el lugar del otro, demasiado escarmentadas para entregarse sin reservas, demasiado consumidas para abrirse a los demás. Las fotos de Annie rechazan los relatos reduccionistas de las relaciones interpersonales que no abordan estas esquivas, persistentes y determinantes brechas que nos separan. Lo que hacen es reivindicar una visión del mundo tal como es, un mundo donde estas rupturas forman parte de la intimidad en la misma medida que un abrazo.

Esta instantánea de la mesa de la cocina es también, por supuesto, una fotografía de la fotógrafa, cuya cámara descansa sobre la mesa. En otra foto, la sombra de Annie se proyecta sobre una pila de ladrillos en lo que podría interpretarse como una confesión: «Yo estaba allí». Y formó parte de ello. Sus fotos subrayan el desorden de la subjetividad, el jaleo que supone querer y cuidar de los demás, enfadarse y volver pese a todo. En una foto del año 2000 tomada en casa de doña Lupe, Annie está agachada frente a Carlos con la cámara a la altura del rostro y se ríe mientras el resto de la familia observa la escena. Ocupa el centro de la composición, pero el suyo es el único rostro que no alcanzamos a ver, como si confesara su deseo de borrarse a sabiendas de que nunca podrá hacerlo del todo.

183

Autorretrato con María y Jaime (1995).

Annie ha transcrito sus viajes a México en una serie de diarios que ocupan ya más de un millar de páginas. En ellas habla de las largas siestas que se echó en el sofá con la pequeña Viviana dormida sobre su pecho, notando cómo ese diminuto corazón latía el doble de rápido que el suyo, o las tardes de calor sofocante que pasó con Carlos en el río, viéndolo pescar un espécimen de cinco centímetros con una lata vacía de Fanta, dejando que le arrojara algas verdes a la frente y luego restregándoselas en la espalda desnuda, entre los omóplatos, a modo de venganza. Estas anotaciones de diario son un recordatorio de que la fotógrafa era también, en todo momento, la mujer que ponía los calcetines a secar en el alféizar de la ventana y a la que acribillaban sin piedad los mosquitos del «turno de noche», una mujer que a ratos se exasperaba y cansaba, que bebía cerveza fría a solas cuando se sentía agotada por la implacable comunión que tanto anhelaba, que lloraba amargamente la traición de una amante en California o la muerte de su padre en Texas, y que llevaba esas penas consigo. Tal como la humedad, empapan las páginas del diario.

Annie siempre supo lo absurdo que era llegar a Baja, San Martín o Tijuana y quejarse del «cascarrabias de su jefe» teniendo en cuenta todas las penalidades a las que se enfrentaban María y sus hijos. En sus diarios confiesa que a veces veía la lente de la cámara como una barrera necesaria entre las vidas de aquellas personas y su propio sentimiento de culpa: «Esta noche no había luz en casa de Lupe, a saber por qué, de modo que quedé oficialmente eximida de sacar fotos y a duras penas aguanté estar en esa casa sin la distracción del trabajo, que me impide pensar demasiado en las condiciones de vida que se ven obligados a soportar». No siempre resultaba enternecedor ver a los niños haciendo los deberes a la luz de las velas.

Aunque involucrarse nunca le había bastado, empezó a parecerle necesario. Cuando el más joven de los hermanos de María, Guillermo, cruzó la frontera con su familia, Annie documentó su nueva vida en Estados Unidos. Y cuando Guillermo se enfrentó a la deportación, ella escribió una carta en su nombre y ayudó a su mujer, Gloria, a alquilar una vivienda en otra población. Después de fotografiar a Gloria mientras vendimiaba con el rostro envuelto en un pañuelo y casi oculto entre las vides, Annie se empeñó en buscar huellas embarradas en el suelo de la lujosa sala de catas del viñedo. Quería llevar la tierra a una sala donde nadie recordaba las manos que habían cogido las uvas o se había detenido siquiera a pensar en ellas, donde a nadie le importaba la mujer que había cruzado un desierto embarazada, que a duras penas lograba sacar adelante a su hija pequeña –aquejada de una enfermedad pulmonar crónica– mientras convivía con el pánico a que su marido fuera deportado. Annie veía sus propias huellas embarradas como un gesto de insistencia, tal como lo eran sus fotografías: insistían en recordar que esa mujer existía, que su vida también era importante.

Es fácil caer en la tentación de creer que todo proyecto documental requiere la ausencia del autor para cumplir su cometido y que, por tanto, el escritor, fotógrafo o cineasta debe abandonar el encuadre para hacerle hueco a sus sujetos. Al poco de emprender el proyecto México, Annie fantaseaba con este tipo de invisibilidad, con «renunciar al yo por completo para poder así convertirme en una suerte de lienzo en blanco donde plasmar la realidad de la manera más fidedigna». Sin embargo, en mi opinión, el trabajo de Annie logra lo que se propone precisamente porque no es capaz de mantenerse ausente: la vemos sentada a la mesa de la cocina, su sombra proyectada sobre los ladrillos. La amplia gama de sus emociones satura estas fotografías: admiración por la curiosidad de Jaime, ira ante sus impulsos violentos espoleados por el alcohol. La presencia de Annie no es una carga molesta, sino parte intrínseca del proyecto. El «yo» y los «otros» no son fuerzas atrapadas en un juego de suma cero. El que Annie no lograra ausentarse por completo no obstaculiza su tra-

Autorretrato con la familia en casa de doña Lupe (2000).

bajo, sino que amplía el alcance de lo que está documentando y, lejos de reducirse a los sujetos, abarca también la complejidad emocional que supone fotografiarlos. De este modo confiesa su propia huella, o lo que es lo mismo: reivindica la mácula del arte.

El lenguaje de la fotografía evoca agresión y expolio: las fotografías se «sacan» o se «toman»; la cámara «roba» una imagen o instante. Es como si la vida –o el mundo, los otros, el tiempo en sí– no se dejara atrapar sin más, como si tuviéramos que arrancarla o robarla por la fuerza.

Al tomar una foto, ¿qué damos a cambio? En los primeros años del proyecto, Annie sabía que una sola de sus nóminas serviría para pagar los libros de texto de todo un curso a los hijos de María, o incluso el alquiler de varios meses. Les daba lo que podía: dinero contante y sonante, material de dibujo, mochilas, zapatos nuevos, plátanos, alubias. En sus presupuestos anotaba los pesos que gastaba en cada viaje: una excursión al parque acuático con los hijos de María, jícama y pasta de dientes, mangos y tortillas, una jaula de pájaros para doña Lupe, entradas para un espectáculo de hipnosis y palomitas durante el mismo. Siempre que volvía a México, llevaba consigo copias de las fotos para todos los miembros de la familia, con lo que, de algún modo, los estaba devolviendo a sí mismos.

Cuando María tuvo que ir al dentista a que le extrajeran uno de los dientes incisivos porque estaba cariado y le daba vergüenza sonreír, pidió dinero a Annie para costear la intervención. Esta le dijo que le daría dinero para arreglarse los dientes a condición de que empezara a sonreír en las fotos. Era una broma, pero también algo más complejo, el reconocimiento de una transacción en curso que enmarcaba la creciente intimidad entre ambas.

Cuando por fin Annie le dio el dinero a María, esta no lo usó para sus dientes. Cinco años después, volvió a pedírselo y Annie volvió a dárselo, y una vez más lo destinó a otra cosa. En ambas ocasiones, Annie se sintió traicionada, y en ambas se reprochó a sí misma por ese sentimiento.

¿En qué se gastó María ese dinero? En ropa para los niños, tortillas, bombonas de gas.

Cuando Jaime cambió el tequila por la heroína y los malos tratos se hicieron insoportables, María pidió dinero a Annie para poder dejarlo. Años más tarde, esta recordaría la conversación como sigue:

María llamó para pedirme ayuda, ahora que por fin ha decidido huir de la violencia que tanto ella como los niños sufren a manos de Jaime. Cien dólares para seis billetes de autobús y, en mi caso, un trayecto de treinta y seis horas en autocar para volver a casa. ¿Hice bien? ¿Y si me hubiese negado a ayudarla? Una vida distinta para todos ellos. Llevo diez años preguntándome si he hecho lo correcto. Veo las fotos de todo este tiempo y, en la mayoría, Jaime aparece con una botella en la mano. Había olvidado esa parte, igual que el miedo que sentí aquella vez, cuando él le pegó en mi presencia.

Dada la cercanía que Annie había establecido con María y su familia, no hacer nada empezó a parecerle también una forma de hacer algo. Cuando las hijas mayores de María acusaron a su segunda pareja, Andrés, de pegarles por rechazar sus insinuaciones sexuales, Annie se planteó costearle el alquiler de un mes para que pudiera irse a vivir por su cuenta. «He averiguado que una casa del tamaño de la que tiene María cuesta cerca de treinta dólares al mes», escribió Annie en su diario. «Se me ocurre que puedo pagarle el alquiler por adelantado si quiere abandonar a ese abusador [...]. ¿Qué debo hacer? ¿Qué no debo hacer?» Al final no se ofreció para pagarle el alquiler de una nueva vivienda, pero sí se enfrentó a Andrés y le advirtió que estaba al tanto de sus abusos y no dudaría en defender a María: «Me planté a dos palmos de él, cara a cara, y le dije en susurros: "¿Quieres que te pegue con mi nuevo cinturón? ¿Qué punta me recomiendas, la de la hebilla metálica o el lado suave? Enséñame cómo se hace, Andrés"».

En una anotación en su diario, Annie se conmina a sí misma: «Nunca digas que no». Pero también confiesa las veces que lo hizo: la vez que no pagó la bombona de gas de doña Lupe, la vez que se negó a regalarle a María su jersey verde preferido, las veces que necesitó pasar un día a solas. Nunca dio su dirección a nadie de la familia porque sabía que, si alguna vez cruzaban la frontera y se plantaban en su casa, no sería capaz de echarlos.

Cuando la fotógrafa Mary Ellen Mark y su marido, Martin Bell, estaban preparando *Streetwise*, un documental de 1983 que gira en torno a Tiny, una prostituta de trece años que vivía en Seattle, se preguntaban constantemente hasta qué punto debían ayudarla. Puede parecer inhumano documentar el sufrimiento ajeno sin intentar paliarlo, pero un proyecto documental puede volverse insostenible si asume la responsabilidad adicional de ayudar a los sujetos a los que retrata. También es verdad que determinados sujetos están más allá de toda salvación. Mark y Bell nunca dieron dinero a los adolescentes a los que filmaban, pero sí comida, prendas de abrigo y zapatos. Cuando el rodaje finalizó y volvieron a Nueva York, se ofrecieron para llevar a Tiny consigo, «lo que venía a ser como adoptarla», en palabras de Bell. La única condición que le pusieron era que debía ir a clase, algo que no quería hacer, de modo que no aceptó la oferta. La pareja mantuvo contacto con ella durante décadas y, diecinueve años después, les confesó: «Pienso en eso a todas horas, en que no me fui con vosotros».

En 1993, mientras retrataba a los soldados rebeldes en Sudán, el fotoperiodista sudafricano Kevin Carter captó una imagen que daría la vuelta al mundo: un niño famélico se arrastra por la tierra para intentar llegar a un puesto de socorro mientras un buitre lo observa a cierta distancia. Carter se agachó con cuidado –no quería espantar al pájaro, para poder sacar la mejor foto posible– y, durante veinte minutos, esperó que echara a volar. Al ver que no lo hacía, lo ahuyentó y dejó que el niño siguiera su camino, pero no le dio de comer ni lo acercó al puesto de socorro, sino que se limitó a sentarse debajo de un árbol, fumando y llorando. «Después de aquello quedó muy tocado –señalaría un amigo suyo–. No paraba de decir que quería abrazar a su hija.» Catorce meses después, esa foto le valió el premio Pulitzer. «Os juro que me aplaudieron más que a nadie», escribió a sus padres tras la ceremonia de entrega del galardón, pero dos meses después se suicidó con tan solo treinta y tres años. En la nota que dejó, decía: «El dolor de vivir supera a la alegría de hacerlo, hasta el punto de que esta ha dejado de existir».

En sus diarios, Annie cuestiona las versiones míticas de sí misma en las que ha querido creer. «¿Qué verdades debo contar? –se pregunta–. ¿Me pinto como una redentora?» Durante décadas, ha luchado contra el deseo de convertirse en la tabla de salvación de nadie. En una entrada del diario, se describe como «una artista desnuda, vulnerable, egoísta y egocéntrica que se disfraza de "buena samaritana" armada de las mejores intenciones, un disfraz tan convincente que hasta yo me lo he creído». Le costó años reconocer que no le correspondía «jugar a corregir el karma ajeno».

Descubrí el trabajo de Annie hace cinco años, cuando me escribió por correo electrónico para decirme que veía cierta afinidad entre sus fotos y mis textos, sobre todo el ensayo que había escrito en torno a James Agee y su libro sobre las familias de aparceros de Alabama, una obra desbordante, implacable y marcada por el sentimiento de culpa. Cuando Annie me habló de la duración de su proyecto documental, fue toda una lección de humildad. Para entonces, ya llevaba más de veinte viajes a México. Me sentí avergonzada por haber escrito sobre la vida de personas a las que solo conocía desde hacía un año, o incluso un mes. Qué superficial se me antojaba ese conocimiento frente a la mirada de largo alcance de Annie. Había un abismo ético entre ser testigo de algo puntualmente y acompañar su evolución a lo largo del tiempo. En eso consiste el respeto, pensé, en mirar y seguir mirando, en resistir la tentación de apartar la mirada en cuanto obtienes lo que buscabas. El respeto consiste en dejar que tus sujetos se hagan mayores, más complejos, en dejar que subviertan los relatos que habías escrito para ellos. Consiste en tener suficiente tenacidad y humildad para decir: «No he acabado. No he visto lo bastante». En una anotación de su diario, cuando llevaba nueve años viajando a México, Annie escribió: «No entiendo nada».

Desde el principio, el proyecto de Annie me pareció un heredero espiritual de *Elogiemos ahora a hombres famosos*, no solo porque en ambos casos había un artista blanco privilegiado que documentaba la vida de familias sumidas en la miseria, sino también porque ambos se nutrían de una pertinaz sensación de insuficiencia. En lo tocante a la constancia, Annie le ganaba la partida a Agee; él se había documentado durante meses, pero ella llevaba décadas siguiendo la misma historia. Y, sin embargo, ambos vivían atormentados por la sospecha de que, al margen de cuánto dijeran o sacaran a la luz, nunca podrían retratar completamente a sus sujetos. La parte de Annie que confesaba no entender nada podría haber hablado de tú a tú con la parte de Agee que temía ver sus esfuerzos reducidos a un estrepitoso fracaso, o que por lo menos quiso que esa confesión formara parte del proyecto. Era la misma parte que vivía con el temor de que sus palabras se quedaran cortas, la misma que hubiese querido llenar el libro de platos rotos y excrementos en vez de frases y párrafos.

Seguí carteándome con Annie, y a menudo me sentía abrumada por su anhelo de conexión y comunión entre nosotras. Por cada nota que le enviaba, recibía tres; por cada respuesta, tres más (después de que se lo mencionara, recibí un mensaje suyo con el asunto «Mi tercera réplica»). Este afán de comunicación no me resultaba ajeno, sino profundamente intuitivo, por cuanto apelaba a esa parte de mí que había pasado horas al teléfono con las amigas del instituto cada noche, por más que hubiésemos estado todo el día juntas; esa emoción de no sentir frontera alguna entre nosotras, el vano intento de alcanzar una intimidad tan completa que no habría nada que no hubiésemos compartido.

La primera vez que Annie y yo nos vimos en persona, quedamos para tomar café en el vestíbulo de un hotel y, nada más llegar, descubrí que había traído consigo dos enormes maletas que empezó a vaciar sobre las mesas de centro. Era una muestra de sus fotos, así como una selección de libros en los que se había inspirado. También había montado un trípode de luz para hacerme un retrato. Era excesivo. Ocupaba mucho espacio. Me encantó. Annie era una mujer ágil que se movía deprisa y llevaba el pelo rubio rojizo recortado en torno a las orejas. Irradiaba dinamismo y energía.

En una de sus cartas, me confesó que echaba en falta «cierta noción de frontera interna» que había intentado «comprender desde la infancia». A lo largo de los años, he empezado a sospechar que, sea cual sea la fuerza que impide que esa frontera arraigue en su interior –una curiosidad insaciable, cierta porosidad, la búsqueda de un intercambio más profundo–, es también lo que la empuja a volver una y otra vez a México. Un día, me habló de su fascinación por la cuadrilla de peones que siempre estaba pintando o repintando el puente de Long Beach que veía desde la ventana de su estudio. Se pasaban un año repintando uno de los lados del puente y al año siguiente le tocaba al otro lado, y así siempre, en un bucle sin fin. «Solo ahora me doy cuenta de que ya entonces, tantos años atrás, empezaba a formarse mi obsesión en torno a la idea de "proceso"», me dijo al recordar la fascinación que sentía por aquellos pintores de brocha gorda y su tarea interminable. «¿Cómo iba a imaginar que algún día me embarcaría en algo tan parecido?»

Cuando por fin me decidí a escribir sobre el proyecto de Annie, un artículo breve que acompañaba sus fotos de México en una revista, el resultado no fue de su agrado. Me pregunté entonces si la distancia crítica que suponía escribir sobre ella y no escribirle a ella era una barrera que se había levantado entre nosotras. Me dijo que se había sentido traicionada y expuesta, y expresó esa reacción como un sentimiento de abandono, como si yo me hubiese distanciado de ella retirando una porción excesiva de mi propia subjetividad. «¿Dónde estás tú en medio de todo esto, Leslie?», me preguntó en un mensaje. «Ni siquiera reconozco tu voz.» Unos meses más tarde se disculpó y achacó su primera reacción a su «propia incapacidad para asumir la intensidad de tu mirada y la verdad al desnudo».

He pasado buena parte de mi vida como escritora intentando poner en práctica la sugerencia del poeta C. D. Wright, que nos urge a intentar ver a los demás «tal como deciden ser vistos, en toda la complejidad de su ser». Pero es un sueño imposible. Las manifestaciones artísticas cuya materia prima son las vidas ajenas siempre implican verlas a través de los propios ojos, no reflejar, a la manera de un espejo, la imagen que sus protagonistas quisieran transmitir de sí mismos. Y, sin embargo, me sentía obligada a defender a Annie. Frente a la tentación que otros pudieran sentir de rechazar su actitud obsesiva por patológica o excesiva, yo no podía evitar cierto afán protector hacia su inagotable necesidad de empatizar y la pulsión de hacerse vulnerable, de comunicar sin cortapisas, decirlo todo, documentarlo todo, captar cada matiz y cada complejidad. En un momento dado, empecé a sospechar que mi obsesión por la obsesión de Annie se debía en parte a mi propio complejo de salvadora, mi empeño en defender a una artista que parecía empeñada en ir contra corriente en sus métodos y su compromiso, que vivía con los sentimientos a flor de piel y no se reprimía en lo más mínimo, que no se disculpaba por tomarse su trabajo en serio. A veces, la relación entre artista y sujeto puede enfangarse y acabar resultando abrumadora. Agee lo sabía, al igual que Annie, al igual que yo.

El impulso de Annie de seguir expandiendo su proyecto reproduce cierta fantasía que yo he tenido respecto a mi propio trabajo: no poner límite alguno a la evocación de mis sujetos, hacerlos infinitos, dejar que sigan evolucionando para siempre. Representar a alguien siempre implica reducirlo, y decir de un proyecto que está «concluido» implica hacer las paces, mal que bien, con esa reducción. Pero una parte de mí se rebela contra esa compresión. Una parte de mí quiere seguir diciendo: «Hay más, hay más, siempre más». Por eso, a menudo escribo diez mil palabras más de las que me han encargado.

Lo que nos lleva de vuelta al dilema de Borges: para poder reflejar el mundo de manera fidedigna, el mapa debería reproducirlo en su totalidad. Pero ¿es algo necesariamente más verdadero por el hecho de ser más exhaustivo? Si la duración media de la exposición fotográfica equivale a la sexagésima parte de un segundo, observó Spencer, eso quiere decir que, en total, Annie no ha captado más que unos seis minutos de la vida de sus sujetos. Sin embargo, la fuerza de su trabajo no radica

Carmelita y Diego (2017).

en haber logrado un retrato completo, sino en la búsqueda del mismo. Más que como la descripción exhaustiva de una familia, su obra destaca como el relato de su propio anhelo de conocerlos y, en un sentido más amplio, como un testimonio del deseo humano de observar a los demás.

Hay algo contagioso en su obsesión. A mí me la ha contagiado, desde luego: esa sensación de que ninguna descripción puede ser completa ni «suficiente». Eso es lo que Annie siente respecto a María y su familia, y es también lo que yo he empezado a sentir respecto a Annie. Su sed de conocimiento parece insaciable, y su necesidad de conexión tan intensa que es casi digna de Whitman: un superpoder generativo. Y estoy convencida de que, si ese anhelo se viera satisfecho, solo serviría para arrebatarle el motor que impulsa su arte.

Cada vez que Annie me escribe, lo hace para contarme que el proyecto México sigue creciendo: otro viaje, otra serie de fotos, otra ristra de entradas en ese diario que parece no tener fin. En los últimos tiempos, muchos de esos viajes la han llevado a visitar a Guillermo, el hermano de María, y a los familiares que tiene en las distintas ciudades estadounidenses donde ha ido recalando. En cada nuevo viaje, Annie se sumerge de lleno en sus vidas: va a la iglesia con Guillermo y reza a su lado para que no lo deporten, ayuda a Gloria a cobrar un reembolso fiscal, escucha las historias que la hija de ambos inventa sobre su muñeca Campanilla y al hermano de esta diciendo que quiere ser médico porque la enfermedad pulmonar de su hermana pequeña lo ha marcado profundamente. Si bien, en un primer momento, Annie no creía sensato compartir con Guillermo su dirección postal, acabó incluso invitándolo a visitarla en su casa de San Pedro.

Cuando llamé por teléfono a Guillermo para preguntarle en persona por su relación con Annie, lo pillé trabajando. Acababa de comprar una furgoneta con la que tenía intención de montar un taller mecánico sobre ruedas y se dirigía a un desguace para recoger un motor. Aún recordaba la primera vez que había visto a Annie, a principios de los noventa: al llegar a casa se había encontrado con una desconocida sacando fotos, y se había preguntado qué demonios hacía allí. Por entonces apenas había tenido contacto con los estadounidenses, pero lo primero que le dijo fue: «Algún día me iré a tu país».

Ahora que estaba allí, Guillermo seguía insistiendo en que, incluso con Trump al frente del gobierno, sus hijos vivían mejor en Estados Unidos que en México. «Tenemos un poco de miedo», me confesó, y entonces oí que Gloria le decía algo, y Guillermo se corrigió: «Tenemos mucho miedo». Siempre que salía de casa, me dijo, Gloria se santiguaba para que volviera sano y salvo, a lo que él replicaba: «Si no vuelvo, ya sabes por qué».

Cuando le pregunté cómo había evolucionado su relación con Annie a lo largo de los años, hizo una pausa tan larga que pensé que la llamada se había cortado. Pero finalmente dijo: «Creo que... demasiado» y me di cuenta de que se esforzaba por describir una relación que le resultaba abrumadora. Annie había fotografiado toda su existencia. «Cuando no recuerdo algo sobre mi vida –añadió– se lo pregunto a Annie, porque seguramente lo ha fotografiado.»

Cuando los visitaba, me explicó, siempre estaba sacando fotos. «Mientras comíamos, nos sacaba fotos comiendo. Mientras trabajábamos, nos sacaba fotos trabajando. Todo el rato. En todo momento.» Cuando Guillermo miraba las fotos de Annie, veía a sus hijos de pequeños, o a sí mismo como un niño pobre que vivía en San Martín. No era sino un adolescente cuando ella le dio el dinero que necesitaba para dejar atrás su pueblo natal. Annie siempre había estado dispuesta a escucharlo, siempre le había asegurado que podría cumplir sus sueños. Mientras hablábamos por teléfono, yo esperaba todo el rato que la amargura se colara en su tono de voz, que insinuara siquiera de forma sutil que a veces había vivido la mirada atenta de Annie como una invasión o incluso una traición. Pero no percibí nada de eso en su discurso. Esas tensiones las había añadido yo de mi cosecha al imaginar el relato.

Cuando le pedí a Guillermo que describiera en pocas palabras a Annie y la relación que tenía con su familia, dijo: «Es una buena persona». Y añadió: «Es mi hermana». No dijo «es como mi hermana», sino «es mi hermana». Y para sus hijos es la tía Anita. «La tía Anita», recalcó. Quería que lo entendiera.

Annie ve su obra como una forma de amor, y ve el amor como una forma de atención concentrada. En los entornos académicos donde he estudiado y enseñado, donde los lugares comunes son criptonita y las emociones requieren una nota al pie, siempre es arriesgado usar la palabra «amor» sin entrecomillarla, pero eso es en parte lo que me tiene fascinada del trabajo de Annie: en su discurso no hay lugar para las comillas irónicas, sino que reivindica la parte emocional de su obra, lo que no deja de ser otra forma de transgresión.

El amor impulsa la obra de Annie, pero es un tipo de amor que no embota ni distorsiona los sentidos. Muy al contrario: el amor afila su mirada. Su obra me ha ayudado a confiar en que una inversión emocional duradera –pese al caos y las equivocaciones que implica, o precisamente debido a estos– puede ayudarnos a observar de un modo más certero. Puede hacer que nuestra mirada se vuelva sensible a los turbulentos vectores emocionales que compiten entre sí y que subyacen a los momentos corrientes y molientes: el particular ángulo del cuerpo de una mujer mientras hace la colada; la perplejidad de un padre ante el llanto de su hija; la postura de un hombre ante la puerta de su nuevo hogar, sonriendo de oreja a oreja mientras sostiene a su hijo cansado justo antes de cruzar el umbral con el pequeño en brazos.

Cuando miro las hojas de contacto más antiguas de Annie, las de sus primeros viajes a Baja, veo una versión de lo que ella vio entonces: una madre con su hija pequeña, un padre con sus enciclopedias, sus botellas de tequila y sus enormes pilas de ladrillos. Pero también veo la larga sombra que proyecta todo lo que vendría después: años de trabajos poco gratificantes, becas rechazadas y rupturas amorosas; discusiones entre madre e hija, embarazos imprevistos; adicciones, incendios y viajes en autobús hacia una nueva vida. Veo los incipientes atisbos de un proyecto que supondría una constante cura de humildad para Annie, que a cada paso la dejaría más confusa aún que al principio. Transcurridos nueve años, confesaría: «No entiendo nada». En esos primeros negativos veo cereales en copos, cigarrillos, un viento pertinaz y risas que estallan de pronto. Veo todo lo que esas fotos sabían, así como todo lo que aún no podían saber, y esa ignorancia podría ser otra definición de amor: el compromiso con una historia cuyo desenlace no alcanzamos a imaginar cuando está empezando.

III. Habitar

Las bodas son sacramentos y alcohol, sudor bajo el vestido, el regusto dulzón del glaseado. Una antigua iglesia presbiteriana al atardecer, empapada de sol y salitre, da paso al etílico esplendor de un granero, y de pronto una isla entera te pertenece, a ti y a todos los demás. Sientes la euforia del vino en tu interior, la sientes también en los demás, y entre todos os ponéis de acuerdo no en creer en el amor, sino en querer creer. Eso sí podéis hacerlo. Bailas con un desconocido y piensas: «Tenemos esto en común, esta voluntad de creer». ¿En qué, exactamente? En la posibilidad de que dos personas puedan, de hecho, hacerse felices la una a la otra, no solo en el día de hoy, sino a lo largo de los diez mil días que aún no alcanzan a ver.

Las bodas son un fastidio. El fastidio de desembolsar un dinero que no tienes para celebrar el hito vital de unas personas que tienen más dinero que tú. El fastidio de constatar, con incredulidad, que has reservado un vuelo de ida y vuelta entre Boston y Tulsa. El fastidio de sentarte al volante en mitad de la noche para ir hasta un centro de congresos de Oklahoma. El fastidio de quedarte atrapada en un atasco sobre el puente de Brooklyn mientras el novio de tu amiga suelta, como si tal cosa, que quiere sacarse la licencia de piloto.

203

El fastidio de coger el tren interurbano hasta Hoboken a las dos de la mañana y viajar apretujada en un vagón con la peña del extrarradio que ha salido de marcha por Manhattan y vuelve borracha a casa, pensando que «peña del extrarradio» es una expresión de lo más desdeñosa y, a renglón seguido, «¡Menuda cogorza llevan!». Las bodas son coger un avión, un tren, un autobús, un ferry, y luego quitarte la abultada mochila en un pequeño cibercafé para abrir el correo electrónico y descubrir que tu nuevo novio acaba de mencionarte por primera vez en presencia de su padre, lo que hace que la inminente boda de tus amigos se llene de buenos augurios. Eres alguien que podría llegar a ser amada. Estás entre los elegidos.

Las bodas son apearte del autobús frente a una oficina de correos en una carretera perdida en medio de los Catskills y esperar que alguien te acerque en coche a un hotelito apartado. Siempre hay un hotelito apartado. En el hotelito siempre hay la hora del cóctel, actividades en grupo y una afanosa búsqueda de los zapatos de la novia, que se han extraviado en el último momento. Viajamos lejos para celebrar el amor de las personas a las que queremos, pero a veces duele en el alma verse solo en medio de una carretera desierta y pensar: «¿Qué pinto yo aquí?».

Todo el mundo se refiere a las bodas como un comienzo, pero lo cierto es que también representan una conclusión. Permiten anticipar el final de cosas que se han ido diluyendo lentamente con el paso de los años: coqueteos, amistades, la inocencia compartida, la independencia compartida, la soledad compartida.

Las bodas son estar soltero y preguntarte por el enamoramiento, y estar enamorado y seguir preguntándote por el enamoramiento: cómo es para los demás, y si para ellos es tan doloroso como a veces lo es para ti. En todas las bodas llega un momento en que puede pasar cualquier cosa, y de pronto todo el mundo te pregunta cuándo se decidirá tu novio a dar el gran paso, y tú lo miras mientras habla con la camarera de la mesa de los quesos, y las copas que ya llevas tan pronto te hacen buscar pelea, como pensar: «Nunca me querrás como necesito que me quieras».

Antes de que te tocara ir de boda, te creías familiarizada con la propensión a la melancolía que induce el consumo de alcohol. Te habías puesto fina de vino barato a media tarde, estando sola en casa, y habías llorado como una magdalena al releer los correos electrónicos de tus ex antes de que fueran tus ex. Pero no conocías esta clase de llanto provocado por el alcohol, el que experimentaste a solas en el lavabo de la boda de tu hermano, o la de tu otro hermano. No podrías explicarlo cabalmente, porque te alegrabas por ellos, por supuesto que sí, pero a la vez sentías algo más, aunque estabas demasiado borracha para recordar el qué. Aprendiste que había dos tipos de llanto, uno bueno y el otro no tanto –un llanto violento y airado– y que, sin apenas darte cuenta, habías pasado del primero al segundo.

A veces, las mejores bodas son las que unen a dos perfectos desconocidos, porque entonces no eres más que una comparsa. Nadie espera de ti ningún sentimiento en particular. Se te caen las lágrimas cuando el novio evoca a su madre, que murió de cáncer unos años antes, y, pese a que nunca habías coincidido con ese tipo que años atrás tocó en un grupo de música con tu novio, ves cómo mira a la novia y piensas que su madre debió de quererlo bien. Cuando sales del granero, el sol de principios de junio se pone sobre unos campos sembrados de algo que no aciertas a identificar y te viene a la mente esa canción de Sting que siempre te avergüenza reconocer que te encanta, aunque en ese preciso lugar tal vez no resulte tan vergonzoso. Sostienes una diminuta quiche en la mano y notas como los brazos de tu novio te rodean por detrás –no posee más traje que ese, y reconoces su tacto almidonado–, y puede que este instante sea un poquito empalagoso, como las tartas nupciales, pero es tuyo. Evocas tus sueños más primarios y bochornosos –el anhelo de una clase de vida que aprendiste a amar en las revistas– y los alimentas con diminutas quiches, confiando en que basten para tenerlos saciados.

Te preguntas qué sienten las personas que se casan en el preciso instante en que aceptan los votos del matrimonio. ¿Solo felicidad, o acaso también temor? Esperas que sea lo segundo, más que nada porque no te imaginas sintiendo otra cosa, salvo cuando evocas el tacto familiar del traje de ese hombre pegado a tu espalda, su mano en tu brazo, su voz en tu oído.

Cuando hablo en segunda persona me refiero a mí misma, claro está. Soy yo la que se pregunta por el miedo. No quiero sentir miedo.

A los trece años, mientras iba en avión de Los Ángeles a San Francisco, me pregunté qué amaba mi padre de la mujer con la que estaba a punto de casarse, qué había amado de mi madre, si aún había algo en ella que seguía amando y cómo se verían estos círculos si los ponía unos sobre otros. ¿Se solaparían aquí y allá? Al llegar al aeropuerto, mi madre me abrazó y se esforzó por fingir que no vivía como una traición el que yo hubiera acudido a la boda, que no se estaba derrumbando bajo el peso de treinta años que ahora tocaban a su fin. Puede que estuviera esperando a que yo me marchara para venirse abajo. Para mí, era evidente. Al marcharme, me llevé su pena conmigo.

En la boda, lloré todo lo que mi madre no había querido llorar en mi presencia. Me deshice en lágrimas delante de todos los parientes de la nueva mujer de mi padre, convirtiéndome así en esa hijastra espantosa de los telefilms que monta una escena ante los invitados. Luego me senté en un rincón de un salón de banquetes en penumbra y mis hermanos me dieron palmaditas en la espalda para que no me sintiera tan fuera de lugar, tan desanclada. Por entonces, ninguno de ellos se había casado todavía. No quería que nadie me mirara, lo que me hizo llorar más aún, aunque, por supuesto, debí de dar la impresión contraria: que lo hacía por llamar la atención.

Cuando mis padres decidieron separarse, él se mudó a un piso oscuro en lo que parecía un edificio de oficinas que daba a una arboleda de eucaliptos. Recuerdo que compró una heladera para que pudiéramos hacer helados juntos. Recuerdo que el helado sabía a cristales de hielo. Recuerdo haber encontrado en su cómoda la foto de una mujer bellísima con el rostro borroso. Recuerdo haber pensado que todo el piso desprendía una terrible sensación de soledad. Recuerdo haber sentido lástima por él.

Meses después, cuando me dijo que iba a casarse de nuevo con una mujer a la que yo no conocía, pensé en el rostro de la foto y me di cuenta de que su soledad me había engañado. No era suya, sino mía, mi propia soledad reflejada en el armazón de su nueva vida, un espacio donde yo no creía encajar.

Cuando lloré en su boda, lo hice por la traición de ese piso oscuro, por haberlo imaginado víctima de la soledad cuando de hecho era feliz, por haber caído en la trampa de la compasión.

LA LARGA TRAVESÍA

Con la muerte de mi abuelo, perdí a un hombre al que apenas conocía. Por entonces yo tenía casi treinta años y lo había visto a lo sumo tres veces en toda mi vida. Existía, sobre todo, como leyenda: un borracho, pero también un piloto de avión. Era coronel de las fuerzas aéreas, lo habían destinado a Brasil durante la Segunda Guerra Mundial y siempre reivindicó ese país como una segunda patria, al punto de que se compró una parcela de tierra en medio de la jungla y allí se instaló, sin servicios de ningún tipo, hasta que por fin renunció al alcohol y sentó cabeza en la ciudad de Natal. Antes de dejar la bebida y empezar a tomar litio, tuvo tiempo de criar a mi padre y sus dos hermanas. Después, volvió a casarse y tuvo dos hijas más. Con los años, he llegado a la conclusión de que fue un padre muy distinto para ellas.

De pequeña, mi padre solía contarme anécdotas de cuando acompañaba a su propio padre al aeródromo. Por entonces no era más que un niño y le fascinaba ver a Marshall inspeccionando el avión, dando vueltas alrededor de los neumáticos y comprobando que no hubiese grietas en la carlinga. Más que a mi abuelo, el relato de aquellas vivencias me acercaba a mi padre, me contagiaba su propio asombro.

En cierta ocasión, le pregunté si de pequeño estaba orgulloso de que su padre supiera pilotar un avión, y se apresuró a precisar que no se trataba de un simple avión, sino de un bombardero, nada menos. En otras palabras, sí, se había sentido orgulloso de su padre. Aún lo estaba.

Se le dulcificaba la voz cuando describía a Marshall sosteniendo la funda del casco como si de un maletín se tratara, como haría cualquier hombre de negocios camino de la oficina, con la diferencia de que la suya era un aeródromo y su negocio estaba en las alturas.

Mi padre nunca aprendió a pilotar un avión, pero acumuló muchas horas de vuelo. Durante mi infancia, el trabajo lo llevó a viajar por todo el mundo. Su naturalidad al mencionar un viaje de ida y vuelta a Pekín con su voz carrasposa, cargada de autoridad y secretismo, me producía un cosquilleo de emoción, y el hecho de que siempre tuviera algún compromiso en otra parte me hacía apreciar su presencia con una intensidad electrizante. Su pasaporte era un batiburrillo de sellos de entrada y visados. Siempre tenía que pedir hojas adicionales.

Me crié idolatrando a los hombres de mi familia —mi padre y mis dos hermanos mayores–, pero en cuanto cumplí nueve años todos empezaron a marcharse: mis hermanos se fueron a la universidad, mi padre se mudó a la otra punta del país por trabajo. No recuerdo haberme enfadado por eso; mi padre siempre había viajado mucho. Yo sabía que su trabajo era importante, pero no sabía por qué, tal como no sabía por qué se divorciaron mis padres a su regreso, y tampoco por eso me enfadé. Sin embargo, monté en cólera cuando mi hermano Eliot se fue a la universidad dos años después de que lo hiciera Julian, que era el mayor. Estas partidas, que podrían considerarse normales, me dolieron como una traición, porque me hicieron comprender que no era tan importante en sus vidas como ellos en la mía.

Por entonces reinaba un gran silencio en casa. Solo estábamos mi madre y yo. A los pocos meses de que Eliot empezara a estudiar en la universidad, hice un dibujo en el ordenador familiar, usando un programa de diseño gráfico de principios de los noventa con el que todo parecía salido de una pizarra mágica. Era un autorretrato en el que me había dibujado sentada en su cama con lagrimones como puños debajo de los ojos. Lo titulé «Pena y envidia».

Solía llamar por teléfono a Eliot, a la residencia de estudiantes, y me negaba a colgar hasta oírle decir que me quería. «Te quiero», le decía yo. «Te quiero te quiero te quiero», y lo repetía hasta que él daba su brazo a torcer, algo que no siempre pasaba. A veces solo había silencio al otro lado de la línea. Cuando eso sucedía, me sentía profundamente traicionada. En realidad, huelga decirlo, me sentía traicionada por mi padre. En realidad, huelga decirlo, cuando me deshacía en súplicas ante esa línea muda, le estaba hablando a mi padre.

Antes de que mis hermanos se marcharan, antes incluso de que mi padre se marchara, fue mi abuelo quien se marchó. Él fue el primer hombre ausente de la familia. El distanciamiento que había entre mi padre y él –el hecho de que apenas se vieran– era algo de lo que no se hablaba en casa. Sin embargo, décadas después, cuando el abuelo se estaba muriendo de cáncer, mi padre me pidió que lo acompañara al pequeño pueblo pesquero de la bahía de Chesapeake donde vivía con su segunda mujer. Y así fue como Eliot, mi padre y yo acabamos en un chiringuito de marisco a unos diez minutos en coche de la casa donde su propio padre agonizaba. Se atrincheró allí, delante de unos buñuelos de cangrejo de mar, porque no quería vulnerar la intimidad de su madrastra y sus hermanastras. Me apenó pensar que se veía como un intruso en la muerte de su propio padre.

Marshall murió con el más pequeño de sus nietos, de tan solo un mes de vida, acomodado en el hueco del brazo. Cuando vi el cadáver una hora después, aún tendido en la cama, me pareció pálido y frágil, terso como una estatua de cera, el rostro amarillento tocado con una gorra azul celeste, los ojos entornados.

Durante los días que siguieron a su muerte, la vida en casa del abuelo se me antojó física y cercana: mantas de tacto suave en las sillas, una olla de sopa al fuego, llanto de bebés. La madrastra de mi padre, Linda, y sus hijas, Danica y Kelda, nos acogieron de buen grado pese a estar de duelo y nos abrieron las puertas de un hogar que olía a champú, aceite de freír y crema de pañal. Compartieron con nosotros el poema que le habían leído a Marshall en su lecho de muerte: «Debo descender a los mares otra vez, a la vagabunda vida gitana, / a la senda de la gaviota y la ballena, donde el viento sopla como un cuchillo afilado». Mis dos tías tenían bebés recién nacidos que vivían del todo ajenos a la mortalidad: cuando no tenían hambre, tenían gases, y cada pequeño descubrimiento los sumía en un estado de confusión y asombro. Danica me contó que, durante días, la vida entre aquellas cuatro paredes había girado en torno a necesidades puramente físicas: amamantar a su hijo, darle la vuelta a su padre en la cama para que no le salieran llagas, ayudarlo a ir al baño cuando aún podía caminar, cambiarle la cuña cuando dejó de poder hacerlo.

Eliot se mostraba reservado –podría decirse que ese era su estado habitual–, pero parecía cómodo con los bebés en brazos. Su forma de cogerlos era como una síntesis de toda su vida, de todo lo que había construido, de la clase de padre que había decidido ser. En Vancouver tenía mujer, dos hijos pequeños, una casa de dos plantas y un trabajo en la construcción de infraestructuras: puentes, ferrocarriles y carreteras. Nada en el aire. Los fines de semana se iba con los niños a los parques infantiles de las afueras. No le tenía miedo al compromiso, o eso era lo que yo creía entonces. Ahora pienso que a lo mejor sí tenía miedo, como todos nosotros, pero no por ello dejaría de estar al pie del cañón. Cuando se iba a trabajar llevaba un maletín, pero en su interior no guardaba ningún casco. Tenía los pies en la tierra.

Mientras, en la otra punta del continente, en Connecticut, yo me dedicaba a fumar sentada en los escalones de entrada de mi piso y me regodeaba en la autocompasión reviviendo las discusiones que había tenido con mi novio antes de que rompiéramos. A punto de cumplir treinta años, acababa de dejar el alcohol, volvía a estar soltera y seguía acudiendo con regularidad a bodas ajenas. Tras cancelar el contrato de alquiler del piso que había compartido con mi ex, me mudé a un estudio donde tenía una nevera repleta de botellines de agua con gas y una secadora cuyo conducto de ventilación llenaba el aire húmedo de diminutas partículas textiles. Allí dentro siempre olía a menta por culpa del extracto con el que lo había rociado todo para ahuyentar a los ratones, que seguían volviendo de todos modos. La soledad que se respiraba entre esas cuatro paredes se me antojaba un castigo más que merecido por haber desertado de mi relación de pareja en lugar de intentar rescatarla, por ser voluble, inestable e insegura; por ser absorbente pero incapaz de entregarme en la misma medida en que exigía ser amada. Mi madre quería que tuviera hijos, y una parte de mí también lo deseaba, una parte enterrada a gran profundidad, bajo el pavor que me producía la idea de ser responsable de otra persona en todo momento.

Presentarme en esa vieja casa de madera en Virginia, donde dos personas llevaban décadas casadas, viviendo en ese pequeño pueblo pesquero situado en el extremo de una península, supuso un cambio refrescante. Lo que allí se pescaba era sobre todo sábalo atlántico, que no servía para co-

213

mer, sino que se molía para fabricar piensos con los que se alimentaban las aves de corral. La planta de procesado del pueblo se llamaba Omega Protein. Eliot había sacado toda esta información de la Wikipedia y se dedicaba a bromear con el nombre «Omega Protein», que nos sonaba siniestro. Pero aun así me conmovió que se tomara la molestia de buscar el pueblo en internet, que quisiera saber algo más de ese lugar que el mero hecho de que alguien cercano a nosotros había muerto allí. Yo lo entendía, cómo no. También yo quería saber algo sobre mi abuelo que no tuviera nada que ver con su muerte ni con la leyenda que lo había perseguido en vida. Quería entenderlo mejor, y no solo a él, sino también la impronta que había dejado en los hombres de mi familia. Su fantasma me parecía una buena forma de acercarme a esas facetas de mi padre y mis hermanos que siempre me habían resultado misteriosas y oscuras, que siempre los habían distanciado de mí por más que los tuviera delante.

La palabra portuguesa «saudade» es célebre por ser intraducible, pero a mí siempre me ha fascinado el hecho de que se refiera a algo más misterioso que la pura nostalgia. Sugiere el anhelo no de algo que se ha perdido, sino de algo que nunca se ha tenido. Es un sentimiento afín a la añoranza, pero podría referirse a la añoranza de un lugar en el que nunca se ha estado. Es la casa en Brasil, adonde Marshall se iba cuando no estaba con su familia. Por lo general, la palabra se inserta en una perífrasis que sugiere pertenencia o compañía: «se tienen saudades» o «se está con saudades», como si el sentimiento mismo pudiera brindar compañía, como si pudiera contrarrestar de algún modo la ausencia que expresa. Saudade es el nombre de la pena que siento cuando evoco esa imagen de mi padre junto a su propio padre en el aeródromo: un niño que contempla con arrobo al piloto que está arrodillado junto a él, ansioso por ayudarlo a revisar la cabina de mando en busca de grietas. Siento nostalgia de ese aeródromo, aunque nunca haya estado allí. Es un recuerdo que late en mi interior, aunque no sea mío. Se aviva con mi anhelo de conocer al hombre y el niño que lo habitan.

Cuando tenía seis años me costaba dormirme, de modo que Eliot empezó a pasar la noche en la cama inferior de mi litera. Lo llamábamos mi «seguro de sueño». El mero hecho de saber que su cuerpo y el mío estaban juntos en esa habitación a oscuras me ayudaba a dormir.

Desde que me alcanza la memoria, he vivido obsesionada con la vida de Eliot, quizá porque apenas me contaba nada de ella. Durante años tuve sobre mi cómoda la foto enmarcada de su baile de graduación, en la que posa junto a una chica que luce un vestido de encaje dorado y manoletinas del mismo color –era 1992–. Me producía una fascinación sin límites intentar adivinar qué cualidades apreciaba en una mujer. Bruce Springsteen era su cantante preferido, así que yo me ponía «Human Touch» en bucle buscando pistas sobre su vida interior –tardaría años en darme cuenta de que tal vez no fuera su canción preferida–. Eliot jugaba en el equipo de tenis universitario y me encantaba verlo entrenar con su pareja de dobles, Amir, mientras comentaba las jugadas a voz en grito desde fuera de la pista: «¡Eliot conecta un golpe ganador sobre la línea!», exclamaba, o bien, «¡Amir comete otro error no forzado y estrella la pelota contra la red!». Recuerdo a Amir preguntando: «¿Va a seguir así todo el día?». Cuando asistía a los partidos de verdad, acababa con las palmas de las manos llenas de medialunas rojas porque pasaba tantos nervios en los puntos de partido que me clavaba las uñas en la piel.

Mi madre comentó en cierta ocasión que, siendo yo un bebé, no era raro que Eliot rompiera a llorar solo porque me veía llorando. Él tenía entonces nueve años, y no se tranqui-

215

lizaba hasta que yo lo hacía. De adulto, aprendería a guardar celosamente sus sentimientos, como si hubiese decidido que ya había derramado bastantes lágrimas para toda una vida. Pero yo necesitaba recordar que hubo un tiempo en que lloraba por mí, pues era la prueba de que tenía el poder de conmoverlo.

Cuando mis padres se enamoraron, él estaba prometido con otra mujer. Mi madre y él trabajaban juntos en Brasil –en un proyecto de investigación sobre la educación en el medio rural que mi padre había puesto en marcha– y mi visión infantil de su historia de amor tenía el aura dorada de los mitos: los imaginaba besándose en las agrestes playas brasileñas o nadando en las impetuosas y espumeantes aguas del Atlántico. Me gustaba hasta la parte sobre la airada reacción de la prometida de mi padre, que le tiró a la cara una tarta de cumpleaños que había preparado con sus propias manos. De pequeña, me centraba en las playas brasileñas porque era más fácil imaginar esos paisajes de postal que a la prometida de mi padre preguntándose qué podría haber hecho para retenerlo a su lado. Quería ver en el relato de mis propios orígenes una pasión épica, no una vulgar traición. En realidad, por descontado, fue ambas cosas. Yo me identificaba con mi madre en la historia, precisamente porque era mi madre, pero durante años sería yo la que se preguntaría, respecto a mi padre, mis hermanos y mis novios: «¿Qué puedo hacer para que me quiera más?».

Durante mucho tiempo estuve enfadada con mi padre por su inconstancia, por sus numerosas infidelidades. Sin embargo, para cuando murió Marshall, había empezado a reconocer para mis adentros lo mucho que nos parecíamos. A ambos nos fascinaba nuestro trabajo, a ambos nos fascinaba el alcohol. Tampoco me distinguía tanto de él en lo que

216

esperaba del mundo: lo que creía que me debían los demás, lo que no creía deberle a nadie. Me había prometido no repetir los errores que habían dinamitado mi familia, pero no tardé en descubrir que era perfectamente capaz de engañar a mis novios; allí estaba, la primera vez, con un regusto en la boca a tabaco, refresco de naranja y alcohol, abriendo los ojos junto a un irlandés que venía de cruzar toda América Latina a lomos de una moto. Resultaba casi liberador no poder seguir juzgando a mi padre por todas las veces que él había hecho algo parecido. Ver como te transformas en tus progenitores no obsta para que sigas enfadada con ellos –de hecho, puede incluso exacerbar esa ira: «¡Tú me hiciste así!»–, pero me molestaba como un pelo atrapado al fondo de la lengua porque ponía de manifiesto mi propia incoherencia.

Si yo me pasé la veintena pareciéndome cada vez más a mi padre, Eliot dedicó la suya a convertirse en su opuesto: un monógamo convencido, con una sólida carrera en la banca de inversiones y planes de construcción para una casa con su cerca de madera blanca. La identidad de Eliot se me antojaba una especie de herencia inversa, nacida de su deseo de ser todo aquello que su padre no había sido.

Un mes antes de la boda de Eliot –él tenía treintaipocos años, yo veintipocos– tuvimos una charla sobre las relaciones de pareja, una de las más reveladoras que habíamos tenido nunca, y compartí con él mi teoría de la habitación blanca: quería encontrar a un tío con el que pudiera pasar tres días en una habitación blanca, completamente vacía, sin aburrirme. Acababa de poner fin a una relación del modo que se había vuelto habitual para mí, el mismo que seguiría empleando en el futuro, y que consistía en poner tierra de por medio en cuanto empezaba a aburrirme, en cuanto sentía la necesidad de huir de la habitación blanca. La invitación que recibí para la boda de Eliot llevaba impreso el nombre de mi exnovio, porque aún estábamos saliendo cuando la envió, pero acudiría a la boda sin acompañante –y orgullosa de que así fuera– porque ir sola significaba que no me conformaba, y por entonces conformarse me parecía una de las peores cosas que le podían pasar a un ser humano.

El día que charlé con Eliot, poco antes de su boda, le pregunté qué buscaba en una pareja. ¿Por qué se casaba con esa mujer en concreto? Me dijo que ambos tenían una idea similar de la vida que querían construir juntos, que compartían valores y coincidían en su forma de abordar cuestiones prácticas como la gestión del dinero. A mis veintiún años, aquello de «una idea similar de la vida que querían construir juntos» me parecía lo opuesto al amor romántico. Echando la vista atrás, a mis treinta y cinco, creo que eso lo es todo.

La boda se celebró en Yosemite, con media hora de retraso por mi culpa, porque el corsé de mi vestido de dama de honor se rasgó mientras intentaba subirle la cremallera. Mi futura cuñada reaccionó muy bien. Me dijo que lo arreglaríamos, y así fue: otra de las damas de honor era modista y me cosió el vestido allí mismo, sin que me lo tuviera que quitar. Aunque le dije a todo el mundo que me daba mucha vergüenza haber demorado la ceremonia, en realidad me sentía un poquito orgullosa de mi hazaña. Me creía una fuerza inductora del caos, de lo imprevisto, de lo que quiera que representase lo opuesto a conformarse. Era una inconformista, acababa de quedarme soltera y no había costuras capaces de contenerme.

A decir verdad, fue una ceremonia preciosa. Recuerdo lo felices que se veían mi hermano y mi cuñada. También recuerdo haberme dado cuenta de lo poco que sabía sobre los sentimientos ajenos y sobre mis propios sentimientos. En el banquete, se sirvieron tartaletas de manzana en vez de la típica tarta de boda por expreso deseo de los novios. Otra idea que compartían. Esa noche lloré como una magdalena, encharcada en vodka y chardonnay, y luego me empeñé en mencionar todo el rato a mi ex para dejar claro que había ido sola a la boda por mi propia voluntad. Con la puntera de mis centelleantes zapatos de fiesta, aplastaba las colillas de los cigarrillos en los tablones de secuoya de una terraza con vistas a ondulantes praderas verdes sumidas en la penumbra del ocaso. Qué hermoso era todo. Qué borracha estaba.

Por entonces, la vida se me manifestaba con toda intensidad en noches como esa, noches difusas en las que, cuando me enfrentaba a la dificultad intrínseca de amar a otra persona –yo tenía el corazón roto, pero lo mismo podría decir mi ex–, experimentaba una profunda soledad existencial y trasegaba vodka Absolut hasta sentirme capaz de gritarlo a los cuatro vientos. Sin embargo, según pasaban los años, la vida se parecía cada vez menos a algo que se cristalizaba en esas escenas tan cinematográficas –me veo llorando en un lavabo o gesticulando con el ascua del cigarrillo sobre el telón de fondo de un cielo crepuscular– y cada vez más a algo que se iba acumulando sobre un amplio abanico de cosas corrientes: coger el tren por las mañanas para ir a trabajar, esperar en la puerta del cole, notar el calor que desprendía el cuerpo de mis sobrinos arrellanados contra mi propio cuerpo en el sofá, escuchar a Lorax pedir tarta de manzana en vez de pastel en sus cumpleaños.

Unos años después de su boda, le pedí a Eliot que me prestara dinero para hacer un viaje de dos meses a Bolivia, pero se negó. «Tengo bastante dinero para el viaje –me apresuré a explicarle–. Solo necesito que me prestes lo suficiente para pagar el alquiler a la vuelta.» Pero él siguió en sus trece. Me sentí juzgada, y así se lo dije. Mi hermano adujo que no debería pedir favores si no estaba dispuesta a aceptar un no por respuesta. Rompí a llorar –«Estoy triste contigo», solía espetar a mis hermanos mayores cuando era pequeña– porque una parte de mí sabía que tenía razón. Lo que me hizo llorar no fue tanto que necesitara el dinero cuanto el hecho de haberlo decepcionado. Había pasado una parte importante de mi vida buscando su aprobación como una planta de interior se inclina hacia la luz del sol, suplicándole a esa voz al otro lado del teléfono no solo amor, sino la certeza de merecerlo.

Cuando Marshall se estaba muriendo, casi dos décadas después de que mis padres se divorciaran, mi madre le escribió una tarjeta y me pidió que la leyera en su lecho de muerte. «Gracias, gracias, gracias, gracias», había escrito. Un agradecimiento por mi padre y otro por cada uno de los hijos que había tenido con él. En mi interior, sus palabras crearon una superficie sólida en torno al vacío que debería haber albergado la pena. «Siempre he admirado tu afán de perseguir grandes sueños», había escrito. El cuerpo de mi abuelo, tendido en la cama, me parecía increíblemente pequeño. Le toqué el brazo y le sostuve la mano, pero fui incapaz de tocarle la cara.

Bajo mis pies había un sótano abarrotado con los desechos de los proyectos que había dejado en marcha, nacidos de una alianza no siempre bien avenida de obsesión y genialidad: un amplio surtido de papel de lija para hacer sus propias limas de uñas, fichas de indexar en las que había garabateado listas de tareas pendientes: «Enviar la resolución palestino-israelí al senador Warner; terminar el plan de evacuación de Afganistán». Según mi tía, el abuelo era capaz de hacerte ver la naturaleza prodigiosa de todas las cosas, incluso de un diminuto insecto o una mala hierba. El poema que leyeron en su lecho de muerte —el de la senda de las gaviotas y las ballenas— no acababa con el cuchillo afilado, ni el viento, ni la vida vagabunda de los gitanos, sino con el descanso: «Y lo único que pido es que otro trotamundos risueño me cuente una historia alegre / y dormir tranquilo entre dulces sueños cuando la larga travesía llegue a su fin».

Al día siguiente de su muerte, preparé un *brunch* para todos a base de ostras fritas, cuyos relucientes y elásticos óvalos ablandé golpeándolos con la palma de la mano y luego rebocé con pan rallado para intentar convertirlos en algo comestible. Quería ser útil, dar de comer a los dolientes. Había comprado las ostras en una gasolinera cerca de Rappahannock cuyo dependiente me vendió un frasco lleno de resbaladizos moluscos sin concha y luego me anunció, sin motivo aparente, que quería un refresco de zarzaparrilla y una galleta rellena de malvavisco. El mundo parecía repleto de deseos que no siempre tenían explicación, pero que a veces –oh, sorpresa– se cumplían.

Mientras comíamos las ostras rebozadas y aceitosas, Kelda nos dijo que Marshall siempre había hablado sin cortapisas de sus años mozos –la niñez, su paso por las fuerzas aéreas–, pero había treinta años que apenas mencionaba: la época en la que había criado a su primera familia. Cuando mi padre oyó esto, su rostro no dejó entrever emoción alguna. Horas más tarde, cuando vi una botella de vino vacía en su habitación de hotel, pensé en su expresión a la mesa. ¿Qué ocultaba tras esa cara de póquer? Aquella botella vacía parecía evocar todas las botellas de vino vacías que yo había tirado en los cubos de reciclaje de los vecinos durante los meses que pasé con mi abuela moribunda muchas décadas después de que se divorciara de Marshall, cuando me instalé en su casa para cuidar de ella, mal que bien. Lo hice lo mejor que podía. Mi abuelo era la única persona de la familia, aparte de mí, que había renunciado al alcohol, pero no tenía ni la más remota idea de lo que había supuesto para él. ¿Se habría pasado a los botellines de agua con gas, como yo, que los bebía a morro? ¿Habría pasado varios días encerrado en un piso que olía a pasta de dientes, recordando sus fracasos amorosos? Seguramente no. Habría tenido sus propios viajes, peores que los míos.

Entre otras cosas, dejar de beber me estaba enseñando que nada me gustaba más que inflar el relato de mi propia y vulgar disfunción, y era posible que hubiese acorralado a los hombres de mi familia para que encajaran en una de esas historias con tintes de leyenda: el de la niñita que ansiaba el afecto de unos hombres esquivos –el piloto, el padre ausente, la voz muda al otro lado del teléfono–, que a menudo estaban en otra parte, tanto física como mentalmente. Pero la historia no era tan sencilla, porque en algún momento desarrollé cierta querencia por ese estado de constante anhelo. Ya no deseaba que estuvieran presentes; es más, a menudo comprobaba que no sabía qué hacer con ellos cuando los tenía cerca, como cuando me quedaba a dormir en el piso de mi padre después de meses sin verlo. Todo se me hacía incómodo, no tenía nada que llevarme para almorzar al día siguiente en la escuela, y en la nevera solo había botellas de chardonnay. Me moría de ganas de volver a casa. Era más fácil echarlo de menos que tenerlo cerca.

Pasaron años hasta que descubrí la segunda acepción de la palabra «*saudade*», que no se refiere a la nostalgia de algo en particular, sino al propio estado de nostalgia. En palabras del crítico F. D. Santos: «Lo que se desea ya no es el amado o el "retorno", sino que ahora el deseo se desea a sí mismo». Este tipo de anhelo no sabe cómo reaccionar cuando se ve al fin satisfecho. Las habitaciones blancas y desnudas lo ponen nervioso. No reconoce los gestos con los que, a veces, los hombres esquivos se esfuerzan por seguir al pie del cañón. Le cuesta encajar su presencia en ese marco.

Lo cierto es que los hombres esquivos de mi familia se mantuvieron al pie del cañón bastantes veces. Marshall fundó una segunda familia y supo querer a sus hijas. A veces se escabullía a Brasil y otras veces se escabullía al sótano para dedicarse a sus cosas, pero a lo largo de treinta y cinco años construyó toda una vida en esa vieja casa de madera junto a la bahía de Chesapeake. Mi padre se ausentaba a menudo, pero también fueron muchos los momentos en los que dio la cara, preparándome ramen y palomitas para cenar cuando mi madre estaba de viaje o esperando en la cafetería del hospital cuando me operaron del corazón, años después. Pese al anhelo de moldear mi identidad en torno a las ausencias de mi padre y mi abuelo paterno, ahora que este había muerto, tal vez había llegado el momento de reconocerlo como algo más que un mito o una divinidad; y tal vez había llegado el momento, también, de reconocer en mi padre algo más complejo y contradictorio: un hombre entregado, imperfecto, que lo hacía lo mejor que podía. Por entonces empezaba a comprender que, si yo sufrí su ausencia, él también sufrió la mía.

Dos días después de la muerte del abuelo, Eliot y yo nos despertamos temprano para salir a correr bajo la lluvia. «Me encanta correr bajo la lluvia», le dije, aunque no era cierto. En realidad, solo quería estar con alguien a quien le encantaba correr bajo la lluvia: alguien estoico, imperturbable. Eliot me preguntó si tenía un chubasquero, y al decirle yo que no, me prestó el suyo, lo que no evitó que acabara calada hasta los huesos. Los dos acabamos empapados, pero él más que yo. Nuestras zapatillas encharcadas hacían un ruido como de chapoteo al impactar en el sendero de tierra y la hierba reseca, y luego la carretera asfaltada de doble carril que discurría entre rústicas casas de labranza. Yo decidí seguir corriendo hasta que Eliot quisiera dar media vuelta, así que simplemente seguimos corriendo. Mi hermano participaba regularmente en maratones, mientras que yo había cambiado mi carrera diaria por la dependencia del tabaco. Cuando volvimos a la casa donde nos alojábamos, le pregunté qué distancia creía que habíamos recorrido. Él contestó que unos seis kilómetros, aunque yo hubiese dicho once. Siempre ha sido así: él se subestima, pero nunca se rinde; yo quiero que se reconozcan mis logros, pero me canso fácilmente.

Antes de volver a la casa –antes incluso de dar media vuelta–, enfilamos el desvío que llevaba a Omega Protein y seguimos la carretera asfaltada entre los árboles hasta que avistamos la planta industrial: una serie de torres achaparradas –inmensas cubas donde supuse que se hervía el pescado–, una flota de carretillas elevadoras, un puñado de barcos oxidados. «¿Y si fuéramos espías de una planta de procesado rival? –le pregunté–. ¿Cómo nos cargaríamos este lugar?» Especulamos sobre el mejor ángulo de entrada, cómo escalar la valla metálica, cómo estropear el pescado de los tanques echándole algo putrefacto. Siempre me ha gustado reírme con Eliot porque nuestra forma de reír juntos permanece inmune a las vidas tan distintas que hemos construido cada uno. Él es una de las primeras personas que me parecieron desternillantes.

Pasamos por delante de un diminuto aeródromo situado en la linde del recinto industrial, un erial anegado por la lluvia y sembrado de maleza. No era un aeródromo mítico, sino que recordaba más bien un campo de fútbol abandonado. Lejos de sugerir la posibilidad de volar, parecía concentrar todas las miradas en el suelo embarrado. A saber quién despegaría desde allí y por qué. Era un campo donde el pescado se enviaba al cielo convertido en una masa sin espinas; donde hombres que algún día serían abuelos hacían cosas que algún día contarían a sus nietos, como transportar maletines llenos de sábalos atlánticos o documentos que tal vez enviarían a miembros del Congreso o tal vez no, documentos que tal vez salvarían el mundo o tal vez no. El mundo seguiría necesitando salvación. Nosotros seguimos corriendo bajo la lluvia, a sabiendas de que el cielo seguiría tirando de los hombres hacia las nubes y enviándolos de vuelta al subsue-

224

lo; de que la vida era una larga travesía que acababa en un sueño; de que vivir era una gaviota, una ballena y un afilado cuchillo de viento.

Siempre me habían hablado de Marshall y el cielo. Era la metáfora perfecta, siendo él un piloto de espíritu inquieto. Sin embargo, ese día el cielo se me antojaba demasiado fácil como metáfora. Lo volvía todo ingrávido. Me parecía más sincero fijar la mirada en un espacio acotado bajo ese cielo: el claro rodeado por una valla metálica, invadido por la maleza y azotado por la lluvia de esa planta de procesado.

Cada vez que intento escribir una elegía para mi abuelo, acaba convirtiéndose en una carta de agradecimiento a mi hermano. Quiero decirle: gracias por tener hijos que llevan pijamas de borreguito. Gracias por ser un buen padre y por haberme negado aquel préstamo, o cuando menos, gracias por haberme dicho que debía aprender a encajar tu negativa. Gracias por seguir casado y no pretender que tu relación de pareja sea una habitación blanca en la que siempre estás entretenido. Gracias por demostrarme que lo de conformarse no era sino una patraña que me contaba a mí misma sobre las vidas ajenas. Gracias por llorar siempre que yo lloraba, cuando eras pequeño y yo más pequeña todavía, y por entender por qué no quería llorar en el lecho de muerte de nuestro abuelo. Gracias por prestarme tu chubasquero, tu foto del baile de graduación y tus tartas de manzana, y por quedarte a dormir en la cama de abajo cuando yo no era capaz de pasar la noche sola.

EL HUMO REAL

A los dos años de haber dejado la bebida, me descubrí pidiendo un cóctel sin alcohol en el corazón de Las Vegas. Fue en una coctelería con varios ambientes separados, presidida por una gigantesca lámpara de araña hecha con dos millones de cuentas de cristal. Allí, envuelto en cortinas iridiscentes, había un bar secreto llamado Level 1.5 donde podías pedir cócteles de los de verdad con nombres tan sugerentes como «fruta prohibida» o «playlist infinita». Me sirvieron algo que sabía a sorbete de frambuesa en una copa de cosmopolitan con el filo escarchado de azúcar.

Yo estaba en Las Vegas porque me habían invitado a hacer una lectura en un curso de escritura creativa. Era una de las primeras veces que iba de invitada a algún sitio con todos los gastos pagados y hasta la sintaxis —«ir de invitada»— me parecía glamurosa, maravillosamente pasiva. Era como la prueba de que me valoraban, aunque fuese en una ciudad donde todo te impulsaba a rebajarte, dejándote llevar por la codicia y la impulsividad, sin ninguna esperanza de obtener siquiera una milésima de aquello con lo que habías fantaseado. Por entonces yo vivía en New Haven, donde trataba de rehacerme tras el fin de una relación de cuatro años que, en buena medida, seguía definiéndome como persona. Mi vida con Dave se había abierto paso hasta lo más profundo de mi ser y había anidado allí. No sería fácil desalojarla. Podría decir que entonces no lo sabía, pero estaría mintiendo. Lo sabía de sobra. Cada vez que le contaba algo a alguien, él seguía siendo mi verdadero interlocutor.

Tras la lectura, mis anfitriones dijeron que querían llevarme al Strip, la famosa avenida de los casinos. Todos éramos jóvenes, inmunes al cansancio y nos ilusionaba la posibilidad de vivir desde una perspectiva irónica la infatigable marcha de la ciudad. Mis guías de esa noche eran estudiantes de posgrado que, según decían, jamás frecuentaban el Strip salvo para acompañar a alguien de fuera. La única excepción era una mujer que trabajaba de camarera en una coctelería para completar las ayudas que recibía.

En noches como esa, el hecho de no probar alcohol seguía siendo un sacrificio. Cuando estaba entre desconocidos, beber siempre había sido para mí la manera de dejar que la noche siguiera su propio curso sin preocuparme por saber adónde nos llevaría. Sin el alcohol, me sentía atrapada en un espacio perfectamente delimitado. En ese momento, estaba encerrada en una araña de luces de tres pisos. Cuando alguien sugirió que pidiera un cóctel sin alcohol, mi primera reacción fue de rechazo. No me interesaba lo más mínimo probar una imitación de la experiencia de emborracharse. Pero luego me dije: «¿Por qué no?». Al fin y al cabo, en Las Vegas hasta la experiencia más auténtica era una imitación de algo.

Resultó que el falso cóctel era una delicia. Allí estaba yo, tomándome un zumo en el reino de los dos millones de abalorios de cristal. La noche no había hecho más que empezar. Fuimos a cenar a un garito de pizzas que pocos conocían, oculto en las profundidades del casino, detrás de las máquinas tragaperras y lejos de cualquier ventana o reloj. Luego fuimos a un invernadero con árboles dorados de cuyas ramas colgaban relucientes monedas. También había farolillos rojos que parpadeaban en la penumbra y caracoles gigantes con caparazones hechos de rosas. Una valla publicitaria electrónica anunciaba: RESPETAMOS TU OPINIÓN SOBRE LOS ESPÁRRAGOS, PERO DISCREPAMOS, y luego: ¡ESPERAMOS QUE LLEGUES A CASA SANO Y SALVO! Nosotros no nos íbamos a casa, sino a las fuentes del Bellagio, donde vimos cómo el agua bailaba al son de una versión instrumental del tema musical de *Titanic*. Las vertiginosas columnas de agua iluminadas removieron esa parte de mí –en lo más profundo de mí– que buscaba la belleza en aquello que a los demás les parecía absurdo.

Uno de mis anfitriones, un atractivo hombre llamado Joe –vaqueros de hípster, pelo rubio ondulado, un perpetuo aire entre irónico y desconcertado–, me preguntó si había algo más que me apeteciera hacer. Sí que había algo, le dije. Quería comprar un pelele. Era para una de mis mejores amigas, que acababa de tener un bebé y era posiblemente una de las mujeres con más clase que había conocido jamás. Tenía un elegante piso en West Village, un elegante perro y un elegante marido cocinero que le preparaba elegantes platos con productos traídos directamente del huerto, así que yo me había propuesto comprarle el pelele más hortera que encontrase.

«Se me ocurre un sitio», dijo Joe, y me llevó a la mayor tienda de souvenirs del mundo. Cuando llegamos allí, estaba cerrada. Se suponía que nada cerraba en Las Vegas. «Se me ocurre otro sitio», aventuró Joe. Pero allí no tenían lo que buscábamos. «Me niego a darme por vencido», dijo.

Resultó que había algo mejor que encontrar el pelele, y era no encontrarlo, porque eso nos dio la oportunidad de seguir buscando. Me sentó bien recorrer las calles de la ciudad esa noche templada de invierno en el todoterreno de Joe, envueltos en el borroso resplandor de los neones que dispensaban su hechizo como un gotero intravenoso. Te entraba en el torrente sanguíneo y hacía que todo brillara con una luz especial. Esa noche se parecía más a la primera vez que probé la cocaína que ninguna otra desde entonces.

Cruzamos el puñado de capillas nupciales abiertas las veinticuatro horas que conectaban la avenida de los casinos con el centro de la ciudad. Dejamos atrás la capilla de las Flores, la capilla de las Campanas, la capilla nupcial Graceland y la legendaria A Wee Kirk o'the Heather, así como la «gran dama» de nombre humilde, A Little White Chapel, por cuyo altar habían pasado Frank Sinatra, Michael Jordan y Rita Hayworth. Todos esos fantasmas se cobijaban bajo la descomunal figura de Elvis enfundado en un traje de lamé dorado que aseguraba, en cursivas, «con amor». Fue allí donde Britney Spears se casó con su mejor amigo una noche, a las tres de la mañana, en una limusina de color verde lima. «Reían y lloraban a la vez –nos reveló el dueño de la capilla–. Me dije que esa pareja iba a durar para siempre.» Al día siguiente por la tarde, firmaron los documentos de anulación. Así era la realidad por estos pagos: pedías lo que se te antojaba y, cuando dejabas de quererlo, lo devolvías sin más. Podías pasar de París a Venecia, de Luxor a Nueva York, del circo al castillo medieval. Así eran los frutos de la inconstancia, el evangelio capitalista a la carta. Podías casarte en un abrir y cerrar de ojos y luego descasarte con la misma facilidad.

Joe me llevó a la piscina del Golden Nugget, donde un sinuoso tobogán acuático con forma de túnel acristalado cruzaba un inmenso acuario habitado por tiburones de aspecto ancestral que nadaban de aquí para allá tan ricamente. Joe y yo flirteamos junto a los tiburones, en los pasillos del hotel, en el aparcamiento. Si la sensación de flirtear fuera un paisaje interior, sería una cueva iluminada como una noche de Las Vegas: titilante como un cielo cuajado de promesas, chisporroteante como las polillas en las luces de neón.

230

Acabamos encontrando el pelele en Fremont Street, a la sombra de Vegas Vic, el vaquero de neón que mide doce metros de altura y sostiene un pitillo entre los labios. Antaño, ese gigantesco cigarrillo de neón soltaba bocanadas de humo real. Ahora Fremont Street se ha convertido en «la experiencia Fremont Street»: un pasaje peatonal con una extensa cubierta abovedada que es a la vez una inmensa pantalla LED. Me pareció una extensión natural de la lógica imperante en los casinos, donde todo te mantiene lo más alejado posible de las ventanas, los ritmos circadianos, la inmensa otredad del cielo. Allí dentro, el cielo parecía una quimera. Unos desconocidos chillaron al pasar en tirolina por encima de nosotros.

Por primera vez desde que había roto con Dave, sentía la tenue, incipiente sugerencia de lo que podría ser volver a enamorarme. Este sentimiento de anticipación era muy distinto al enamoramiento en sí. Me atrevería a decir que era mejor incluso. En el fondo, no había nada en juego. Era más bien como abrir una ventana sin tener que salir fuera y enfrentarme al cielo. Pasé el trayecto de vuelta preguntándome si Joe me besaría cuando me dejara frente al hotel en su todoterreno. Era como volver a tener dieciséis años. No me besó, pero yo supe –por su particular forma de no hacerlo, por ese instante de vacilación– que algún día lo haría.

En 1968, la Escuela de Arquitectura de Yale impartió un seminario titulado «Aprender de Las Vegas: taller de investigación». Los docentes universitarios que lo concibieron, Denise Scott Brown y Robert Venturi, creían que la arquitectura se había vuelto «socialmente coercitiva», imponiendo el gusto estético en vez de establecer un diálogo con él, y se mostraban convencidos de que el Strip de Las Vegas se resistía a ese afán de imposición como la «más pura e intensa» manifestación de los deseos del consumidor. El seminario consistía en una estancia de diez días en Las Vegas, dedicada a una «investigación amplia de miras y libre de prejuicios» capaz de sacar a la luz la verdad que tal vez anidara en esas formas urbanas que otros arquitectos miraban con desdén.

La suya era una empresa insólita: una pareja de profesores de Yale y sus estudiantes desembarcaron en el Strip recién llegados del palacio de hormigón brutalista que era la Universidad de Arquitectura de New Haven. Se quedaron en el Stardust, donde se alojaron gratis, y consiguieron invitaciones a la gala de inauguración del casino Circus Circus, a la que se presentaron ataviados con prendas fluorescentes de segunda mano que habían sacado de una tienda del Ejército de Salvación. Cuando solicitaron financiación local, un diario publicó el siguiente titular: «Profesor de Yale se compromete a elogiar el Strip a cambio de 8.925 dólares». La insinuación era evidente: estos embajadores de la alta cultura no se rebajarían a hablar bien de la cultura de masas si no sacaban algo a cambio. Pero Venturi y Scott Brown no hacían distinción alguna entre la alta cultura y la cultura popular. Querían poner en una misma frase «aparcamiento de los supermercados A&P» y «palacio de Versalles», convencidos de que compartían un mismo linaje. A medio semestre, los estudiantes empezaron a referirse a su seminario como «La gran locomotora cultural del proletariado».

Décadas después, yo compartía su impulso de señalar Las Vegas como el patito feo de las jerarquías del buen gusto. Qué fácil es tacharla de chabacana, pero ¿en qué consiste la chabacanería, en realidad? Su equivalente en inglés, *cheesy*, significa hoy –ironías de la vida– lo contrario de lo que significaba en los tiempos del Imperio británico, cuando era sinónimo de «magnífico» y «monumental» (ahí está la expresión *«the real chīz»*, «el no va más», donde *chīz* es «cosa» en urdu). Hoy la palabra *«cheesy»* se usa para calificar algo falso y carente de sutileza, algo que nace del esfuerzo por aparentar. En Las Vegas todo nace de un esfuerzo por aparentar, pero ¿acaso lo convierte eso en falso? A mí nunca me lo ha parecido. Si la falsedad consiste en fingir ser algo que no se es, Las Vegas siempre ha hecho gala de una honestidad brutal. Allí todo es falso, en todo momento.

Las Vegas da por sentado que no hay manera de escapar al artificio. Puedes fingir que no estás actuando o puedes reconocer que lo haces, pero el hecho es que estás actuando.

«Les confieso que prefiero la auténtica falsedad de Las Vegas a la falsa autenticidad de Santa Fe —escribió el crítico de arte Dave Hickey—. Prefiero el *strass* genuino a las perlas de imitación.» Esa noche, en el bar Chandelier, Las Vegas era un collar de *strass* genuino. La ciudad abrazaba su falsedad con tal pasión que acababa siendo radicalmente auténtica. Aunque se le viera el plumero, no se esforzaba por ser algo que no era. Por supuesto, renunciaba a toda pretensión intelectual y se regodeaba en lo absurdo. Por supuesto, era chabacana. Pero que les den a los guardianes del buen gusto, esa panda de esnobs. ¿Cómo desdeñar Las Vegas por reconocer abiertamente lo que ya era una realidad en todas partes? El mundo entero hacía promesas que no podía cumplir. El mundo entero intentaba darnos gato por liebre. La diferencia era que Las Vegas no disimulaba sus intenciones, sino que las anunciaba en una gran marquesina iluminada. Para mí, era como el equivalente urbanístico del mendigo que vimos en la calle, junto a un letrero que rezaba: ¿PARA QUÉ MENTIR? QUIERO CERVEZA.

A lo mejor la ciudad me atraía por la sencilla razón de que me gustaba descubrir la belleza allí donde otros veían fealdad. Cuando me sentía sobrecogida ante las fuentes del Bellagio, quería creer que estaba compensando de algún modo el rechazo de otra persona. Partiendo del principio de que, por cada lugar en el que estamos, hay mil lugares distintos en los que tal vez nos gustaría estar, Las Vegas los amontona todos en un solo espacio: Nueva York, París, el Tropicana, el Mirage. Sus deslumbrantes paisajes de neón son una expresión de deseo colectivo. Por un lado, nos obliga a reconocer que pasamos buena parte de la vida anhelando horizontes ilusorios, imposibles; por el otro, sugiere que ese anhelo no es un engaño, sino una de nuestras verdades más elementales. Ese anhelo forma parte de nuestra identidad.

Cuando volví al invierno de New Haven, Joe y yo empezamos a escribirnos. Convertimos nuestras vidas en relatos que íbamos intercambiando. Él me contó que se había colado en los salones del Circus Circus después del cierre y jugado sin pagar en las máquinas tragaperras de sus pasillos desiertos. Me contó que, una noche, había roto un montón de botellas vacías arrojándolas por el balcón. Yo imaginaba su rutilante ciudad desde el paisaje nevado de Connecticut. Cuando les hablé de él a mis amigos, lo apodaron Vegas Joe, en alusión al célebre vaquero de neón de Fremont Street. No lo decían en tono desdeñoso, o no del todo. Era más bien una forma de reconocer el rol que yo le había adjudicado en la historia que intentaba escribir sobre el siguiente capítulo de mi vida. Como personaje, simbolizaba la fe en el resurgir.

Acordamos vernos en Boston, en el multitudinario congreso literario al que cada año me aterraba acudir. Esta vez, en cambio, no veía la hora de ponerme en camino. Desenterré mi coche del metro de nieve en el que había quedado sepultado y derrapé por carreteras cubiertas de hielo. La promesa que encerraba ese encuentro era como una droga que me impedía ver todo lo demás: la aguanieve que caía con furia, el granizo, el asfalto resbaladizo bajo los neumáticos. Puse la radio a todo volumen: «*I'm living on such sweet nothing*». Joe no paraba de mandarme mensajes: «¡No te me mueras!», «¿Cuándo llegarás?».

Esa noche reservamos una habitación de hotel. Por culpa del congreso, la única que quedaba libre era la suite presidencial. Nos la dejaron a buen precio porque eran las diez de la noche y nadie la había reservado. Era enorme, con tres habitaciones y vistas panorámicas a los rascacielos acristalados del centro de Boston. Ni siquiera había una cama, porque la suite se destinaba exclusivamente a las fiestas y recepciones de las grandes empresas. El mobiliario se reducía a un mueble bar con todo lo necesario para preparar cócteles y un sofá modular de piel. Pedimos una cama plegable y una mariscada para dos: patas de cangrejo, ostras y cola de langosta. No dormimos demasiado.

Después de aquella noche, nos descubrimos sumidos en un estado que yo conocía bien: la vertiginosa euforia de la entrega mutua. Para empezar, intercambiamos transcripciones espontáneas del accidentado recorrido emocional de nuestras últimas relaciones serias. Él escribió sobre el viaje en coche a un pueblo fantasma a orillas del lago Salton: casas desvencijadas y llenas de letreros, una bandada de pelícanos blancos. Escribió: «Brindo por la sobriedad con filo», frase que yo había usado en un texto sobre un escritor que temía dejar el alcohol porque creía que eso le haría perder su estilo afilado. Me pregunté si me estaría enamorando. Me pregunté si no estaría hecha para enamorarme y nada más. Me preocupaba la posibilidad de estar más preparada para enamorarme que para amar. Pero ¿acaso no le pasaba lo mismo a todo el mundo? No había manera de contestar a esa pregunta de forma racional. Lo único que podía hacer era seguir enamorándome una y otra vez con la esperanza de que, en una de esas, el amor no se desvaneciera, solo para demostrarme que era posible.

Unas semanas después de volver de Boston, acudí a la biblioteca de la Universidad de Arquitectura de Yale en busca de un libro titulado *Every Building on the Sunset Strip* [Todos los edificios del Sunset Strip], publicado en 1966 por el artista Ed Ruscha. Se trata de un libro tipo acordeón que, al desplegarse, alcanza una longitud de algo más de siete metros. Tal como sugiere el título, documenta cada edificio del bulevar Sunset Strip, entre Doheny y Crescent Heights: moteles, casas que imitan el estilo Tudor, una gran construcción de aspecto industrial en que se anuncia un espectáculo cabaretero, otra más pequeña bautizada como Bruja de los Mares, un café llamado «Perrito de peluche». El libro había servido de inspiración para el seminario sobre Las Vegas impartido en Yale. Cuando Venturi y Scott Brown llevaron a sus alumnos a visitar la ciudad en 1968, recorrieron todo el Strip con una cámara montada sobre el capó del coche, tal como había hecho Ruscha dos años antes.

A mí, la premisa de la que partía el libro de Ruscha me atraía por la misma razón que me atrajo la premisa de la que partía el seminario sobre Las Vegas: ambos buscaban la belleza en un despliegue de horteradas que otros consideraban epítome de fealdad, algo con lo que me identificaba profundamente. Siempre me habían dicho que no tenía pinta de ser de Los Ángeles, pero había vivido allí toda mi vida. Cuanto más me decían que no parecía de Los Ángeles, más sentía la necesidad de defender la ciudad. Los Ángeles era la clase de lugar que la gente se empeñaba en calificar de superficial o falso, pero a mí sus centros comerciales y grandes aparcamientos me parecían extrañamente hermosos: la luz del sol refulgiendo en calles arenosas, la silueta de las palmeras recortándose sobre cielos crepusculares velados por la contaminación.

El libro de Ruscha me dio ganas de recorrer la principal avenida de Las Vegas de norte a sur, seis kilómetros y medio en total, tomando notas de todo lo que veía. Me proponía encontrar los planos originales de la fantasía colectiva. El proyecto empezó a tomar un cariz de reivindicación ética. Quería rescatar el sentido de lo que otros habían tildado de plaga. Pero en el fondo, por qué engañarse, también buscaba una excusa para ir a ver a Vegas Joe.

Puse en marcha un plan. Una amiga mía iba a casarse en el parque nacional Zion, a solo tres horas en coche de Las Vegas, y mi intención era viajar hasta allí unos días antes de la ceremonia para estar con Joe y recorrer el Strip para luego acudir a la boda en su compañía.

Unas semanas antes de la visita, Vegas Joe me dijo que tenía la casa infestada de chinches. Estaba intentando acabar con ellas poniendo la calefacción a todo gas, aunque fuera estuvieran a cuarenta grados, y abriendo todas las ventanas. Yo sabía que no serviría de nada; se necesitaban temperaturas más elevadas, que solo se podían alcanzar con medios profesionales. Sin embargo, cuanto más se alargaba la odisea de las chinches, más me convencía de que, hasta cierto punto, Joe disfrutaba del desafío que le planteaban. Cuando se hizo evidente que no iba a poder con la plaga, reservé una habitación en el Flamingo por cuarenta y nueve dólares la noche. Unos días antes de subirme a un avión, él me envió una foto de su muslo con tres puntitos de sangre seca perfectamente alineados sobre la piel pálida. Era la triple marca de picaduras que se conocía en internet como «desayuno, almuerzo y cena». Me estremecí ante la imagen, o quizá no fuera tanto la imagen en sí cuanto el umbral que parecía representar. Ya no éramos dos desconocidos deslumbrados ante una fuente monumental, ni dos amantes recientes contemplando Boston desde una altura de quince plantas, sino que estábamos hablando de una plaga de chinches. Leía sus mensajes y todo me picaba, como si los pequeños insectos que infestaban su piso fueran lo bastante poderosos para llegar hasta mi casa adosada de obra vista en la otra punta del país. Ya no estaba segura de querer tenerlo tan cerca.

Desde el instante en que me subí al todoterreno de Joe en el aeropuerto de McCarran, nada más dejar atrás las cintas de transporte de equipaje, sentí que toda la empresa languidecía, asfixiada bajo el peso de nuestras expectativas: cuatro meses de mensajes y ensoñaciones, todo ello levantado sobre el frágil andamiaje de una noche junto a un acuario con tiburones y otra en lo alto de un rascacielos envuelto en la luz cristalina que reflejaban los edificios de oficinas colindantes. Todo ese fervor correspondía a la intimidad entre dos identidades cuidadosamente expurgadas del caos de nuestras respectivas identidades reales. Pero esto era algo completamente distinto: el calor sofocante del anochecer en el desierto, su olor corporal, la incomodidad de intentar mantener una conversación en el asiento delantero del todoterreno después de haber pasado meses charlando sin el estorbo del cuerpo físico. Intenté evocar aquella primera noche en su todoterreno, pero los detalles se perdían en un resplandor que eclipsaba todo lo demás y envolvía ese momento que yo había convertido en un hito personal: «La noche que supe que sobreviviría a mi separación». En cuanto me subí a su coche, empecé a preguntarme si no sería mejor que acudiera sola a la boda de mi amiga.

Enfilamos Paradise Road, la calle que discurre por detrás de los grandes hoteles y que recuerda un inmenso y desolado patio trasero, con sus tiendas de uniformes para crupiers y trajes para estrípers. Allí iban a parar todos los desechos que se caían por las aristas del sueño. Una valla publicitaria preguntaba: ¿SE HA LESIONADO EN UN HOTEL?, y sugería acudir a la página www.injuredinahotel.com. Un anuncio de esterilización mediante vasectomía se jactaba de hacerlo SIN

238

BISTURÍ NI AGUJA, entrando en www.ez-snip.com. En el aeropuerto había oído a un hombre hablándole a un perfecto desconocido sobre su lucha contra el cáncer: «Me quitaron la vejiga y me hicieron otra nueva con dos palmos de mi propio intestino delgado –afirmó–. Ahora todo va como la seda».

Yo no hacía sino imaginar chinches en la parte trasera del todoterreno, colándose con sus cuerpos diminutos por las rendijas de las cremalleras y bolsillos de mi maleta. Comprendía, si bien de un modo difuso, que las chinches de Joe se habían convertido en un trasunto psicológico de su verdadera e imperfecta humanidad, de todas las partes de él que no podía moldear y observar a una distancia prudente, que revelaban algún defecto, vulnerabilidad o lucha interna, como el hecho de que intentara ajustarse la dosis de los medicamentos que tomaba para la depresión.

Joe pasó esa noche conmigo en el Flamingo. Nos acostamos juntos en una gran cama de matrimonio que sugería determinados hilos argumentales –una cita clandestina entre amantes, una noche de borrachera entre dos desconocidos, un aniversario de boda–, pero nosotros vivimos otro tipo de historia. Nuestros cuerpos no llegaron a tocarse.

Lo que vi cuando por fin salí a caminar por el Strip: el Palazzo, el Venetian, el Mirage. El Treasure Island, el Wynn, el Encore. El Circus Circus. El New York-New York. El Mandalay Bay. Sirenas que ululaban a lo lejos. Una Atlántida animatrónica que se hundía bajo las aguas y afloraba de nuevo a la hora en punto. Una reunión de Alcohólicos Anónimos en una sala de conferencias del Riviera que olía a palomitas rancias, donde un hombre afirmó que le resultaba difícil mantenerse sobrio siendo DJ de música electrónica. ¿Qué más? Las tulipas de Jeff Koons, que tenían su propio guardia de seguridad. Los letreros que anunciaban sesiones de yoga con delfines. Una caseta de feria bautizada como «Centro de redención» que convertí en mi imagen de fondo en Twitter.

Vi a un indigente sentado en la sombra triangular que proyectaba una iglesia católica; me preguntó en qué clase de Dios creía y dijo que quería enseñarme su cicatriz, pero temía que me diera pesadillas. Junto a unas casetas de feria, vi a un hombre que iba con muletas porque su silla de ruedas estaba ocupada por los muñecos de peluche que había ganado para sus hijos: un robot y un plátano. Vi una camiseta con la silueta de una estríper que ponía YO APOYO A LAS MADRES SOLTERAS y luego oí a una mujer que le decía a su hijo: «Tenemos que ir a otra sucursal de este puto banco de mierda». Un hombre que salía del Luxor, receloso de la luz del sol, le preguntó a su amigo: «¿Por qué salimos a la calle?». Más allá de las puertas del casino, estábamos a cuarenta y tres grados centígrados. Una fuente seca parecía defenderse proclamando: POR SEQUÍA. Hasta la ilusión tenía sus límites.

Las Vegas ya no me parecía una piedra de *strass* injustamente desdeñada por el esnobismo intelectual, sino una máquina concebida para hacer dinero. Su chabacanería era la máxima expresión del capitalismo. Sus márgenes de beneficio se contaban en cortinas de abalorios de cristal, en millones de promesas imposibles de cumplir: cada bombilla, cada solomillo, cada tiburón de cada acuario. Por más que admirara la franqueza del indigente cuyo letrero proclamaba la verdad –¿PARA QUÉ MENTIR? QUIERO CERVEZA–, no tenía el menor deseo de defender el sistema económico que lo había condenado a la indigencia. Y, no obstante, ¿quién era yo para erigirme en la voz de la conciencia de todos los desconocidos que llenaban las doscientas mil habitaciones de hotel a mi alrededor, para echarles en cara que no eran conscientes de su propia tragedia? ¿Cómo entender que la gente creyera estar pasándolo bien cuando perdía dinero sin parar?

En 2003, después de que Montecore, uno de los tigres de la pareja de ilusionistas Siegfried y Roy, atacara a este último sobre el escenario del Mirage, el hombre siguió afirmando que el animal no había tenido intención de hacerle daño, sino que en realidad intentaba protegerlo. En un primer momento, el público presente en el teatro creyó que el ataque formaba parte del espectáculo. Un niño británico de diez años escondió el rostro en el brazo de su madre. «Intenté convencerlo de que no pasaba nada, de que no era real, porque se suponía que aquello era un número de magia», explicó la mujer a un periodista. Durante los días siguientes, su hijo se lo reprocharía una y otra vez: «Me dijiste que no era real, mamá». En un lugar donde se suponía que todo era falso, la irrupción de la realidad equivalía a traicionar una promesa, romper un pacto, desbaratar todos los planes.

Durante mi estancia en el Flamingo, me levantaba temprano para corregir un manuscrito. Los platos sucios del servicio de habitaciones de los demás huéspedes se quedaban en el pasillo durante días, intactos, como la estela de dulce de leche que había dejado a su paso un *brownie sundae* del que solo quedaban unas tristes migajas sobre la superficie cuajada de un charco de helado derretido. ¿Habría satisfecho ese postre las expectativas de quien lo pidió? Daba por sentado que a todos nos dolía la decepción a la que parecía abocado el ciclo de euforia y depresión por el que yo me había dejado atrapar.

A las seis y media de la mañana, cuando me sumé a la cola del café en el vestíbulo del casino, me vi rodeada de gente que no había pegado ojo en toda la noche. Un penetrante olor a crema solar de coco y humo de tabaco lo impregnaba todo. Un hombre a todas luces exhausto que también hacía cola me miró con compasión. «Suerte», me dijo a media voz, tocándome el codo con delicadeza. Yo salí con la taza de café al calor bochornoso del jardín de los flamencos, donde el aire apestaba a pájaros y a mierda de pájaro. Sentí tal desolación al ver a una mujer fumando allí –con ese calor, a esa hora tan temprana, entre los flamencos– que me llevó unos instantes caer en la cuenta de que yo también estaba fumando.

Mientras trabajaba en las correcciones junto a la piscina del hotel, bajo un sol abrasador, un hombre de piel curtida avistó a una mujer igual de requemada en aquel mar de hamacas de plástico. «¡Eres una fiera! –berreó–. Tráeme un agua con gas.» Un chico de trece años lucía una camiseta hasta las rodillas que llevaba impresas las palabras EMPAREJA-DO y SOLTERO con sendas casillas a un lado, la segunda marcada con un visto. La gente medía el precio de las cosas como si apostara al blackjack: «Eso de ahí podría perderlo en seis manos». Cuando llegó la hora de cierre de la piscina, los huéspedes se enfadaron. Un hombre hasta arrojó una pelota de playa al socorrista. En una ciudad que anunciaba placer las veinticuatro horas del día –algo solo superable por el don de la inmortalidad– cada hora de cierre era como una pequeña muerte.

Al salir de trabajar, Joe me llevó a un restaurante especializado en fondues que quedaba en las entrañas del inmenso centro comercial del Caesars Palace. Allí dentro, todo era excesivo –había galletas con trocitos de chocolate para mojar en la fondue de chocolate– e insuficiente a la vez. Me sacaba de quicio que Joe se empeñara en cortarme y dejarme con la palabra en la boca. La medicación le había quitado el apetito, cosa que también me sacaba de quicio. Todo me sacaba de quicio. Él iba diciendo algo sobre el nihilismo –que si todo significado era subjetivo, un mero constructo mental, que si no había un meollo desde el que...–, pero yo no le hacía demasiado caso porque miraba embelesada las llamas que lamían la base de la fondue desde un incandescente lecho de cristales rosados, y me acerqué tanto que estuve en un tris de quemarme pelo. El camarero me sonrió como restándole importancia y me aseguró que pasaba a diario. Yo le dije a Joe que, pensándolo bien, tal vez no fuera buena idea que me acompañara a la boda. Era un paso demasiado grande, demasiado pronto. Lo que no le dije fue: «Tú eras una idea, pero de pronto aquí estás». Él me dijo que estaba trabajando en una novela sobre un universo paralelo donde todos los hoteles de Las Vegas se habían transformado en cárceles. Yo había convertido a Joe en un personaje –«Vegas Joe»–, pero resultó ser una persona de carne y hueso: divertido, apuesto y amable, pero también atormentado y real en todos los sentidos, lo que se traducía en necesidades e inseguridades, y cuando estaba con él sentía un nudo en la garganta que me hacía tragar en seco una y otra vez, porque echaba de menos no al hombre que tenía enfrente, sino al que no existía.

En el libro que surgió del seminario de Las Vegas, Venturi y Scott Brown sostienen que los rótulos luminosos de una avenida comercial son más importantes que los edificios que anuncian: «El letrero de la fachada es un alarde de fantasía chabacana; el edificio que hay detrás, una modesta necesidad». Esta capacidad de persuasión es también la lógica por la que se rigen las ensoñaciones a distancia. Puede haber cierto poso de verdad en estas proyecciones fantasiosas –como lo hay en esos rótulos luminosos–, e incluso belleza, pero la arquitectura de la persuasión es también lo opuesto a la cercanía y la presencia. O lo que es lo mismo: al salir de la autopista, yo no sabía cómo habitar el edificio que había escogido. Joe era el humo real que desprendía un cigarrillo falso, pero yo aún no estaba preparada para asimilar plenamente la humanidad de otra persona. Estando separados habíamos sido algo que no podíamos seguir siendo juntos.

La noche siguiente, en la fiesta de despedida de soltera de mi amiga –en una suite del Venetian, quince plantas por encima del Gran Canal de agua clorada– otras mujeres se turnaban para enumerar los hábitos de su media naranja que las sacaban de quicio mientras apuraban copas de champán barato. Yo ya no bebía champán, y tampoco tenía una media naranja que me sacara de quicio. Cuando oscureció, cambiamos el trampantojo del cielo veneciano del casino por el cielo nocturno de Las Vegas y salimos a la calle con nuestras relucientes tiaras, pasando de largo por lo que parecía una pila de harapos sanguinolentos amontonados junto al bordillo, sobre un tubo de desagüe.

En el espectáculo de revista masculino «Thunder from Down Under», bajo las rutilantes luces de discoteca del Excalibur, un bombero, un albañil, un médico, un soldado y un lechero se arrancaban los uniformes de un tirón para enseñar sus lustrosos y prominentes abdominales. Aquellos cuerpos untados con aceite de bebé en la penumbra de las luces estroboscópicas borraban toda distinción entre estar allí de forma irónica y simplemente estar allí. El maestro de ceremonias lucía un enorme tatuaje en el bíceps que aludía a su pasado alcohólico –SEÑOR, CONCÉDEME SERENIDAD– e invitó a una anciana a tocarle los huevos a través de unos relucientes pantalones de piel.

Mientras volvíamos andando al hotel por el Strip, un SUV repleto de mujeres se detuvo a nuestro lado. Una de ellas sacó la cabeza por la ventanilla y preguntó: «¿Cuál de vosotras es la novia?». La señalamos –era la que llevaba velo y una tiara más grande que el resto–, y las desconocidas empezaron a gritar al unísono: «¡No lo hagas!». Antes de arrancar a toda velocidad, añadieron: «¡Nosotras estamos todas divorciadas!».

244

En mi siguiente visita a Las Vegas, solo quince meses después, la que se casó fui yo. Para entonces me había mudado a Nueva York y me había enamorado de un hombre criado en Las Vegas. Todo el mundo se sorprendía al saber que había crecido allí, o quizá se sorprendían de que alguien pudiera crecer en semejante lugar, pero así era. Pasó buena parte de la infancia apilando monedas de veinticinco centavos en la trastienda de la casa de préstamos de sus padres, donde no era raro que los clientes enfadados los llamaran «judíos de mierda», donde habían trabajado sin descanso durante toda la vida para que sus cuatro hijos tuvieran más oportunidades que ellos.

Para Charles, Las Vegas no evocaba una gigantesca metáfora de los sueños imposibles ni de su inevitable corrupción, sino los dibujos animados de los sábados por la mañana y los granizados del 7-Eleven derritiéndose bajo el implacable sol del desierto o los partidos de baloncesto con los amigos del instituto en las mismas canchas donde los Runnin' Rebels se reunían para echar unas canastas en los tiempos de Tark the Shark, el legendario entrenador de la Universidad de Nevada, en Las Vegas (UNLV) que mordía una toalla mojada para aplacar los nervios. Las Vegas era el lugar donde Charles y su padre recorrían la interestatal I-15 mientras seguían por la radio los combates de boxeo que se celebraban en el Caesars Palace. Era también el lugar donde de niño, inspirándose en las particularidades de su mundo porque era el único que conocía, había hecho su propio ring de boxeo en el patio trasero con tiras de papel.

Charles y yo nos conocimos en el espacio de coworking del centro de Manhattan donde ambos íbamos a escribir. Se presentó pidiéndome que le tradujera mi tatuaje. Él tenía once tatuajes, el más reciente de los cuales era el nombre de pila de su hija de cinco años garabateado con tinta azul en el antebrazo. Le había prometido que, cuando aprendiera a escribir su nombre, él se lo grabaría en la piel de forma indeleble. Con el tiempo, comprobaría que Charles siempre cumplía su palabra.

Cuando nos conocimos, yo ya estaba familiarizada con su obra. Años atrás había leído su primera novela, una larga y desbordante saga sobre Las Vegas que me encantó por la ternura con la que evocaba a un grupo de descastados: jóvenes que dormían en la calle tras haber huido de casa, adolescentes larguiruchos que vivían por y para sus cómics, prestamistas de los que se burlaban sus clientes. Y su propia historia personal era bien conocida en el mundillo literario que ambos frecuentábamos: su hija Lily tenía tan solo seis meses cuando le diagnosticaron leucemia a su madre, la mujer de Charles. Murió justo antes de que la pequeña cumpliera tres años.

La primera vez que entablamos una conversación, se alargó durante horas. Recuerdo la sensación de que podíamos haber seguido hablando y hablando sin parar, si no fuera porque Charles tenía que recoger a Lily, que a las cinco terminaba las actividades extraescolares. En esa primera conversación, le hablé de un ritual en el que había participado pocos meses antes, en una residencia para escritores en Wyoming: una noche de luna llena, todos sacamos algún bolso o cartera vacíos a un prado cercano y pedimos al universo que nos concediera algo específico. Yo pedí que no me importara tanto el éxito material. Entonces me pareció un deseo de lo más inspirado. El tipo que venía detrás de mí pidió una motocicleta. Charles se echó a reír al oír esto, tal como yo esperaba —nerviosa— que hiciera. Cuando le pregunté qué creía que pediría Lily durante un ritual de luna llena, me dijo que probablemente un castillo de hielo hecho de plástico. Luego, tras una pausa, añadió: «Sinceramente, creo que pediría una mamá».

Así era Charles: siempre dispuesto a decir la verdad sin paños calientes, a bromear sobre el dolor porque lo había vivido de cerca, profundamente consciente de que la existencia se compone por igual de traumas y castillos de hielo. Me preguntó si podíamos volver a quedar pronto y hacer nuestro propio ritual en la cocina compartida del coworking. Le contesté que yo pondría los bolsos si él ponía la luna llena. Cuando volvimos a coincidir, en una mesita junto a la máquina del café, me enseñó un collage que Lily y él habían hecho juntos: tres montañas de perfil irregular, recortadas en cartulina marrón, sobre las cuales parecía flotar una luna redonda de color amarillo.

En nuestra primera cita, Charles me llevó a un restaurante italiano donde nos sirvieron un banquete de siete platos, pero tuvimos que saltarnos los dos últimos para que él pudiera volver a casa a la hora acordada con la canguro. Nuestra segunda cita tuvo lugar a plena luz del día, mientras Lilly estaba en el colegio. Nos besuqueamos en mi piso durante toda la mañana y luego fuimos a la tienda de comestibles de la esquina a comprar unos sándwiches de pavo que comimos en la franja ajardinada de Eastern Parkway, junto con dos botellines de limonada y una caja de galletas saladas con sabor a pollo y gofre, un capricho de Charles porque de niño eran sus preferidas. Nuestra tercera cita fue una excursión en coche a los Catskills mientras Lily pasaba unos días con la abuela. Reservé una habitación de última hora en un diminuto Bed and Breakfast que tenía grabados de animales repartidos por todas las estancias y unas fotos de Siegfried y Roy posando sonrientes, antes del ataque. Esos días en los Catskills salíamos a pasear por una carretera embarrada a causa del deshielo primaveral para acercarnos a una pequeña cafetería donde pedíamos huevos fritos con beicon, tan salados que me escocían en la pupa que me había salido en la boca. Las cosas más insignificantes nos llenaban de dicha, y los mejores tentempiés –regaliz y gominolas de fresa ácida– los encontrábamos en las gasolineras. Nos preguntábamos qué habría sido de los tigres albinos que decoraban las paredes del Bed and Breakfast. Podíamos pasarnos diez minutos sacándole punta a una misma broma y recuperarla al día siguiente para seguir tirando un poco más del hilo. Charles hablaba sin tapujos de las dificultades y era la persona más divertida que había conocido en mi vida.

En cierto sentido, el patrón de nuestra relación durante esos primeros meses –el apasionante proceso de enamoramiento– era similar al de otras relaciones que yo había tenido en el pasado, con la diferencia de que esta vez sentía menos recelos. Desde el principio, nuestro amor se vio arraigado en la vida cotidiana, entre muñecas de trapo desperdigadas, ventas de bizcochos caseros, rabietas y muñecos de goma que pisas al entrar en el baño a media noche. No era la posibilidad del abandono lo que nos tenía hechizados, sino los mismos bordes y fronteras que delimitaban nuestra relación. No se trataba tanto de intimar con una versión pulida del otro cuanto de habitar una cotidianidad que exigía una entrega total de nuestros seres dispersos, abrumados, volcados en intentarlo. Lo nuestro no iba de conseguir la suite en lo alto de un rascacielos solo porque se nos antojara, sino de buscar pequeños momentos de efervescencia en mitad del día a día: cosas como despertarme en un futón rojo en su diminuto piso de alquiler regulado o darnos los buenos días con un beso a la sombra de una enorme casa de muñecas de plástico.

En lo abstracto, nuestro amor parecía acotado por la obligación y el trauma, por las exigencias de criar a una hija y la larga sombra de la pérdida. Pero había otra realidad que latía bajo esos escollos: una experiencia de amor que no seguía ninguno de los hilos argumentales que yo ansiaba desde que tenía uso de razón. Este amor se manifestaba en ataques de risa a media noche en un futón cubierto con una manta demasiado pequeña. Se manifestaba en una habitación por horas en un hotel de carretera cerca del Hudson, con un espejo en el techo y la canguro en casa. Se manifestaba en el lenguaje compartido de días enmarcados por la salida del cole y los leotardos de ballet, por las tortitas con trocitos de chocolate de las mañanas del sábado y los sándwiches de atún en la cafetería preferida de Charles y Lily.

Como quien no quiere la cosa, había viajado a años luz de mi vida de soltera —cuando fumaba a solas en los escalones de mi edificio mientras me entregaba a ensoñaciones imposibles y me regodeaba en la autocompasión— para sumergirme de lleno en una vida cargada de responsabilidades e íntimas obligaciones. Era como si hubiese cogido un atajo en el camino amarillo del Juego de la vida —al que jugábamos con frecuencia en la alfombra de la sala de estar que Lily llamaba «alfombra nevada, alfombra almohada»— y hubiese saltado directamente a la parte en la que formaba una familia sin haberme detenido con mi coche de plástico en una casilla anterior para girar la rueda de plástico que determinaría cuántos bebés de plástico iba a tener. Lo que había hecho era colarme en el coche de plástico de otra persona, y ahora vivía con todas mis pertenencias embutidas en una maleta que ocupaba un rincón de su abarrotada sala de estar.

Cuando apenas llevábamos seis meses juntos, Charles y yo decidimos fugarnos a Las Vegas para casarnos. Fue una decisión temeraria, se mire como se mire. Yo no tenía ni idea de lo que suponía ser madre, y mucho menos de lo que suponía convertirme en madre de una niña que había perdido a su propia madre. Pero Charles confiaba en que sabría estar a la altura de las circunstancias y yo quería hacerlo, por él, por Lily y por mí misma. Confiaba en él porque, cuando lo miraba, veía a un hombre que llevaba años esforzándose por seguir al pie del cañón, aunque la procesión fuera por dentro y disimulara un dolor inimaginable. Con esa boda inopinada, con esa dicha clandestina, nos comprometíamos nada menos que a vivir nuestra extraordinaria vida ordinaria, hecha de días corrientes y molientes, marcada por las obligaciones.

Nos casamos en A Little White Chapel, bajo un refulgente corazón de neón, más allá del césped artificial. Lily se había quedado a pasar la noche con su prima. Nos presentamos en la caja –tras pasar por el Cadillac rosado, el Túnel del Amor y la ventanilla de las bodas sobre ruedas– y dijimos: «¡Cásenos!». La cajera nos informó de que primero debíamos ir al ayuntamiento a pedir la correspondiente licencia matrimonial. ¿Qué esperaba? Llegar y besar el santo, supongo, sobre todo en un lugar que anunciaba un servicio de bodas sobre ruedas que funcionaba veinticuatro horas por día. Le pregunté si eran muchos los que no volvían cuando les decía que tenían que pasar por el juzgado antes de casarse. Se lo pensó unos instantes y al cabo dijo: «El cincuenta por ciento, tal vez».

Cuando volvimos con la licencia en mano, justo antes de las once, rechazamos el paquete floral y el imitador de Elvis. Tampoco alquilamos el Cadillac rosado. La boda no se celebró en la capilla L'Amour, ni en la capilla de Cristal, ni en la glorieta del jardín. Tampoco pasamos con nuestro coche de alquiler por debajo de los querubines pintados en el techo del Túnel del Amor. Lo hicimos a la vieja usanza, en la capilla original, mientras sonaba «Fools Rush In» desde unos altavoces que no alcanzábamos a ver. La pared de fondo, tapizada con seda blanca, parecía un mullido edredón. Varias esculturas de querubines sostenían exuberantes ramos de flores artificiales blancas. Había ventanas con vitrales que representaban rosas, corazones y palomas. Nada de todo ello parecía fuera de lugar, sino extraña e insólitamente adecuado. Puestos a lanzarme de cabeza a lo desconocido, sin tener la menor idea de lo que iba a encontrarme, me parecía oportuno hacerlo en un lugar que me resultaba tan absolutamente ajeno. Era casi liberador, como un reconocimiento de que ni en mil años podría haber adivinado las vueltas que daría mi vida.

Hacia el final de la ceremonia, ambos teníamos los ojos arrasados en lágrimas. El fotógrafo ejerció de testigo. El padre Fulanito citó a Nietzsche: «No es la falta de amor, sino de amistad, la que hace desdichados a los matrimonios». Podría haber usado otra famosa frase suya: «No se nos debería permitir tomar una decisión que nos afectará durante el resto de la vida mientras estamos bajo los efectos del enamoramiento».

Y vaya si estábamos bajo sus efectos. Yo lucía un largo vestido azul y blanco que Charles me había regalado ese verano por mi cumpleaños y que parecía hecho de nubes. Mi laca de uñas roja estaba desconchada. Intenté captar nuestros rostros en un selfie sobre un fondo de dos tortugas pintadas cuyos cuellos arrugados se alargaban desde el interior del caparazón para que pudieran tocarse con la cabeza, tan pequeña en comparación con el resto del cuerpo.

De vuelta en el Golden Nugget, donde nos alojábamos, comimos unas magdalenas en el vestíbulo. Luego llamamos al servicio de habitaciones y pedimos un par de solomillos. Le dije a Charles que, tiempo atrás, los tiburones del acuario me habían parecido un símbolo de asombro, de todas las posibilidades que albergaba el futuro. Él me contó que el acuario se había construido sobre el mismo solar donde su abuelo había tenido su primera casa de empeños. Cuando intentamos ir a bañarnos en la piscina desbordante de tres plantas, un chico que no aparentaba más de dieciséis años nos informó de que cerraba a medianoche, es decir, que nos quedaban cinco minutos. «¡Pero es que acabamos de casarnos!», adujimos. El chico no se inmutó. Seguramente estaba harto de oír esa excusa.

Al año siguiente celebraríamos una ceremonia en el bosque en la que habría una búsqueda del tesoro para un grupo de niños asilvestrados y dichosos. Ese día sería como una postal: toda nuestra gente y sus hijos, adentrándose en el agua resplandeciente. Pero esa noche solo teníamos la absurdidad de nuestra pequeña capilla blanca y un sueño febril hecho realidad, con el padre Fulanito consagrando nuestro amor. Esa noche solo estábamos nosotros. Era solo nuestra.

Podríamos definir la vida como un perpetuo intercambio de líneas argumentales. Entregamos los guiones que hemos escrito para nosotros mismos y obtenemos a cambio nuestra vida real. Eso es lo que Las Vegas hizo conmigo o, mejor dicho, lo que hizo por mí. Engulló la historia que yo había escrito sobre enamorarme una noche junto a las fuentes del Bellagio y a cambio me ofreció otra historia para que la viviera: una historia en la que me casaba con un viudo y lo ayudaba a criar a su hija, una historia en la que volver a Las Vegas significaba visitar a mis suegros y llevar una vida normal y corriente. Significaba pasar más tiempo en el centro y menos en el Strip.

En ese otro Las Vegas, llevamos a Lily y su prima Diamond a los videojuegos del Circus Circus, donde el Centro de Redención ya no era un fondo de Twitter cargado de ironía sino un lugar real donde supliqué a la dependienta que me vendiera otro cojín de pedorretas para sustituir el que Lily había perdido debajo de los cuerpos entrelazados de cuatro acróbatas brasileños. En ese otro Las Vegas, comimos helados de máquina en el aparcamiento de Luv-it Frozen Custard mientras las niñas fingían sostener una ramita de muér-

252

dago por encima de nuestras cabezas hasta que Charles y yo nos besábamos. Otro día nos perdimos de camino a Lake Mead y nunca llegamos a ver el agua; las niñas se aburrían en el asiento trasero mientras el desierto se iba oscureciendo en torno a la carretera equivocada.

En ese otro Las Vegas, Lily y yo observamos a los desconocidos que pasaban en tirolina por encima del ajetreo de Fremont Street, poblada de mendigos y músicos callejeros, hombres de piel plateada que movían las extremidades como si fueran robots, casinos que contrarrestaban con potentes chorros de aire acondicionado el asfixiante calor veraniego. Le dije: «Algún día, nosotras también lo haremos», y noté el cuerpecillo de Lily apretujado contra el mío, temblando de miedo y deseo. Pasamos horas esperando a la grúa después de que un turista alemán llamado Wolfgang Hamburger chocara con nosotros cerca de la base del Stratosphere. Iba al volante de un coche de alquiler con los cristales tintados y pintadas románticas en forma de un gran corazón rosado con el nombre «W. HAMBURGER» garabateado en el centro. Resulta que había viajado a Las Vegas para celebrar su vigésimo cuarto aniversario de boda. Las Vegas no se inventó nada de todo esto, pero me invitó a llevarle unos donuts a mi suegra a la casa de empeños —con sus vitrinas repletas de joyas color turquesa, relojes hechos con dados y viejas medallas militares—, cuyas paredes se habían pintado con los colores de un jinete de carreras por el que solía apostar su padre, cuya raída alfombra se sometía al benévolo reinado de un enorme gato que se refrotaba entre los abrigos de piel colgados en la trastienda. En ese otro Las Vegas, cinco años después de ver pasar por primera vez a aquellos desconocidos en tirolina, Lily y yo nos decidimos por fin a probar suerte: dejamos el White Castle a la derecha y volamos en línea recta hacia el amanecer.

Buena parte del encanto de Las Vegas —para mí, en un primer momento— tenía que ver con el potencial que ence-

253

rraba, con el deseo y el anhelo, con imaginar lo que podría llegar a suceder. El encanto de Vegas Joe, en cambio, residía en la anticipación. Se traducía en el placer de derrapar con el coche por carreteras heladas para encontrarme con él en Boston, o pasar la noche en la cima del mundo y luego imaginar los colores afrutados de las luces de neón desde mi apartamento mientras fuera nevaba. Aquella primera noche fue mejor sin el beso, porque así pude seguir imaginando cómo sería ese instante.

Durante años, yo había perfeccionado el arte de anhelar, el arte de amar como quien no las tiene todas consigo, el arte de fantasear sin compromiso y entregarse a la mullida comodidad de la imaginación cinematográfica. Sin embargo, esos primeros años con Charles me enseñaron que el matrimonio era otra cosa. Se componía de los placeres de la convivencia, más arduos y complejos que los placeres de la evocación. El matrimonio no era la dicha de la posibilidad, sino la satisfacción más complicada que traía consigo el hecho de vivir la fantasía y entregarse sin reservas. No era el paisaje que se veía desde la cima del mundo, sino desde la base del Stratosphere mientras intentábamos comprender qué nos decía Wolfgang Hamburger sobre el seguro de su coche de alquiler. Consistía en entender que, cuando ese corazón pintado con spray proclamaba décadas de devoción, no eran años llenos de la ausencia asociada al anhelo, sino más bien de su constante renovación, sus acrobacias, su capacidad de mutación.

El matrimonio no consiste en contarle tus mejores anécdotas a un nuevo amante, sino en preguntarle a tu marido por su día y no abstraerte mientras contesta. El matrimonio no consiste en pasar por delante del acuario de los tiburones a la una de la madrugada con mariposas en el estómago ante la perspectiva de besar a alguien por primera vez –un sabor desconocido, un cuerpo desconocido–, sino en rebuscar entre las macetas al soldadito de plomo que tu hijastra de seis años perdió la noche anterior delante de ese acuario. El matrimonio no consiste en meses de fantasía, sino en años de limpiar la nevera. Durante mucho tiempo, yo había admirado el arte de seguir al pie del cañón –lo veía en mis amigos, mi madre, mi hermano, en las reuniones de Alcohólicos Anónimos–, pero una cosa es admirar cómo viven los demás y otra muy distinta intentar vivir de ese modo, sin esperar que el amor se sostenga como por arte de magia, como si se bastara y se sobrara, sino poniendo de tu parte cada día para sostenerlo, a sabiendas de que no puedes pedirle que permanezca inmutable, pues lo único que no cambia es que siempre está cambiando.

El matrimonio es lo que pasa cuando te tiras a la piscina pese a ese SUV lleno de mujeres que te urgen a no hacerlo, pese a saber que tal vez acabes engrosando sus filas. El matrimonio es lo que pasa cuando el espejismo se desvanece, dejando a su paso una extensión de asfalto puro y duro. Es todo aquello en lo que intentas tener fe, y te lleva adonde nunca podrías haber imaginado: más allá de ese primer arrebato del enamoramiento, al encuentro de todas las clases de amor que te tiene reservado el futuro. Puede que nunca llegues a Lake Mead, pero siempre te quedará el trayecto, ese particular fulgor de la puesta de sol que abrasa la carretera, que incendia los coches, una luz tan intensa que es imposible mirarla y que ya alberga en su interior la noche.

HIJA DE UN FANTASMA

Cuando tenía seis años, mi hijastra me dijo que su personaje preferido de *Cenicienta* era la malvada madrastra. No me sorprendió del todo. Cuando Lily quedaba para jugar con sus amiguitas después de clase, le gustaba hacer de huérfana y escribir largas listas de tareas pendientes: *frejar* los platos, *varrer*, dar de comer (a los peces). Ella y una amiga solían beber algo que llamaban «agua con pimienta», que era agua del grifo sin más, pero ellas fingían que sus crueles madrastras le habían echado algo para volverla imbebible. Supongo que le resultaba emocionante escenificar su propio sufrimiento a manos de otros, porque eso le permitía ejercer algún tipo de poder sobre la situación de impotencia que había imaginado. O puede que le gustara tener una excusa para derramar agua en el suelo. Cuando le pregunté por qué la madrastra era su personaje preferido, vino hacia mí y me susurró al oído, como si fuera un secreto: «A mí me parece buena».

A pesar de su crueldad, la madrastra es quizá el personaje de los cuentos tradicionales que más se define por su imaginación y determinación, pues se rebela contra el patriarcado con las escasas armas de que dispone: el espejo mágico, la vanidad, el orgullo. Domina como nadie el arte –poco edifi-

257

cante, pero arte, al fin y al cabo– de la astucia y la malicia. No se limita a ser el sujeto pasivo de la acción, sino que la protagoniza. Lo que pasa es que no actúa como se esperaría de una madre. Eso es lo que la empuja, y también lo que emponzoña su corazón.

En muchos sentidos, los cuentos de hadas –oscuros y despiadados, por lo general articulados en torno a una pérdida– eran los que más se parecían a la vida de Lily. Su madre murió justo antes de su tercer cumpleaños, tras haber luchado durante dos años y medio contra la leucemia. Dos años más tarde, Lily pasó a tener su propia madrastra, que tal vez no fuera malvada, pero vivía aterrada por la posibilidad de llegar a serlo.

Me preguntaba si la reconfortaba oír relatos ficticios sobre niños que habían perdido lo mismo que ella, a diferencia de la mayoría de sus compañeros del cole o de las clases de ballet, cuyas madres seguían vivas. O quizá el hecho de que Lily tuviera tanto en común con las heroínas de esos cuentos hacía que le parecieran peligrosamente cercanos. Puede que los despojara de la capa protectora de la fantasía, que volviera demasiado literal el agua de pimienta, que acercara demasiado los peligros que poblaban esas historias. Cuando le leía cuentos de hadas sobre niñas sin madre, me preocupaba estar hurgando en la llaga de su pérdida y, si salía alguna madrastra, me preocupaba que viera en ella una versión pérfida de mí.

Cuando me convertí en madrastra, me sentía bastante sola. No conocía a muchas madrastras, y menos aún que hubiesen heredado ese rol como lo había hecho yo: de una manera total y abrumadora, sin ninguna otra figura materna a la vista. Nuestra familia vivía las secuelas de la pérdida, no de la ruptura; de la muerte, no del divorcio. Antaño, esa era la forma más habitual de convertirse en madrastra, y en lengua inglesa la propia palabra, «*stepmother*», alberga la pena en su etimología, pues ese prefijo, «*step*», significa «pérdida» en inglés antiguo. La evolución diacrónica de la palabra nos deja un retrato desolador: «Rara es la madrastra buena», reza un escrito de 1290. En otro texto, este de 1598, se afirma: «Habiendo quien lo consienta, todas las madrastras detestan a sus hijas».

Los cuentos de hadas no dudan en condenar a la madrastra. La malvada reina de *Blancanieves* exige en secreto el asesinato de su hijastra cuando un espejo mágico proclama la superior belleza de la joven. La madrastra de Hansel y Gretel envía a sus hijastros al bosque porque no hay bastante comida para todos. Cenicienta vive recluida junto a la chimenea, separando los guisantes de las lentejas, porque ver su cuerpo tiznado de hollín aplaca el ánimo de una perversa madrastra que quiere apagar con cenizas esa luminosidad que representa una amenaza. Es como si el hecho de ser madrastra corrompiera inevitablemente el espíritu: no es tan solo una mujer malvada que interpreta un rol, sino un rol que convierte en malvada a cualquier mujer. En inglés, la inflamación de la cutícula que en español se conoce como «padrastro» recibe el irónico nombre de «*stepmother's blessing*» o «bendición de madrastra» y lleva implícita la idea de algo que duele porque está desgajado, algo que se presenta como una bendición —el amor que sustituye al de la madre— pero acaba provocando sufrimiento.

La sombra de la perversa madrastra es alargada y apela a nuestros instintos más primarios. Hace ahora cinco años, empecé a convivir con esa sombra en un pequeño piso de alquiler regulado cerca de Gramercy Park. Acudí a los cuentos tradicionales en busca de compañía, movida por la compasión hacia las madrastras que en ellos se vilipendiaban, pero también por el afán de resistirme a esos relatos, de inocularme contra la oscuridad que albergaban.

Durante la primera etapa de mi relación con Charles, el padre de Lily, experimenté el tipo de amor en el que pretenden hacernos creer los cuentos de hadas: poderoso y sorprendente, espoleado por un sentimiento de asombro ante su mera existencia. Puse mi vida patas arriba por nuestro amor, y no me arrepiento de ello. Nuestra dicha se manifestaba en mil detalles cotidianos: el primer beso bajo la lluvia, unos huevos estrellados en una cafetería a pie de carretera, llorar de risa a medianoche por alguna broma tonta que él había hecho durante una reposición de *Guerrero ninja americano*. Pero nuestro amor también abarcaba el arte y oficio de criar a Lily, así que esos detalles cotidianos eran a menudo instantes que lográbamos arañarle al tiempo: ese primer beso tuvo lugar mientras la canguro nos esperaba para marcharse; comimos aquellos huevos estrellados en una excursión improvisada a última hora que solo había sido posible porque Lily estaba pasando unos días en Memphis con su abuela; durante esos ataques de risa a horas intempestivas nos tapábamos la boca con la mano para no despertar a la niña, que dormía en la habitación contigua. Más que un compromiso, aquello se me antojaba una forma de salirme de la senda marcada, de adentrarme en un territorio que jamás habría podido imaginar.

La primera noche que pasé con Lily supuso para mí una especie de prueba, por más que Charles hubiese tratado de inclinar la balanza a mi favor: decidió que pediríamos la cena en un restaurante italiano que a ella le gustaba y luego veríamos su película preferida, una de dibujos animados sobre dos princesas hermanas, una de las cuales tiene el don de convertir en hielo todo lo que toca. Esa tarde salí en busca de un regalo a la tienda Disney de Times Square, un lugar en el que no solo no había estado nunca, sino que jamás me había imaginado poniendo un pie en él. Detestaba la idea de sobornar a Lily, de ofrecerle un trozo de plástico a cambio de afecto, pero estaba hecha un manojo de nervios. Así las cosas, el plástico era como una póliza de seguros.

La dependienta me miró con cara de lástima cuando le pregunté por la sección de *Frozen*. De pronto, me asaltaron todas las dudas: ¿acaso no era una película de Disney? La mujer se echó a reír y me explicó: «Lo que pasa es que no nos queda nada de esa línea. Hay una escasez mundial».

Lo decía en serio. No tenían nada; ni una triste tiara. Mejor dicho, tenían montones de tiaras, pero no de las que yo buscaba. Inspeccioné los estantes a mi alrededor: había cosas de Bella, de Aurora, de Jasmine. A Lily le gustarían otras películas, ¿no? Otras princesas. Por un momento, me planteé comprarle algo que tuviera que ver con cada una de las princesas Disney, solo para asegurarme el tanto. No se me escapaba que ese pánico de baja intensidad, ese nudo que me atenazaba la garganta, era el combustible que movía los engranajes del capitalismo. Llamé desde el móvil a un Toys "R" Us del Bronx que me puso en espera. Cuando ya salía escopeteada hacia allí, vi con el rabillo del ojo un objeto arrinconado en una balda. Tenía un aspecto claramente invernal y un envoltorio de cartón azul claro que evocaba el color del hielo: era un trineo.

No tengo palabras para expresar el alivio que experimenté, seguido de una abrumadora sensación de victoria. El trineo venía con una princesa y otra figura que tal vez fuera un príncipe (en realidad, según supe más tarde, era un vendedor de hielo del pueblo sami). El conjunto incluía un reno que atendía al nombre de Sven y una zanahoria de plástico para darle de comer. Me fui hacia la caja registradora con el juguete bajo el brazo en ademán protector, mirando de soslayo a los padres y madres que me rodeaban. A saber cuántos de ellos querrían tener en sus manos esa misma caja.

261

Llamé a Charles, exultante. Le conté toda la odisea: la risa de la dependienta, la escasez mundial, las llamadas telefónicas a la desesperada, mi golpe de suerte al vislumbrar aquella caja de cartón azul claro.

—¡Lo has conseguido! —exclamó, pero no bien lo dijo enmudeció. Casi podía oír sus pensamientos: estaba intentando decidir si debía decir algo más o callárselo—. La princesa... —empezó—, ¿de qué color tiene el pelo?

Tuve que mirar la caja.

—¿Marrón? —aventuré—. ¿Tirando a pelirrojo...?

—Lo has hecho genial —repuso Charles al cabo de un instante—. Eres la mejor.

Pero en ese instante comprendí que había comprado la princesa equivocada. Charles no me lo echaba en cara; simplemente sabía lo importante que podía llegar a ser una princesa. Había pasado los últimos dos años inmerso en ese mundo de los cuentos de hadas, ejerciendo de padre y madre a la vez. El axioma de la princesa equivocada era también el axioma de la desconexión entre causa y efecto: en materia de crianza, cabía la posibilidad de que, aun haciéndolo todo bien, te saliera el tiro por la culata, porque convivías con una personita voluble que no venía con nada parecido a un manual de instrucciones. En todo momento, la posibilidad del fracaso se cernía cual nubarrón sobre el horizonte, amenazando tormenta.

En su libro *Psicoanálisis de los cuentos de hadas*, Bruno Bettelheim defiende de un modo precioso las enseñanzas de los cuentos de hadas, afirmando que permiten a los niños enfrentarse a miedos ancestrales —como el del abandono— e imaginar actos de rebelión —como desafiar a la autoridad— en un entorno muy distinto al que habitan, lo que les brinda seguridad. La naturaleza fantasiosa de los bosques y castillos encantados es tan evidente, y las situaciones que en ellos se dan tan extremas, que los niños no se sienten amenazados por las cuitas de sus personajes. Me preguntaba si ocurría lo mismo en el caso de Lily, cuya pérdida aparecía retratada con más frecuencia en los cuentos de hadas que en el mundo real. La línea que separa las historias que nos brindan un trasfondo sobre el que escenificar nuestros temores y las historias que ahondan en esos mismos temores, que nos hacen sentir más miedo, puede ser muy fina.

En una carta fechada en 1897 y dirigida al redactor jefe de Outlook, una revista de actualidad que a la sazón gozaba de gran popularidad en Estados Unidos, una lectora lamentaba los efectos perniciosos que la lectura de *Cenicienta* ejercía en los niños de corta edad: «El efecto o impresión es que las madrastras forman parte de las cosas malas de la vida». Pero, en nuestro caso, lo que hacía *Cenicienta* no era tanto poner a las madrastras en una lista del mal cuanto plantear la pregunta –con una franqueza que de otro modo quizá resultara impensable– de si todas las madrastras eran malvadas. A menudo, Lily recurría a la figura de una perversa madrastra de cuento de hadas para distinguir nuestra relación de esa que acabábamos de leer. «Tú no eres como ella», aseguraba. Y, si estábamos ante una madrastra a la que admiraba de algún modo, como la de *Cenicienta*, nos comparaba en términos que me favorecían: «Tú eres más guapa que ella».

Puede que reivindicar a la madrastra como su personaje preferido fuera una manera de enfrentarse a sus temores y ejercer cierto control sobre ellos. Puede que fuera otra forma de jugar a los huerfanitos. ¿Le preocupaba que yo pudiera volverme cruel? ¿Me demostraba un amor incondicional para que eso no sucediera? A veces me preguntaba si la ayudaba de algún modo vernos reflejadas y deformadas en un espejo oscuro, y si aquellas versiones más siniestras de nuestra relación la hacían sentirse mejor respecto a esta, o si acaso le daban permiso para aceptar lo que tal vez le resultara doloroso de ella. Yo hallaba un extraño consuelo en las madrastras y padrastros de pesadilla que abundaban en la cultura popular: por lo menos no me veía tan cruel como ellos. Era una especie de *schadenfreude* moral.

En muchos sentidos, los relatos que mi familia había heredado no acababan de casar con los nuestros. En los cuentos de hadas, el rey –que era también el padre– solía ser un hombre que se dejaba embaucar, que no quería ver la realidad y que depositaba su confianza en una mujer que no la merecía. Por esa ingenuidad, o bien por lujuria, permitía que maltrataran a su hija. Charles era como esos padres de cuento de hadas en un solo sentido: confió en mí desde el principio. Creía en mi capacidad para ser madre cuando ni siquiera yo lo hacía. Hablaba sin tapujos sobre los aspectos conflictivos de la crianza, lo que me hacía sentir que era posible vivir simultáneamente el amor y el conflicto, o el amor como conflicto. Sabía lo que significaba despertarse cada día, escoger tres conjuntos de ropa posibles, llenar un bol con cereales, volver a hacerlo después de que se derramaran, pelearse con las gomas de pelo para hacer unas coletas, llegar a tiempo al cole, llegar a tiempo a la salida del cole, hervir el brócoli para la cena. Sabía lo importante que era distinguir entre los ponis con alas, los ponis con un cuerno en la cabeza y los que tenían ambas cosas, llamados «alicornios». Sabía lo importante que era hacer todo eso y despertarse al día siguiente para volver a hacerlo todo otra vez.

Mi relación con Lily tampoco se parecía al relato que habíamos heredado de los cuentos de hadas –una historia de crueldad y rebeldía–, ni se parecía siquiera al relato que había hecho suyo la cultura popular en la era del divorcio: el de la niña que desdeña a la madrastra, que la rechaza en favor de la madre auténtica, la madre de sangre y de útero. Nuestra historia no iba de rechazos, sino de una necesidad pura, instintiva y abrumadora. Yo jamás podría reemplazar a su mamá, pero me tenía aquí y ahora. Algo era algo. Íbamos escribiendo nuestro propio relato, hilvanado a través de nuestras incontables charlas en la línea seis del metro, de mis torpes intentos por pintarle la diminuta uña del dedo meñique sin salirme de la línea, de las veces que le pedí que respirara hondo en pleno berrinche porque yo también necesitaba serenarme. Nuestro relato empezó esa primera noche, cuando noté que su manita tibia buscaba la mía en cuanto el abominable monstruo de nieve aparecía en la pantalla y casi arrollaba al humilde reno.

Esa noche, mientras cantábamos a dúo antes de ir a dormir, Lily se hizo a un lado y dio unas palmaditas sobre el nórdico que cubría la cama, la misma donde su madre había pasado muchas tardes descansando cuando estaba enferma, justo debajo del boquete –ahora oculto detrás de un póster del abecedario– que Charles había hecho en la pared al arrojar un tren de juguete, furioso con la compañía de seguros. «Tú te acuestas aquí –me dijo Lily–. En el sitio de mamá.»

Si la malvada madrastra se nos antoja un arquetipo un tanto esquemático, su encarnación más pura y tenebrosa es la malvada reina de *Blancanieves*. En una versión de los hermanos Grimm que data de 1857, la reina se vuelve loca de celos y ordena a un cazador que le lleve el corazón de su hijastra. Cuando el plan fracasa –porque al cazador se le ablanda la misma víscera que debe arrancar–, la perversidad de la madrastra se disfraza de falsa generosidad. Va a ver a su hijastra haciéndose pasar por una vieja hechicera y le ofrece lo que parecen cosas útiles o nutritivas –un corsé, un peine, una manzana–, la clase de objetos que una madre regalaría a su hija, ya sea para su sustento o para transmitirle la sabiduría femenina de los cuidados corporales, pero con los que en realidad pretende matarla. Blancanieves recibe esos regalos en el seno de su nueva familia de adopción, donde los siete enanitos le han dado la oportunidad de ser precisamente el tipo de «buena madre» que su madrastra nunca ha sido: cocina, limpia la casa y cuida de ellos. Su virtud se manifiesta precisamente en el instinto maternal del que carece la reina.

La madrastra malvada es tan inseparable de la versión de *Blancanieves* que todos conocemos que me sorprendió descubrir que este personaje ni siquiera existía en una versión anterior. En esa versión, la madre de Blancanieves seguía viva, pero le deseaba la muerte a su hija. Se trata de un patrón revisionista que se observa en varios cuentos de los hermanos Grimm que, entre la primera versión de sus cuentos completos, publicada en 1812, y la versión final, que vio la luz en 1857, transformaron a unas cuantas madres en madrastras. Estas se convirtieron así en el receptáculo de ciertos aspectos emocionales de la maternidad –la ambivalencia, los celos, el resentimiento– demasiado desagradables para atribuírselos directamente a las madres, así como de cierta perspectiva infantil de la figura materna –como cruel, agresiva o reservada– demasiado conflictiva para situarla directamente en la dinámica biológica. La figura de la madrastra –enjuta, angulosa, áspera– era como el veneno de serpiente extraído de una herida cuya existencia ignorábamos, trasvasado con tal de salvaguardar el cuerpo sano del ideal materno.

«No solo constituye un medio de preservar a una madre interna totalmente buena cuando la madre real no lo es –señala Bettelheim–, sino que también permite la ira contra la "perversa madrastra" sin poner en peligro la bondad de la madre verdadera, a la que el niño ve como una persona distinta.» El psicólogo D. W. Winnicott lo expresa de manera más sencilla: «Si tenemos dos madres, una real que ha muerto y una madrastra, se ve claramente lo fácil que resulta aliviar la tensión del niño determinando que una de ellas es perfecta y la otra espantosa». Dicho de otro modo, lo que se esconde tras la madrastra de los cuentos de hadas es un arquetipo destructivo que refleja un hecho aplicable a todas las madres: la complejidad de lo que sienten por sus hijos, y viceversa.

Aunque para Lily la idea de maternidad no se dividiera en una ausencia perfecta y una presencia perversa, yo sí que establecía esa división, asignándoles precisamente ese reparto de tareas psicológico. Imaginaba que su madre biológica le habría dado todo aquello que yo no siempre lograba darle: paciencia, placer, compasión. Ella habría «acompañado» a Lily durante sus rabietas, como en cierta ocasión me había recomendado un psicólogo de manera un tanto opaca. Su verdadera madre no la habría sobornado con ingentes cantidades de plástico. No se habría frustrado tanto por tardar hora y media en meterla en la cama, o bien habría visto esa frustración contrarrestada por un amor incondicional que yo seguía buscando. Sabía que estos ejercicios de autoflagelación eran absurdos, que ni siquiera los padres «de verdad» eran perfectos, pero no podía evitar fustigarme. Una mujer que cría al hijo de otra, afirma Winnicott, «puede verse fácilmente impulsada por su propia imaginación a asumir el papel de bruja en vez del de hada madrina».

En un estudio titulado «La manzana envenenada», la psicóloga –y también madrastra– Elizabeth Church analizó sus entrevistas con ciento cuatro madrastras partiendo de una pregunta muy concreta: ¿cómo se enfrentan estas mujeres al arquetipo perverso que se han visto obligadas a encarnar? «Aunque su experiencia era opuesta a la de los cuentos de hadas –apuntó– por cuanto se sentían impotentes allí donde las madrastras de los cuentos ejercían un enorme poder, tendían a identificarse con la imagen de mujer perversa», algo que Church bautizó como su «manzana envenenada». Se sentían perversas por experimentar sentimientos de resentimiento o celos, y el temor a su propia perversidad las impulsaba a guardarse estos sentimientos, lo que solo contribuía a que se avergonzaran aún más de tenerlos.

Los cuentos populares suelen representar a la madrastra como símbolo del lado oscuro de la maternidad –una mujer que se rebela contra los roles culturales tradicionales–, pero la historia de la madrastra en Estados Unidos es más compleja aún si cabe. Tal como afirma la historiadora Leslie Lindenauer en *I Could Not Call Her Mother: The Stepmother in American Popular Culture, 1750-1960* [No podría llamarla madre: la madrastra en la cultura popular estadounidense, 1750-1960] la figura de la madrastra en este país hunde sus raíces en la leyenda de las brujas. Lindenauer sostiene que la imaginación popular del siglo XVIII tomó los terribles defectos que los puritanos atribuían a las hechiceras –maldad, egoísmo, frialdad, ausencia de instinto maternal– y los desplazó hacia las madrastras. «Ambas eran ejemplos de mujeres que, en contra de Dios y la naturaleza, pervertían las cualidades más esenciales de la madre virtuosa», observa Lindenauer. «Es más: tanto las brujas como las madrastras solían ser acusadas de causarles daño a los hijos de otras mujeres.»

La madrastra se convirtió así en una suerte de chivo expiatorio, una nueva depositaria de ciertos aspectos de la feminidad que suponían una amenaza desde hacía mucho tiempo, como la capacidad de iniciativa, la creatividad, la inquietud, la ambivalencia materna. Hacia finales del siglo XVIII, la madrastra se había convertido en un personaje intrínsecamente malvado, lo bastante familiar para aparecer incluso en los ejercicios de gramática de los libros de texto. En uno de ellos, un niño es castigado por su madrastra desde la ultratumba cuando la columna que se alza junto a su lápida le cae sobre la cabeza. La particular perversidad de la madrastra –que ejerce una tiranía disfrazada de afecto– se aplica a la retórica anticolonial en un tratado de 1774 que compara la dominación inglesa con «la severidad de una madrastra». En un artículo publicado en la revista *Ladies' Magazine* en 1773, en vísperas de la guerra de Independencia estadounidense, una joven se lamenta del trato que recibe por parte de su madrastra: «En vez de tierno afecto maternal [...] ¿qué veo ahora sino acritud, maldad y un impertinente autoritarismo?». La taimada madrastra ofrece sometimiento disfrazado de amor.

Sin embargo, la madrastra no siempre se ha representado como una mujer perversa en el imaginario popular estadounidense. Aunque es verdad que en el siglo XVIII se la consideraba una cazafortunas, una bruja moderna, no lo es menos que a mediados del siglo XIX se la elevó a la categoría de santa felizmente supeditada a su propio y dominante instinto maternal. En Estados Unidos, durante el período histórico conocido como «la era progresista», la madrastra era la prueba de que ser una buena madre tenía menos que ver con impulsos piadosos y más con la razón, la observación y la capacidad de superación racional. No hacía falta tener un vínculo biológico –ni tan siquiera instinto maternal–, sino que bastaba con aplicarse a fondo.

Cuando entrevisté a Lindenauer a propósito de su investigación, me dijo que le había sorprendido descubrir estas oscilaciones, y sobre todo constatar que la figura de la madrastra virtuosa aparecía en las mismas revistas femeninas que la habían vilipendiado escasas décadas antes. Con el tiempo, empezó a distinguir un patrón; al parecer, la madrastra quedaba redimida siempre que la familia nuclear se veía en entredicho: justo después de la guerra de Secesión, o cuando el divorcio surgió como fenómeno social a principios del siglo XX. La madrastra se convirtió así en una especie de «refugio», me explicó Lindenauer. «Más vale tener una madrastra que no tener ninguna figura materna.»

La era dorada del arquetipo estadounidense de la madrastra –la cúspide de su virtud– fue la segunda mitad del siglo XIX, durante la guerra de Secesión americana y justo después de esta, cuando las novelas sentimentales y las revistas femeninas se llenaron de madrastras angelicales deseosas de cuidar a los niños huérfanos de madre que les caían en el regazo. En 1862, Charlotte Yonge publicó una novela titulada *The Young Step-Mother: or, A Chronicle of Mistakes* [La joven madrastra o una crónica de errores] cuya protagonista, Albinia, aparece descrita como una mujer a la que le sobra generosidad, siempre dispuesta a socorrer a los aquejados de penas –léase: duelos– lo bastante profundas para justificar el despliegue de ese excedente de bondad. Los hermanos de Albinia se preocupan por ella, temen que un viudo cargado de hijos acabe desposándola y convirtiéndola en poco menos que una esclava del hogar, pero la novela nos asegura que «su espíritu enérgico y su amor por los niños la animaban a aceptar de buen grado las responsabilidades que semejante elección por fuerza debían acarrearle». Tras desposarla, el viudo se disculpa por lo que le está pidiendo: «Cuando te miro, y veo la casa a la que te he traído, siento que he actuado movido por el egoísmo», dice, pero ella no se cree merecedora de su compasión: «Siempre he querido tener las manos ocupadas –repone–. Solo quisiera poder hacer algo para aligerar la pena y las responsabilidades que pesan sobre tus hombros». Respecto a los niños, Albinia no se limita a decir lo que toca, sino que lo siente de veras: lamenta que deban contentarse con ella en ausencia de su verdadera madre y les da permiso para llamarla así, pero aclara que no están obligados a hacerlo. Pese al subtítulo de la novela –«Una crónica de errores»–, Albinia no parece cometer demasiados.

Cuando leí el epígrafe de la novela –«Regocijarse pese al fracaso»–, se me antojó una mentira y a la vez una aspiración imposible. De hecho, toda la voz de la angelical madrastra me parecía una elaborada pantomima. He aquí una mujer consciente de que siempre sería una segundona, en el mejor de los casos, pero a la que eso traía sin cuidado, que solo aspiraba a ser útil. Pensé que me alegraría descubrir la existencia de estas madrastras virtuosas, pero en realidad me parecían casi imposibles de aceptar, mucho más insoportables que las perversas madrastras de los cuentos de hadas. Mi manzana envenenada no era la malvada madrastra, sino el arquetipo opuesto, la santa cuya virtud innata me parecía el más severo de los espejos, pues siempre me mostraría a alguien más abnegado que yo. Estos relatos obviaban todo lo que resultaba intrínsecamente difícil en esta clase de vínculos, o bien insistían tercamente en que la virtud superaría todo escollo. En este sentido, los cuentos de hadas son más indulgentes que las novelas sentimentales, pues no niegan la existencia de la oscuridad. Descubrir esa oscuridad en una historia ajena es una experiencia mucho menos solitaria que vivir con el temor de que solo exista en tu propia historia.

Yo me castigaba cuando perdía la paciencia con Lily, cuando la sobornaba, cuando quería huir. Me castigaba por enfadarme con ella cuando se metía en nuestra cama noche tras noche, aunque en realidad lo nuestro no era una cama, sino un futón que desplegábamos en medio de la sala de estar. Con cada uno de los sentimientos que despertaba en mí, me preguntaba: ¿Sentiría esto una madre de verdad? Lo que me dolía no era la certeza de que una madre de verdad no sentiría lo mismo que yo, sino la incertidumbre en sí: ¿cómo iba a saberlo?

Al principio, di por sentado que me sentiría más como una madre «de verdad» entre desconocidos, personas que no tenían ningún motivo para sospechar que no lo era. Pero, por lo general, era justamente en compañía de extraños cuando más me sentía como una farsante. Un día, al comienzo de nuestra relación, llevé a Lily a un Mister Softee, una de esas heladerías ambulantes esparcidas como minas terrestres por todo Nueva York. Le pregunté qué quería y ella señaló el doble cucurucho de helado, el más grande de todos, cubierto de fideos de colores. «¡Genial!», contesté. Mentalmente, seguía estando en aquella tienda de Disney, encantada de haber encontrado el trineo de juguete, dispuesta a hacerme pasar por madre costara lo que costase, ya fuera un reno o un helado descomunal.

El doble cucurucho era tan grande que Lily apenas podía sostenerlo. «Con las dos manos», le habría dicho unos meses después, pero entonces no atiné a hacerlo. La mujer que tenía detrás en la cola le comentó a su amiga: «¿Qué clase de madre le da esa cantidad de helado a su hijo?». Me ruboricé de vergüenza. Esta clase de madre. O lo que es lo mismo: una madre que nunca ha sido madre. Temía darme la vuelta y al mismo tiempo sentía el impulso casi irresistible de hacerlo para poner en su sitio a esa desconocida, para contestar al superego maternal que ella representaba espetándole: «¿Quieres saber qué clase de madre hace algo así? La que intenta reemplazar a una madre muerta». Pero lo que hice fue coger un buen fajo de servilletas y ofrecerme para llevarle el helado a Lily hasta la mesa, no fuera a caérsele por el camino.

Como madrastra, me he sentido a menudo una impostora y he experimentado la particular soledad que conlleva vivir al margen de la línea argumental más frecuente. Yo no había estado embarazada, no había dado a luz ni había sentido cómo las hormonas del apego se apoderaban de mi ser. Me despertaba cada mañana para encontrarme con una hija que me llamaba «mamá», pero que al mismo tiempo echaba de menos a su madre. Una de las muñecas preferidas de Lily –un personaje gótico llamado Spectra Vondergeist que lucía mechas moradas y un cinturón hecho de llaves antiguas– se anunciaba en su caja de cartón como «Hija de un fantasma».

Yo solía decir que la nuestra era una relación «singular», pero, como suele pasar con la singularidad –además de ser un arma de doble filo, una fuente de soledad y orgullo a la vez–, me engañaba a mí misma. «Hay montones de madrastras y padrastros en el mundo», me dijo en cierta ocasión mi madre, y tenía razón, por supuesto. Un estudio reciente del Pew Research Center concluyó que cuatro de cada diez estadounidenses afirman tener al menos una relación de parentesco no biológica. El doce por ciento de las mujeres son madrastras, y puedo asegurar que casi todas se han sentido en algún momento como impostoras o fracasadas.

En un ensayo sobre madrastras y padrastros, Winnicott defiende el valor de las «historias de fracaso». Hasta imagina los beneficios de reunir en una misma habitación a un grupo de «madrastras y padrastros fallidos». «Estoy convencido de que una reunión de ese tipo podría ser fructífera –sostiene–. Estaría compuesta por hombres y mujeres de a pie.» Cuando leí este pasaje, ardía en deseos de estar en esa reunión, en compañía de esos hombres y mujeres de a pie, oyéndolos hablar de los helados gigantes que habían comprado a modo de soborno, de la impaciencia, frustración y sensación de impostura que experimentaban a diario, de los trineos de juguete que habían buscado con desesperación.

En la parte sobre metodología de su estudio en torno a «La manzana envenenada», Elizabeth Church reconoce que reveló a los sujetos del mismo su condición de madrastra antes de entrevistarlos y que, a veces, al finalizar una entrevista, comentaba sus propias experiencias. Muchos de los participantes confesaron que le habían contado cosas durante esas entrevistas que nunca habían compartido con nadie más. Me pareció lógico que así fuera, que por el hecho de estar en presencia de otra madrastra esas personas sintieran que podían hablar sin cortapisas. Era como esa reunión imaginaria de madrastras y padrastros fallidos, como un grupo de Alcohólicos Anónimos que se congregara en el sótano de una iglesia para compartir el consuelo de los pequeños triunfos y los frecuentes fracasos con quienes podían considerar su familia. Tal vez no de sangre, pero familia al fin y al cabo.

La decisión de llamar madre a la madrastra, o de no hacerlo, representa a menudo un punto de inflexión en este tipo de relaciones. Por lo general, es un momento culminante de aceptación o rechazo. En un relato titulado «Mi madrastra», publicado en el diario *Decatur Republican* en 1870, una joven recibe con escepticismo a su nueva madrastra. Cuando esta le pide que toque el piano en un intento por granjearse su confianza y afecto, la joven decide interpretar la canción «I Sit and Weep by My Mother's Grave» [Lloro junto a la tumba de mi madre]. Pero hete aquí que la madrastra encaja el golpe con suma elegancia. No solo alaba su conmovedora interpretación, sino que aprovecha ese instante para revelar que también perdió a su madre siendo joven y que, como ella, solía buscar consuelo en esa misma canción. El relato termina en tono triunfal, con la hija accediendo por fin a llamarla madre en lo que podríamos considerar una especie de bautismo inverso —es la hija la que da nombre a la madre— e inaugurando así una relación de «absoluta confianza» entre ambas.

En el caso de Lily, llamarme madre no supuso el fin de nada. El día después de que Charles y yo nos casáramos en una capilla de Las Vegas, preguntó, nada más enterarse, si podía llamarme mamá. Era evidente que había esperado ese momento para preguntármelo, y me conmovió este deseo, como si hubiésemos aterrizado en los créditos finales de una película mientras la banda sonora subía en un crescendo a nuestro alrededor.

Pero no estábamos en los créditos finales de la película, sino que acababa de empezar. Yo me sentía aterrada. ¿Qué sería lo siguiente? La respuesta: entramos en un 7-Eleven para comprar un tentempié y Lily me tiró de la manga para decirme que había tomado una «bebida de mayores» en la fiesta de cumpleaños a la que habíamos ido a recogerla y que se sentía rara. Me pidió que no se lo contara a su padre. Era como si el universo me estuviera sometiendo a la primera de incontables pruebas. ¿Estaría Lily borracha? ¿Qué debía hacer? Si consentía que me llamara mamá, debía estar dispuesta a lidiar con las consecuencias de una fiesta de cumpleaños. Al final, Charles llegó a la conclusión de que su hija le había dado unos cuantos sorbos a un vaso de té con hielo.

Yo no tenía tanto la impresión de haberme «ganado» el título de madre –como sucedía a menudo en los argumentos de aquellas novelas sentimentales, a modo de recompensa por un comportamiento ejemplar y por desafiar los viejos arquetipos– cuanto de haberme enfundado un vestidito de papel que una niña había recortado para mí a la medida de sus deseos. Era como si hubiese caído en el relato de 1900 titulado «Making Mamma» [Fabricando a mamá], en el que Samantha, una niña de seis años, viste a un maniquí con viejos retales de tela para fabricar una madre con la que sustituir a la que ha perdido. Era, en fin, como si Lily hubiese depositado una profunda y automática confianza en mí –inmerecida, fruto de la necesidad–, poniéndome así en el brete de averiguar cómo ponerme en la piel del personaje que me había asignado sin traicionar esa confianza.

En cuanto me enfundé el disfraz de un trillado arquetipo cultural, me acostumbré a oír las teorías ajenas sobre mi propia vida. Todo el mundo tenía una opinión sobre nuestra familia, aun sin saber absolutamente nada sobre nosotros.

Una mujer afirmó que nuestra situación era más fácil de lo que habría sido si yo hubiese tenido que competir con una espantosa ex; otra vaticinó que siempre estaría rivalizando con el recuerdo de la perfecta madre biológica de Lily. Cuando escribí un artículo sobre una excursión familiar para una revista de viajes, el redactor jefe me pidió un poco más de dramatismo personal: «¿Ha habido altibajos?», escribió en los márgenes del borrador. «¿Qué esperabas de este viaje? ¿Fortalecer los vínculos familiares, dejar atrás el duelo? ¿¿O...??» Remuévenos un poquito por dentro.» Cuando imaginaba nuestra familia, el redactor jefe nos veía abrumados por la pena, o bien haciendo de tripas corazón para seguir adelante. Por encima de todo, me gustaba ese «¿¿O...??», porque sonaba sincero. No es que todas las teorías ajenas sobre nuestra familia me parecieran equivocadas, sino más bien todo lo contrario: casi todas me parecían acertadas, o por lo menos contenían una parte, por pequeña que fuera, con la que me identificaba, lo que me parecía aún más alarmante si cabe, porque quería decir que yo era como un libro abierto.

Sin embargo, también es verdad que todas las teorías me parecían incompletas. Siempre había numerosos aspectos que se pasaban por alto, al punto de que a veces la teoría opuesta se me antojaba igual de acertada. Rara vez pensaba «No, lo mío no se parece en nada a eso». Por lo general, hubiese querido decir: «Sí, es tal como dices, pero también así y asá». A veces, el mero hecho de que la gente diera ciertas cosas por sentadas –y que sintiera el impulso irrefrenable de compartirlas con nosotros– hacía que convertirme en madrastra fuera un poco como querer a alguien en medio de un aula de anatomía repleta de desconocidos. Estaba convencida de que me diseccionaban sin descanso para determinar hasta qué punto me entregaba plenamente o de corazón a ese rol maternal.

El caso es que solo encontré dos cuentos populares protagonizados por madrastras buenas, y ambos eran de Islandia. En uno de ellos, una mujer llamada Himinbjörg guía a su hijastro durante el duelo, ayudándolo a cumplir la profecía que su difunta madre le había hecho llegar en sueños: que liberaría a una princesa del hechizo que la había transformado en un ogro. Cuando el príncipe vuelve a casa victorioso tras haber cumplido su misión, la corte real se dispone a quemar a Himinbjörg en la hoguera porque todos están convencidos de que es la culpable de su desaparición. Su altruismo me conmovió. Está dispuesta a que la tomen por una villana con tal de ayudar a su hijastro a perseguir una libertad necesaria, mientras que yo solo pensaba en demostrar que era una buena madrastra y me aterraba la posibilidad de que ese empeño me impidiera serlo de veras. A lo mejor, más que ejercer de madre, lo que deseaba era que se reconocieran mis méritos. Himinbjörg, por el contrario, deja que la confundan con una bruja con tal de ayudar a su hijastro a romper el maleficio que pesa sobre la princesa.

Luego estaba Hildur, cuyo marido —que era también el rey— había jurado no volver a casarse tras la muerte de su primera esposa por temor a las represalias que pudiera sufrir su hija. «Todas las madrastras son malvadas —le dice a su hermano—, y no quisiera perjudicar a Ingibjörg.» Estamos ante un rey de cuento de hadas que ya ha interiorizado las enseñanzas de los cuentos de hadas y sabe qué se traen entre manos las madrastras. Sin embargo, no puede evitar enamorarse de Hildur, que le pone una condición para casarse con él: que le consienta vivir a solas con su hija durante tres años antes de la boda. El feliz desenlace es posible gracias a esta voluntad de forjar una relación con su futura hijastra, una persona independiente que existe al margen del padre, que posee su propio impulso vital.

Lo más parecido a un castillo islandés que tuvimos Lily y yo fue una serie de lavabos del centro de Manhattan. Los lavabos eran espacios en los que estábamos las dos solas: el del papel pintado hecho de viejos diarios, aquel donde Lily intentó convencerme de que, en tiempos remotos, las personas tenían trenzas en vez de manos, el lavabo de un Subway con un fregadero de hormigón que le encantaba porque era «sencillo y guay» a la vez.

Los lavabos eran nuestro espacio, tal como los miércoles eran nuestro día, porque la recogía al salir del cole, la llevaba al Dunkin' Donuts frecuentado por polis de la esquina de la Tercera Avenida con la Vigésima y luego salíamos pitando para no llegar tarde a clase de ballet, donde la ayudaba a embutirse en unas mallas tachonadas de brillantitos y me arrodillaba a la altura de sus muslos, como si le suplicara, para fijarle el moño con horquillas. Al principio esperaba que me dieran una medalla olímpica por haber llegado solo dos minutos tarde, pero con el tiempo comprendí que estaba rodeada de madres que habían hecho exactamente lo mismo, solo que perdiendo dos minutos menos que yo, y que a ellas los moños les quedaban más apañados que a mí. Todas las cosas que se me antojaban verdaderas odiseas eran el pan nuestro de cada día de los padres normales y corrientes.

Sin embargo, nuestras tardes eran importantes, porque nos pertenecían en exclusiva a Lily y a mí. Un día, en una pastelería del SoHo, unos meses antes de que nos mudáramos los tres a un piso nuevo, el primero que alquilaríamos juntos, Lily señaló las paredes, pintadas de rosa y marrón con un motivo que imitaba el encaje. Quería que nuestro nuevo dormitorio fuera así. Nuestro nuevo dormitorio. Lo tenía todo planeado. En el nuevo piso, papá dormiría en una habitación y ella y yo en otra. Nuestro dormitorio sería muy chuli, dijo. No estaba segura de querer permitir la entrada a los chicos. Esto era lo que Hildur sabía: necesitábamos algo que nos perteneciera solo a las dos.

Unos meses más tarde, ya en el piso nuevo, mientras le leía un cuento de Dr. Seuss titulado «Horton cuida un nido», sentí un nudo en la garganta. El elefante Horton accede a empollar un huevo mientras Mayzie, la madre del futuro polluelo, y una pájara de cuidado, se larga de vacaciones a Palm Beach. Mayzie no vuelve, pero Horton no se rinde, sino que sigue empollando el huevo de aquella desconocida durante días, que se convierten en semanas y luego meses. «Digo lo que creo y creo lo que digo –repite–. ¡Un elefante jamás falta a su palabra!»

Cuando por fin el huevo se abre, la criatura que sale del cascarón es mitad pájaro, mitad elefante, un bebé de ojillos brillantes con una pequeña trompa enroscada y alas orladas de rojo. Su diminuta trompa me hizo pensar en los gestos que Lily había empezado a hacer con las manos, tan parecidos a mis propios aspavientos, y en las listas de tareas pendientes que escribía últimamente, tal como me veía hacer a mí, solo para poder tacharlas. Pero también tenía en la habitación un póster del sistema solar porque a su madre le encantaba la astronomía y se enorgullecía de decir que siempre estaba «enfrascada en algún libro», porque la abuela le había dicho que así era su madre.

Para mí, el desafío que supone ser madrastra no radica en la relevancia estadística –¡apenas más del diez por ciento de mujeres se sentirían identificadas con ese rol!–, sino en el hecho de que cuestiona todo lo que damos por sentado sobre la naturaleza del amor y los límites de lo que llamamos familia. La familia es mucho más que biología, y el amor es mucho más que instinto. Es esfuerzo y deseo, no una historia sentimental sobre un vínculo fácil o inmediato, sino el complejo gozo de las vidas compartidas: sándwiches de jamón y guacamole en una fiambrera de Mi pequeño pony, dolores del crecimiento a medianoche y asientos de coche manchados de vómito. La familia consiste en seguir al pie del cañón. Las trompas que heredamos y los roles que asumimos se las arreglan para acabar formando parte de nosotros, ya sea a través del útero, del cascarón o de la simple presencia, de la pura y llana fuerza de voluntad. Pero lo que sale del huevo rara vez se parece a lo que esperábamos: ni el niño, ni el progenitor que también nace en ese instante. Esa madre no es una santa. Tampoco una bruja, sino una mujer normal y corriente. Un buen día encontró un trineo cuando le habían dicho que no quedaba ninguno, y así empezó todo.

EL MUSEO DE LOS CORAZONES ROTOS

El Museo de las Relaciones Rotas reúne una colección de objetos cotidianos que se exponen colgados en las paredes, protegidos bajo un cristal, sobre pedestales retroiluminados: una tostadora, un coche infantil a pedales, un módem artesanal. Un dispensador de papel higiénico. Un test de embarazo positivo. Un test de drogas positivo. Un hacha desgastada. Vienen de Taipéi, Eslovenia, Colorado, Manila. Todos ellos donados, cada uno de ellos acompañado de una historia: «Cada día de los catorce que ella estuvo de vacaciones, destrocé con esta hacha uno de sus muebles».

Uno de los objetos más populares de la tienda de regalos del museo es la «goma de borrar malos recuerdos», una goma de verdad que se vende en varios colores. Pero en realidad el museo se parece más al opuesto psicológico de una goma de borrar. Cada objeto allí expuesto subraya que algo existió, más que intentar eliminarlo. Donar un objeto al museo abre la puerta simultáneamente a la rendición y la permanencia: lo sacas de casa y lo vuelves inmortal. «Ella trabajaba como encargada de compras regional de una tienda de comestibles, así que tuve la oportunidad de probar algunas muestras fantásticas —reza la cartela de una caja de palomitas con sirope de arce y sal marina—. Los echo de menos a ella, a su perro y a las muestras, y no soporto tener estas palomitas de delicatessen en mi casa.» El donante de ese objeto no soportaba tenerlas, pero tampoco se avenía a tirarlas, sino que quería colocarlas sobre un pedestal, rendirles homenaje como símbolo de una era que había llegado a su fin.

Con respecto a las rupturas sentimentales, nos aferramos a ciertos relatos predominantes de purga, liberación y exorcismo, a la idea de que lo normal es que queramos desembarazarnos de los recuerdos, liberarnos de sus garras. Pero este museo incide en el hecho de que nuestra relación con el pasado –incluidas las rupturas y traiciones que en él sucedieron– es a menudo más compleja, capaz de ejercer atracción y repulsión a la vez.

Pieza núm. 1: Collar con concha marina
Florencia, Italia
Es un collar sencillo: una diminuta concha marina con rayas marrones ensartada en un cordón de cuero negro. La concha se recogió en una playa italiana y se ensartó en el cordón haciéndole dos orificios con una broca dental. Por entonces, la persona que me hizo este collar estudiaba odontología en Florencia. Lo hizo a hurtadillas, en un aula de la facultad, mientras se suponía que estaba aprendiendo a fabricar prótesis. Me lo puse cada día sin falta hasta que dejé de hacerlo.

Cuando visité el museo, situado en la ciudad croata de Zagreb, donde ocupa una mansión aristocrática de estilo barroco en las lindes del casco antiguo, lo hice sola, aunque casi todos los demás visitantes iban en pareja. El vestíbulo estaba repleto de hombres que esperaban a sus novias o mujeres, que se demoraban más que ellos contemplando los objetos expuestos. Imaginé a todas aquellas parejas sumidas en una mezcla de *schadenfreude* y miedo: «No somos nosotros.

Podríamos ser nosotros». En el libro de visitas, vi una anotación que decía sencillamente: «Debería poner fin a mi relación de pareja, pero lo más seguro es que no lo haga». Acaricié mi propia alianza de casada en busca de consuelo, como si fuera una prueba de algo, y no pude evitar imaginarla convertida en un objeto de la exposición.

Antes de volar a Zagreb, había pedido a mis amigos que respondieran a la pregunta: «¿Qué objeto donarías a este museo?», y había recibido respuestas insospechadas: una concha marina taladrada por un estudiante de odontología, un *slide* para guitarra eléctrica, una lista de la compra, cuatro vestidos negros, un cabello humano, una vela con aroma a mango, una calabaza seca con forma de pene, la partitura del Concierto para piano número 3 de Rajmáninov. Una de mis amigas me describió una página ilustrada del libro infantil que su ex adoraba de pequeño: un grupo de ratones grises en fila india con bocadillos de cómic rellenos de una composición cromática idéntica, como si todos estuvieran soñando lo mismo. Cada uno de los objetos que mis amigos seleccionaron hacía referencia a momentos pasados y obsoletos: «Esa vez que tuvimos el mismo sueño». Los objetos eran reliquias de esos sueños, tal como las piezas del museo eran reliquias de sueños ajenos, intentos de demostrar que habían dejado algún poso en la realidad.

Pasear por el museo no me parecía tanto un acto de voyerismo cuanto de colaboración. Unos desconocidos querían que sus vivencias tuvieran testigos y otros desconocidos querían ser testigos de esas vivencias. Los textos introductorios citaban a Roland Barthes: «Cada pasión tiene, en última instancia, su espectador [...]. No hay sacrificio amoroso sin un último acto teatral». Estando allí me sentí extrañamente necesaria, como si mi atención fuera la prueba –a ojos de los desconocidos que habían donado aquellos objetos– de que su amor frustrado merecía que le prestaran atención. Había en todo ello cierto afán democrático, pues se partía de la premisa de que cualquier historia de amor merecía ser contada y escuchada. Las personas que habían donado aquellos objetos no se distinguían a primera vista de aquellas que los observaban. Al aportar una pieza a la colección, cualquier observador –cualquiera que tuviese un corazón roto y un dispensador de papel higiénico– podía convertirse en autor.

Junto a un botecito de viaje que contenía suavizante de pelo, una cartela mencionaba a un hombre llamado Dave que había vivido un trío amoroso con la pareja formada por el señor y la señora W., que mantenían una relación abierta. La señora W. había dejado el suavizante en la cabaña de Dave después de pasar un fin de semana con él. Cuando el matrimonio falleció en un accidente de tráfico, Dave se quedó «sin un foro público donde llorar su pérdida». La cartela parecía dirigirse directamente a mí cuando afirmaba: «Tú le estás dando a Dave ese foro público».

Pieza núm. 2: Lista de la compra
Princeton, Nueva Jersey

De joven tuve varias relaciones sentimentales largas y estables, pero a los veintisiete me rompieron el corazón y desde entonces no he vuelto a salir con nadie. En estos diez años de celibato me he mudado de casa cuatro veces, he estudiado un doctorado, he encontrado trabajo y he engordado dieciocho kilos. Un día estaba revisando una caja de ropa de verano que ya no me servía y, al meter la mano en el bolsillo trasero de unos vaqueros a los que había cortado las perneras, encontré un trozo de papel que resultó ser una lista de la compra escrita del puño y letra del hombre que me había roto el corazón: «pilas, bolsas basura grandes, deterg. ropa Tide (peq.), cebolla r.». De pronto, recordé su extraño y arbitrario uso del punto y aparte, que siempre añadía después de la firma en cada email y cada carta, como si los remachara con un signo de puntuación que no admitía réplica.

El Museo de las Relaciones Rotas empezó con una ruptura. En 2003, después de que Olinka Vištica y Dražen Grubišić pusieran fin a su relación sentimental, se vieron inmersos en una serie de conversaciones difíciles sobre cómo repartirse las pertenencias comunes. En palabras de Olinka, «la sensación de pérdida [...] era lo único que podíamos seguir compartiendo». Una noche, sentados a la mesa de la cocina, imaginaron una exposición compuesta por todos los desechos de rupturas como la suya, y cuando por fin se materializó, tres años después, la primera pieza expuesta fue un objeto rescatado de su propia casa: el conejito de cuerda al que llamaban Honey Bunny.

Cuando se cumple poco más de una década de aquello, la historia de su ruptura se ha convertido en el mito fundacional del museo: «Es algo rarísimo —me explicó Olinka cuando quedamos para tomar café una mañana—. El otro día, mientras me bajaba del coche justo delante del museo, un guía turístico estaba explicando lo del conejito a un grupo de visitantes, y le oí decir "¡Todo empezó con una broma!".» Olinka hubiese querido decirle al guía turístico que no había sido una broma, ni mucho menos, que esas primeras conversaciones habían sido profundamente dolorosas, pero se dio cuenta de que la historia de su propia ruptura se había convertido en un objeto de dominio público, y por tanto debía someterse a las versiones e interpretaciones ajenas. Los demás sacaban de ella lo que necesitaban.

Dos años después de que abandonaran el piso que habían compartido, Dražen llamó a Olinka para explicarle la idea de presentar la instalación de su ruptura en una feria de arte de Zagreb. El primer año la rechazaron, pero al siguiente la aceptaron, aunque solo les dieron dos semanas para planificar la exposición y les dijeron que no tendrían un espacio asignado dentro de la galería propiamente dicha. De modo que encargaron un contenedor de transporte industrial desde Rijeka, una ciudad portuaria del Adriático, y pasaron las siguientes dos semanas reuniendo objetos para llenarlo. Al principio les preocupaba no encontrar suficientes piezas, pero todos los que se enteraban de la iniciativa les decían: «Me parece que tengo algo para vosotros».

Olinka quedó al pie de la torre del reloj de la plaza Ban Jelačić con una mujer que llegó acompañada por su marido, aunque el nombre que más se mencionaba en el viejo diario que traía consigo era el de un antiguo amante. También quedó en un bar con un anciano, un veterano de guerra que había sufrido la amputación de una pierna y le llevó una prótesis que extrajo de una bolsa de plástico para contarle la historia de la trabajadora social que lo había ayudado a conseguirla a principios de los noventa, cuando las sanciones impuestas durante la guerra de los Balcanes hacían casi imposible hacerse con una. La prótesis había durado más que el romance con la trabajadora social, dijo el hombre, porque estaba «hecha de un material más resistente».

Cuatro años después de aquella primera instalación, cuando por fin Olinka y Dražen encontraron una sede para su exposición permanente en la primera planta de un destartalado palacio del siglo XVIII construido en lo alto de una colina, cerca del funicular de Zagreb, comprobaron que el edificio se caía a trozos. «Estábamos un poco locos –me confesó Olinka–. Solo veíamos lo que queríamos ver, como cuando estás enamorado.» Dražen acabó de instalar el suelo, pintó las paredes y restauró los arcos de obra vista. Lo hizo tan bien que Olinka hubo de responder más de una vez a la pregunta: «¿Estás segura de que quieres romper con este tío?».

He aquí la dulce ironía de la historia: al crear un museo a partir de su ruptura amorosa, Olinka y Dražen acabaron formando una sólida relación como socios. Desde la cafetería del museo veíamos el conejito de cuerda en su vitrina de cristal, convertido en una suerte de mascota oficial o santo patrón del lugar. «La gente cree que el conejito es nuestro objeto —me dijo Olinka—, pero en realidad lo es el museo y todo lo que ha llegado a representar.»

Pieza núm. 3: Ejemplar de *Walden*, de Henry David Thoreau

Bucarest, Rumanía

R. y yo empezamos a leer *Walden* al poco de empezar a salir juntos. Se necesita cierto grado de soledad para disfrutar de una lectura de estas características, y nuestra relación era como una vasija en la que podíamos verter nuestros respectivos aislamientos y a la vez mantenerlos separados, como el aceite y el agua. Vivíamos bajo el mismo techo, pero habíamos decidido dormir cada cual en su habitación, donde leíamos *Walden* antes de dormir. Era como un puente que nos unía; nuestros cuerpos estaban separados por una pared, pero nuestras mentes convergían hacia las mismas ideas. Cuando rompimos, ninguno de los dos había acabado de leer el libro y, sin embargo, seguimos leyéndolo.

Cada cartela del museo era una lección sobre lo limitado de mi perspectiva. Lo que parecía un juego del UNO era mucho más que una simple baraja de cartas. Era el regalo que un soldado estadounidense quería ofrecer a su novia, con la que mantenía una relación a distancia. Ella era una viuda de guerra australiana que, además de servir en el ejército, estaba criando a dos hijos pequeños. Cuando ambos concluyeron al fin sus misiones en el extranjero y él viajó a Australia para recibirla a su regreso de Afganistán, ella le dijo que no se sentía preparada para iniciar una relación seria.

Años más tarde, cuando él se topó con este museo al que van a parar los desechos de los amores perdidos, decidió donar la baraja de cartas con la que nunca habían jugado. La había llevado encima todo ese tiempo.

Algunas de las piezas expuestas evocaban grandes dramas históricos, como la carta de amor escrita por un chico de trece años que, en 1992, huía de los bombardeos de Sarajevo. La misiva iba dirigida a Elma –una joven atrapada en el mismo convoy, en el coche de al lado– pero no había tenido el valor de dársela, y se había limitado a regalarle su cinta preferida de Nirvana, ya que ella se olvidó de coger su propia música.

Sin embargo, los objetos que más me conmovieron fueron los más cotidianos, porque su vulgaridad sugería que todas las historias de amor –incluso las más conocidas, las más predecibles, las menos dramáticas– eran dignas de figurar en un museo. Ivana Družetić, que durante un tiempo fue su directora, entendía el esfuerzo conjunto de Olinka y Dražen como una puesta al día de los antiguos gabinetes de curiosidades: «Desde que descubrió la partícula más pequeña y conquistó los confines más lejanos, la humanidad ya no parece anhelar los extremos, sino que intenta atrapar todo lo que hay en medio».

Estos objetos corrientes nos recordaban que una ruptura es poderosa porque impregna la vida cotidiana en toda su banalidad, tal como había hecho en su día la propia relación sentimental: cada recado que hacemos, cada irritante pitido del despertador, cada atracón de Netflix hasta las tantas. Cuando el amor se desvanece, lo hace en todas partes. Es un fantasma que, con su ausencia, llena el día a día de un modo tan poderoso como lo hacía antes con su presencia. Un hombre deja desperdigadas en tu vida sus listas de la compra, llenas de manías y signos de puntuación arbitrarios, conmovedoras por lo que tienen de específicas, como esas «bolsas basura grandes» que evocan inevitablemente la vez que alguien compró bolsas demasiado pequeñas, o esa «cebolla r.» que se necesitaba para preparar un guiso de pescado cierta noche de verano especialmente bochornosa. Todas y cada una de las piezas expuestas eran como palabras extraídas de idiolectos que yo nunca alcanzaría a entender del todo –una olla abollada, un cubo de la basura– o reliquias de civilizaciones bipersonales que se habían extinguido.

Más que reliquias del pasado, algunos de aquellos objetos parecían artefactos de futuros no vividos. Una galleta de jengibre que se desmigajaba por momentos permanecía como homenaje póstumo al fugaz flirteo que una mujer había tenido con un hombre casado –una tarde de vértigo en la Oktoberfest de Chicago– hasta que al día siguiente él le envió un mensaje: «Me cuesta decirte esto porque eres una chica estupenda, pero... Por favor, no me llames ni me escribas. Me temo que eso solo serviría para complicar las cosas». Era algo en apariencia intrascendente –tanto el encuentro fortuito como el mensaje de ruptura–, algo que a duras penas esperaríamos ver inmortalizado. Y, sin embargo, allí estaba. Una sola tarde en la Oktoberfest había sido lo bastante importante para que una mujer conservara durante años una galleta de jengibre cuyo glaseado reseco representaba la esencia misma del museo: la voluntad de visibilizar la pena enquistada de «los flirteos fugaces», los apegos que tal vez no parecieran dignos de celebración, el duelo por algo que nunca llegó a ocurrir. Eso que, en el fondo, forma parte de cualquier ruptura: la pena por la relación duradera que nunca llegó a existir, la relación hipotética que podría haber funcionado. El calcetín de lana de un soldado se acompañaba de una nota de la que había sido su amante durante veinte años: «Tuve dos hijos con él, pero ni una sola conversación digna de ese nombre. Siempre pensé que algún día empezaríamos a conversar».

Otra de las piezas del museo era el diario que una mujer había escrito durante la crisis bipolar de su amante. Estaba repleto de frases que se repetían como mantras: «Mi corazón está abierto», «Vivo en el presente». Lo que me conmovió fue lo trillado de aquellas máximas. No es que fueran geniales, pero sí habían sido necesarias.

Pieza núm. 4: Sobre con un cabello humano
Karviná, República Checa
En 1993 me licencié en la universidad y durante un año estuve dando clases de inglés en un pueblo minero de la frontera entre Polonia y Chequia, un lugar deprimido, contaminado y comunista en el que experimenté una soledad como no había conocido en mi vida, ni he vuelto a experimentar desde entonces. El verano antes de marcharme allí, conocí a un chico escocés llamado Colin en el parque de atracciones de Salisbury Beach, donde trabajaba como encargado de la noria. Después del verano empezamos a escribirnos, y había días en los que recibir carta suya era lo único que me animaba a seguir adelante. Colin tenía unos rizos cobrizos que me chiflaban y, en cierta ocasión, cuando el familiar sobre azul del correo aéreo llegó a mi buzón, vi que lo había cerrado con un trozo de celo y que uno de sus cabellos rizados había quedado atrapado debajo del celo: una parte de su cuerpo, de su ADN, que algún día compartirían nuestros hijos. Cuando cortó conmigo de una manera bastante cobarde –simplemente dejó de escribirme–, seguí yendo al buzón cada día. Lloraba como una magdalena, volvía a mi triste piso comunista para seguir llorando y luego contemplaba el sobre que contenía aquella hebra de pelo rizado y lloraba un poco más.

«El museo siempre ha ido dos pasos por delante de nosotros», me explicó Olinka, sugiriendo que desde el primer momento ha tenido voluntad propia, el impulso de existir al margen de sus fundadores. Era como si todas aquellas historias hubiesen estado flotando siempre a su alrededor, esperando a ser contadas, como la humedad que impregna el aire, como un cielo cubierto de nubarrones a punto de descargar. Justo después de presentar su instalación inicial en un contenedor de transporte, Olinka y Dražen recibieron la llamada de un concurso de la televisión japonesa que pretendía rodar un programa desde el museo. El problema era que este aún no existía como tal. Ha sido así desde el principio: gente que creía en el proyecto, que quería verlo hecho realidad, antes incluso de que existiera.

En la década que ha transcurrido desde aquella primera instalación itinerante, el museo ha adoptado muchas formas: exposiciones permanentes en Zagreb y Los Ángeles, un museo virtual con miles de fotos y sus respectivas historias, y un total de cuarenta y seis instalaciones efímeras repartidas por todo el mundo –de Buenos Aires a Boise, de Singapur a Estambul, de Ciudad del Cabo a Corea del Sur, del Oude Kerk en el barrio rojo de Ámsterdam al Parlamento Europeo en Bruselas–, todas ellas constituidas por piezas autóctonas, como un negocio de barrio que se abasteciera de los desengaños amorosos locales.

Olinka me contó varias anécdotas sobre algunas de aquellas exposiciones: la de Ciudad de México recibió un aluvión de más de doscientas donaciones en las primeras veinticuatro horas. La de Corea del Sur se llenó de objetos que habían pertenecido a los estudiantes de secundaria fallecidos en el reciente naufragio de un ferry. Los donantes franceses solían relatar sus experiencias en tercera persona, mientras que los estadounidenses preferían en general la primera persona, ese impúdico «yo», tan típicamente americano. Los comisarios artísticos de Estados Unidos también eran mucho más propensos a emplear la primera persona al hablar de las exposiciones: «mi colección», «las donaciones que he reunido». Olinka y Dražen, en cambio, rehuían ese tono. De hecho, habrían de pasar unos cuantos años para que incorporaran la intrahistoria de su propia ruptura al relato colectivo del museo que habían fundado. Siempre han creído que el proyecto representa algo mucho más amplio que su sufrimiento personal.

Los objetos vuelven públicas las historias privadas, pero también confieren cierta integridad al pasado. Siempre que la memoria evoca lo vivido, acaba adulterándolo, reemplazando a la pareja perdida con recuerdos y reconstrucciones, mitos y justificaciones. Pero un objeto no se puede desvirtuar tan fácilmente. Seguirá siendo tan solo un paquete de palomitas o una tostadora, una sudadera que acabó empapada en un súbito chaparrón nocturno allá por 1997.

En otra exposición de Zagreb que visité esa misma semana, dedicada a los ataques que Serbia y Montenegro lanzaron contra Dubrovnik en 1991, lo que más me impactó fueron los objetos. No las inmensas fotos que mostraban fortalezas de piedra caliza reducidas a columnas de humo tras las explosiones, sino la granada con forma de diminuta piña negra o la tosca cruz que una familia había hecho con los añicos del obús que cayó sobre su casa. La linterna rosada de un soldado que descansaba junto a un trozo de metralla, un cuadrado de gasa manchado de sangre y un retrato del mismo soldado, tumbado en una cama de hospital con el ojo vendado y un rosario sobre el pecho desnudo. Se llamaba Ante Puljiz. Esas palabras no significaban nada para mí, pero ese trozo de metralla, en cambio, había estado dentro de su cuerpo.

Pieza núm. 5: Cuatro vestidos negros
Brooklyn, Nueva York
Yo donaría al museo los cuatro vestidos negros que tengo colgados en el armario: uno camisero, uno de tiran-

tes, otro de canalé y cuello alto, y el último de seda cruda y corte evasé. Dos de estos vestidos me los regaló mi ex y los otros dos los compré yo, pero todos datan de una época de mi vida en la que imaginaba que podría convertirme en la persona que aspiraba a ser enfundándome un uniforme. Pensaba yo –pensábamos los dos– que el problema de mi escasa feminidad, mi desinterés por la moda y en general mi falta de glamour podría arreglarse si me transformaba en una de esas mujeres que acuden de forma habitual a los saraos literarios, viste de riguroso negro, suelta comentarios sarcásticos y escribe libros superventas. Dos meses antes de que rompiéramos, él me dijo: «Solo estoy esperando a ver si te haces famosa, porque creo que entonces podría enamorarme de ti». Un espanto de frase, torpe en su pretendida sinceridad, y sin embargo me di cuenta de que, hasta cierto punto, eso era lo que yo le había prometido, la fantasía de una identidad pública que habíamos construido a medias. Donaría estos vestidos al museo si no fuera porque sigo usándolos. De hecho, me los pongo muy a menudo. Lo que pasa es que también me pongo otros: morados, florales, geométricos, rosados.

Cuando yo era pequeña, antes de que mis padres se separaran, creía que el divorcio era una ceremonia como la de la boda, pero de signo opuesto: la pareja enfilaba el pasillo de la iglesia cogida de la mano y, una vez que llegaba al altar, se desasía para irse cada uno por su lado. Cuando una amiga de la familia puso fin a su matrimonio, se me ocurrió preguntarle: «¿Fue un divorcio bonito?». Me parecía de buena educación, puesto que el final de una relación se me antojaba algo lo bastante importante para justificar un ritual.

Cuando los artistas conceptuales Marina Abramović y su pareja Ulay decidieron poner fin a una relación de pareja que había durado doce años, señalaron su conclusión recorriendo juntos la Gran Muralla china. «Hay que ver el esfuerzo que invertimos al principio de una relación y lo poco que nos importa cómo termina», observó Abramović. El 30 de marzo de 1988 ella echó a andar desde el extremo oriental de la Gran Muralla, en el golfo de Bohai, a orillas del mar Amarillo, y Ulay hizo lo propio desde el extremo opuesto de la Gran Muralla, en el desierto de Gobi. Ambos estuvieron caminando durante noventa días y recorrieron cerca de dos mil quinientos kilómetros hasta coincidir en el punto intermedio, donde se estrecharon la mano a modo de despedida. Casi treinta años después, en una exposición retrospectiva de la obra de Abramović que se celebró en Estocolmo, dos pantallas de vídeo mostraban escenas de sus respectivos recorridos: en una pantalla se veía a Abramović junto a una manada de camellos, sobre un suelo árido cubierto de nieve, mientras que en la otra aparecía Ulay escalando unas colinas verdes con la ayuda de un bastón. Las cintas se proyectaban en un bucle continuo y me pareció precioso que, décadas después de su ruptura, aquellos dos amantes siguieran yendo al encuentro el uno del otro.

Si toda relación es una colaboración –entre dos personas que crean conjuntamente la identidad que compartirán con el otro–, esa colaboración puede parecer a veces una tiranía que obliga al yo a adoptar una determinada forma, y otras veces puede parecer una gestación, pues alumbra un nuevo yo. En ocasiones, la estela que deja a su paso –los vestidos que nos pusimos, el pintalabios que nos probamos, los libros que compramos pero nunca leímos, los grupos musicales que fingimos apreciar– puede parecer un reguero de grilletes rotos, pero eso no le resta ni un ápice de belleza: ahí está ese vestido que deja de ser un disfraz para convertirse en una segunda piel de seda digna de lucirse un sábado por la noche.

A decir verdad, las rupturas me han obsesionado desde siempre, antes siquiera de tener mi primera relación sentimental. Me crié en una familia en la que los divorcios y los segundos o terceros matrimonios estaban a la orden del día: tanto mis abuelos paternos como maternos acabaron divorciándose, dos veces en el caso de estos últimos. Tanto mi padre como mi madre se casaron tres veces, mientras que el mayor de mis hermanos se divorció a los cuarenta años. El divorcio no me parecía tanto una aberración cuanto una etapa inevitable en el ciclo vital de cualquier relación amorosa.

En mi familia, sin embargo, los fantasmas de las parejas anteriores rara vez eran figuras vengativas o rencorosas. El primer marido de mi madre era un hippie desgarbado de mirada tierna que en cierta ocasión me regaló un atrapasueños. El primer marido de mi querida tía era un artista que fabricaba máscaras con las hojas de palma secas que recogía en la playa. Aquellos hombres me fascinaban porque traían consigo no solo reminiscencias de quienes habían sido mi madre y mi tía antes de que yo las conociera, sino también la proyección espectral de las mujeres que podrían haber llegado a ser. Dieciséte años después de divorciarse, mis padres seguían teniendo una relación tan íntima que fue mi madre, diaconisa de la Iglesia episcopal, quien ofició la tercera boda de mi padre.

Lo que trato de decir con todo esto es que me educaron en la creencia de que las relaciones de pareja difícilmente duran toda la vida, pero también en el firme convencimiento de que, incluso después de que una relación llegue a su fin, sigue formando parte de ti, lo que no es necesariamente negativo. Cuando le pregunté a mi madre qué objeto donaría al museo, escogió una blusa que había comprado en San Francisco, años antes de que yo naciera, en compañía de la mujer a la que había querido antes de conocer a mi padre.

Yo me crié en la noción de que una relación rota es mucho más que su ruptura. Nada de lo que ha sucedido hasta ese momento queda invalidado por el hecho de que haya concluido. Los recuerdos de esa relación –con sus particulares alegrías y fricciones, con la particular encarnación de nuestro yo que hizo posible– no desaparecen, aunque el mundo no siempre se avenga a hacerles hueco. Hablar demasiado de un ex se ve como el indicio de un trastorno patológico. El evangelio de la monogamia en serie quiere hacernos creer que toda relación es un ensayo imperfecto, sin más utilidad que la de prepararnos para esa relación definitiva que sí funcionará. Siguiendo esta premisa, una familia llena de divorcios es una familia llena de fracasos. Sin embargo, yo crecí con una perspectiva distinta, viendo a cada persona como una acumulación de sus amores, como una muñeca rusa que albergara en su interior todas esas relaciones.

Pieza núm. 6: Camisa con estampado de cachemir
San Francisco, California
Corría el año 1967. Compramos esas blusas con estampado de cachemir en un puesto callejero de Haight-Ashbury. Fue en los primeros y vertiginosos días de nuestro amor; en mi caso resultaban aún más embriagadores porque era mi primera relación lésbica. Las dos blusas eran casi idénticas, salvo por el color: la mía era de un rosa psicodélico y la suya, morada. Si algo tengo claro es que las estrenamos en un concierto de Jefferson Airplane, aunque mi blusa guarda recuerdos de lugares en los que nunca ha estado: un año viajando con la mochila a cuestas y trabajando como jornalera en Europa, encabezando una huelga de aceituneros en la Provenza o de acampada en el Valle de la Muerte, donde vimos cómo el sol se ponía a un lado del horizonte mientras la luna salía al otro. Todo era maravilloso, perfecto y prometedor, hasta que dejó de serlo. Nunca entendí por qué rompimos, aunque seguramente algo tendría que ver el hecho de que yo quisiera ser madre. La última vez que la vi fue un día del orgullo gay en Washington, en 1975. Ha llovido mucho desde entonces, pero he conservado la blusa

de cachemir todo este tiempo. Me recuerda a la persona que un día fui.

De pequeña, me encantaba un libro titulado *Grover y el todo en el Museo de Todo el Ancho Mundo*. En el Museo de Todo el Ancho Mundo, Grover visita la sala dedicada a «Cosas que se ven en el cielo» y también la de «Cosas largas y delgadas con las que se puede escribir», adonde ha ido a parar una zanahoria por error, de manera que él la devuelve a un elegante pedestal de mármol que se alza en medio de otra sala, hasta entonces desierta, la «Sala de la Zanahoria». Cuando se acerca al final de la exposición, Grover se pregunta dónde habrán metido todo lo demás, y entonces se topa con una puerta de madera en la que se lee: «Todo lo demás». Al abrirla, por supuesto, descubre que da a la calle.

Cuando salí del Museo de las Relaciones Rotas, me parecía que todo lo que había en las calles de Zagreb podría tener cabida en la exposición, pues veía por doquier objetos que habían formado parte de una historia de amor o que bien podrían hacerlo en el futuro: un sonriente enano de jardín custodiando unos visillos de encaje; toscas bolas de plastilina morada descansando sobre un alféizar; los palillos de dientes insertados en las salchichas dispuestas sobre una parrilla en una calle de Strossmartre; cada colilla de las que atascaban la boca de alcantarilla de la calle Hebrangova; la costra del tamaño de una manzana en la espinilla desnuda de un anciano que iba en motocicleta y llevaba de paquete a una anciana que se aferraba a su cintura. Algún día tal vez deseara haber guardado esa costra para tener un recuerdo suyo. Ese día de cielo sereno en Zagreb albergaba un sinfín de potenciales desengaños amorosos, como una bomba de relojería cuyo tictac sonara a lo lejos.

Cuando vi a un hombre y una mujer compartiendo una bolsa de palomitas en el parque de Zrinjevac me pregunté si algún día, cuando todo se hubiese ido al garete, recordarían los accesorios de ese día en concreto como si de muestras de laboratorio se tratara: las gafas de sol de ella, las zapatillas deportivas de él. Imaginaba aquella bolsa de palomitas expuesta sobre un pedestal e iluminada por un foco —«Bolsa de palomitas; Zagreb, Croacia»— y debajo, la historia de otra mujer, de otro hombre o sencillamente de otro año que había reducido lo excepcional a rutina.

Podría evocar mis propios amores perdidos como un infinito catálogo de objetos fantasmales: una tarrina de helado de chocolate que comí en un futón, encima de un puesto de *falafels*; una barqueta aceitosa llena de patatas fritas con chili de Tommy's, la hamburguesería de Lincoln & Pico; un vial plástico de gotas para la conjuntivitis; veinte olores de camiseta distintos; pelos de barba esparcidos como hojas de té en lavamanos sucios; un lavavajillas con tres ruedas encajonado en la despensa del hombre con el que creía que acabaría casándome. Pero a lo mejor el quid de la cuestión no es la elección de los objetos físicos en sí –qué entra o no en el catálogo–, sino por qué disfruto tanto catalogándolos. ¿Qué hay en ese dolor, ese empeño por recordar un viejo amor, esa vena nostálgica, que me produce placer?

Tras romper con mi primer novio, mientras empezábamos la universidad cada uno en una punta del país, desarrollé un curioso apego hacia el sentimiento de pena resultante de nuestra separación. En vez de someterme estoicamente a nuestras conversaciones telefónicas, cada vez más forzadas, podía salir a fumar al frío glacial de las noches de Boston y echar de menos lo que había sentido al enamorarme de él en Los Ángeles, cuando nos besábamos en los puestos de los socorristas al pie del océano en las noches cálidas de verano. Esa pena se me antojaba una versión purificada de nuestro vínculo, como si me sintiera más unida a ese hombre al añorarlo de lo que nunca lo había estado mientras salíamos juntos. Pero era más que eso: la pena en sí se convirtió en una especie de ancla, algo que necesitaba más de lo que nunca lo había necesitado a él.

Pieza núm. 7: *slide* de guitarra
Fayetteville, Virginia Occidental
El objeto más poderoso que conservo de una relación amorosa es un viejo *slide* para *steel guitar* que data de los años veinte del siglo pasado. Consiste en un simple cilindro de acero cromado o latón cuya marca de fábrica se ha ido desgastando por el constante roce con el diapasón de la guitarra. Me lo regaló mi ex, que aunaba un excepcional talento musical y un inusual comportamiento autodestructivo (seguramente en un arranque de este último). Es posible que fuera su pertenencia más preciada, y tampoco es que tuviera tantas. Estuvimos juntos durante seis años, yo era muy joven por entonces y lo nuestro se acabó cuando ingresé en un centro para mujeres maltratadas. Pero no soy capaz de deshacerme del *slide*, y, por supuesto, pienso en toda la pena que ha ido acumulando ese objeto a lo largo de los años: la suya, la mía a través de la suya. A pesar de todo, sigo viéndolo como algo más suyo que mío —no está hecho para mis dedos— y se lo devolvería de mil amores si quisiera recuperarlo.

Olinka cree que la «melancolía se ha visto injustamente expulsada del espacio público» y lamenta que la hayamos arrinconado, reemplazada por el inquietante optimismo de las actualizaciones de estado en Facebook. Un *slide* de guitarra puede albergar nuestras penas —«la suya, la mía a través de la suya»— o puede hacerlo un museo al proclamar que debemos hacerles hueco en nuestras vidas. Olinka siempre ha imaginado su museo como un «templo laico donde la melancolía tiene derecho a existir», donde la tristeza puede entenderse como algo más que un sentimiento que hay que re-emplazar con otro a toda costa. No le gusta que la gente alabe el «valor terapéutico» de su museo, porque es como in-sistir en la necesidad de curar la tristeza.

Durante quince años de mi vida, entre mi primera y mi última ruptura, me entregué a la creencia casi opuesta de que la tristeza es un estado de sublimación espiritual, una destilería afectiva capaz de evocar la versión más poderosa y pura de mí misma. Pero durante aquella semana, al pasear por las calles de Zagreb dos años y medio después de haber-me casado y embarazada de dos meses, no buscaba lugares en los que fumar y sentirme sola, abrasándome las entrañas con cigarrillos europeos sin filtro, sino fruta fresca con la que aplacar mis súbitos y abrumadores antojos: una bolsa de pa-pel de estraza repleta de cerezas en un mercado callejero, unos paraguayos tan maduros que nada más hincarles el diente me manché el vestido con su zumo.

Siempre me había costado mantener a flote las relacio-nes una vez que se desvanecía la primera etapa de amor des-bocado y pasión desatada. Lo que quedaba cuando ese pri-mer resplandor se desvanecía me parecía un barrizal plagado de renuncias, pero al casarme había jurado fidelidad a otro tipo de belleza: la estriada belleza de la continuidad, que na-cía de dejar que el amor fuera acumulando capas a lo largo de los años, de seguir al pie del cañón y vivir la intimidad con todos sus escollos y alegrías, de aguantar lo bastante en una relación para atesorar como talismanes las malas rachas anteriores, para pensar: «Esto tiene otra cara».

De vuelta en la habitación de hotel en Zagreb, mi teléfo-no vibró con el mensaje de una amiga que estaba en un aero-puerto de Colorado, esperando a un hombre del que se estaba enamorando, y luego me llegó un mensaje de otra amiga: «Acabamos de romper, ¿estás por ahí? No quiero pasar sola todo el fin de semana».

El mundo siempre está empezando y acabando a la vez. Ícaro cae desde las alturas mientras alguien desliza hacia la derecha en Tinder.

En la instalación efímera de Relaciones Rotas que se expuso en Boise, Idaho, un hombre donó un contestador automático con un mensaje de su ex llamándolo imbécil, seguido por otro mensaje, este de su padre, en el que hablaba de algo tan corriente como la previsión meteorológica. En eso consiste el mal de amores: el corazón se te rompe en mil añicos mientras el resto del mundo está pendiente del tiempo. Tu ex no soporta el hecho de que sigas existiendo y tu hermano quiere saber si anoche viste el partido de los Knicks. El atractivo del Museo también tiene que ver con esto, con buscar compañía, con querer convertir la experiencia de quedarse solo en algo social. «Acabamos de romper, ¿estás por ahí? No quiero pasar sola todo el fin de semana.»

Sophie Calle, artista conceptual francesa, explicó como sigue la premisa de su instalación de 2007 titulada «Cuídate»: «Recibí un mensaje de correo en el que alguien me decía que lo nuestro se había acabado. No supe cómo reaccionar [...]. El mensaje terminaba diciendo "Cuídate", y eso fue lo que hice». Para Calle, cuidarse consistió en pedir a ciento siete mujeres que interpretaran la nota de su amante: «Que la analizaran, comentaran, bailaran, cantaran. Que la diseccionaran. Que la agotaran. Que la entendieran por mí». La instalación era el coro de reacciones de todas esas mujeres. Una experta en lexicometría detectó cierta desgana en la redacción del mensaje de ruptura. Una correctora ortotipográfica señaló sus repeticiones. Una abogada dijo que su ex parecía un mentiroso consumado. Una criminóloga lo diagnosticó como «orgulloso, narcisista yególatra».

Ser testigo de las rupturas sentimentales ajenas y pedir que otros lo sean de las mías ha sido parte fundamental de todas las amistades importantes que he tenido en la vida. Es el arte de colaborar como lectoras atentas, pitonisas, traductoras de los posos del té, creadoras de relatos alternativos: «Cariño, ¿puedo pedirte que le eches un vistazo a esto?», me suplicó una amiga en cierta ocasión, reenviándome un mensaje del hombre con el que acababa de romper. «Quiero asegurarme de que no me estoy comportando como una histérica [...]. Me vendría bien que otra persona leyera este intercambio, para acabar de cerrar el tema. No sabes cuánto te lo agradezco.» La ruptura sentimental como experiencia social no consiste tanto en la necesidad de compartir lo vivido cuanto en un deseo de no enfrentarse solo al final de la historia. Una vez que nos vemos expulsados de la misma en cuanto personajes, nos convertimos en lectores que analizan obsesivamente lo que queda de esa historia, y es mucho mejor no leer a solas.

Pieza núm. 8: Bolsa de plástico con pistachos
Iowa City
Dave y yo pasamos cuatro años juntos. Durante ese tiempo nos mudamos a la otra punta del país y regresamos al punto de partida. Cruzamos Pensilvania al volante de un camión alquilado en medio de una tormenta y volvimos a hacerlo dos años más tarde en la dirección opuesta. Pensilvania nos sorprendió por su tamaño, tanto a la ida como a la vuelta, curiosamente. Yo quería a Dave con toda mi alma, como un paño mojado que alguien hubiese escurrido hasta dejarlo sin gota de agua. En el primer piso que compartimos –para entonces, las cosas no iban bien y discutíamos a menudo–, empezamos a ver unas palomillas grises revoloteando torpemente por la cocina. Cuando las estrellábamos contra la pared, dejaban una estela plateada sobre la capa de pintura clara. Seguimos matándolas, una tras otra, con la esperanza de que, a fuerza de insistir, antes o después acabaríamos erradicando la plaga. Varios meses

después, descubrimos de dónde salían: de una bolsa de plástico que había en la despensa, llena de pistachos rancios cubiertos por la escarcha blanca de sus diminutos huevos. La tiramos a la basura. Yo albergaba la esperanza de que acabáramos descubriendo el equivalente sentimental de esa bolsa de pistachos –el origen de todas nuestras discusiones, su fuente principal– para poder erradicarlo.

Mi ruptura con Dave, poco antes de cumplir treinta años, tuvo más repercusión en mi vida que cualquier otra ruptura anterior, y también duró más, tanto el duelo en sí como las consecuencias del mismo. Dave y yo habíamos pasado buena parte de nuestra relación intentando averiguar si lo nuestro podría funcionar, y yo creía que rompiendo nos liberaríamos de ese tira y afloja, pero no fue así. Rompimos, volvimos a salir, volvimos a romper y luego nos planteamos casarnos. Pasé a compartir mi vida con nuestra ruptura, tal como la había compartido con Dave. Había una ausencia que conservaba su forma, y me seguía allá donde fuera.

Solemos describir los fantasmas como voces que nos susurran al oído, pero para mí la presencia de Dave era como una especie de oído espectral, porque sentía el impulso de susurrarle cosas al oído todo el tiempo. Durante años, después de que rompiéramos, cada pensamiento que formulaba iba dirigido en parte a él. Llevaba una lista material de cosas que quería contarle pero no podía, sobre todo nimiedades del día a día: la nieve que se apilaba entre las ventanas internas y externas durante las tormentas; tener que sacar la pala para desenterrar el coche después de la nevada y que dos abogados me increparan por haber aparcado en su plaza; el pomelo a la plancha con una capa de azúcar quemado que había probado en nuestro restaurante preferido sin él, que adoraba el pomelo; todos los hombres con los que había salido o con los que había pensado salir en su ausencia. «Quiero que me toque algún hombre –escribí– solo para poder olvidar esta lista y dejar de escribirte.»

Los recuerdos se me aparecían como el estado de Pensilvania en medio de una tormenta. Cada vez que daba a Dave por acabado, que creía haber terminado de recorrerlo, comprobaba que aún tenía un buen trecho por delante. Por muy lejos que llegara, siempre habría algo que me transportaba de vuelta a su ausencia. De puertas afuera parecía llevarlo bien, así se lo aseguraba a mis amigos y a menudo lo decía de corazón, como si mis sentimientos estuvieran encerrados bajo llave y alguien me la hubiese quitado por mi propio bien. Pero había noches en las que me despertaba sola y habría dado cuánto tenía por coger esa llave y abrir la puerta para acceder a ese espacio que me estaba vetado, pensando que quizá él estuviera allí, esperándome.

Cuando me quemaba por haber tomado demasiado el sol y la piel se me caía, convertida en jirones que se abarquillaban entre mis dedos como trocitos de cinta adhesiva, me decía: «Esta es la piel que él tocó». Así era mi ridículo duelo, y de nada servía intentar razonar con él. La piel se me escamaba como papel triturado y caía en forma de copos sobre mi ropa, mi pequeño Toyota. Dave –el polvo que había dejado a su paso– estaba por todas partes.

Mientras hacía cola en un aeropuerto, me entretuve mirando a una pareja, ambos de ojos azules, que se chinchaba amistosamente. ¿Cuál de los dos tendría que renovar el pasaporte antes? ¡Él, seguro! ¡Ella, sin duda! Él hizo amago de atizarle con un cojín cervical afelpado. Llevaban unas bolsas de viaje ribeteadas en piel idénticas de las que colgaban sendas chapas de identificación, también idénticas. Por entonces, yo escrutaba cada pareja en busca de pistas, como si se tratara de un escenario del crimen o como si fuera una receta que me disponía a robar. ¿Cómo se les había ocurrido comprar ese equipaje a juego, y cómo se las arreglaban para hacer cola sin discutir, y qué se sentiría al compartir un apellido y verlo grabado en una chapa plateada? Quería sentirme superior a la existencia superficial que les había supuesto, pero hasta ese consuelo menor suscitaba nuevas preguntas: «¿Qué tenían ellos que no tuviéramos nosotros? ¿Qué dificultades habían sabido superar, a diferencia de nosotros?».

«Lo más duro de perder a un amante es quizá / ver cómo el año repite sus días –escribió Anne Carson–. Es como si pudiera hundir la mano / en el tiempo y recoger / rombos azules y verdes del calor de abril / de hace un año en otro país.» Cuando yo hundía las palmas ahuecadas en el pasado que había compartido con Dave, cada instante recordado se endurecía como el barro al secarse, convertido en algo más limpio y más puramente feliz de lo que había sido en realidad. La nostalgia reorganiza las habitaciones de la memoria: hace las camas, deja un jarrón con flores sobre el tocador, abre las cortinas para que entre el sol. Se vuelve cada vez más difícil afirmar «Fue algo doloroso». La voz de la insistencia se desvanece: «Fue y punto». Porque lo echamos de menos. Añoramos lo que tuvo de doloroso, lo añoramos todo.

La primera noche que nos besamos, le dije a Dave: «No me sentía viva, pero ahora sí».

Pieza núm. 9: Botella de Crystal Pepsi
Queens, Nueva York
Tras romper con el hombre con el que creía que acabaría casándome, conocí a un abogado inesperadamente maravilloso que vivía en Queens. Me llevó a la noche de trivial en su bar local de Astoria. Me llevó a una fiesta de Navidad en su bufete, cerca de Times Square. Me llevó al Blazer Pub, cerca de la casa donde se había criado, al norte del estado, donde comimos hamburguesas y jugamos a los bolos. Yo sabía que no era «el amor de mi vida», pero a la vez sospechaba que había dejado de creer en «el amor de

305

mi vida», no porque hubiese perdido la esperanza de encontrarlo, sino porque lo había hecho y acabamos partiendo peras. El abogado me hacía reír. Me hacía sentir cómoda. Comíamos platos reconfortantes. Hacíamos tortitas con frambuesas y trocitos de chocolate blanco y pasábamos las mañanas del fin de semana viendo películas. No descansó hasta encontrar una reposición de *Leyendas del templo oculto*, el absurdo concurso de la tele que a los dos nos chiflaba de pequeños, y me regaló una botella de Crystal Pepsi –mi refresco preferido de la adolescencia, cuya fabricación se interrumpió durante años– que había encontrado en internet y que llevaba una década esperándome. Era un hombre excepcional, pero yo nunca llegué a apreciarlo realmente –o a apreciar sus cualidades– porque nunca creí del todo en nosotros. No había nada en nuestra relación que supusiera un reto para mí. Empecé a vivir su devoción como una especie de claustrofobia. En cierto sentido, me enseñó cuánto me costaba vivir el amor –entender algo como amor– si no estaba plagado de obstáculos.

Nueve meses después de que Dave y yo rompiéramos, empecé a salir con un hombre que me parecía su opuesto, o por lo menos eso me dije a mí misma. No era un poeta, sino un abogado que trabajaba en una oficina cerca del centro. No teníamos discusiones encendidas, quizá porque yo no había puesto mi corazón en sus manos –ni en su bandeja de entrada, ni en su camión de mudanzas, ni en su despensa– para que lo guardara a buen recaudo. Sin embargo, nuestra relación me brindó risas terapéuticas y alegría de la buena, un aleteo en el estómago después de años de tira y afloja en una relación que no acababa de funcionar. Eso me llevó a pensar que lo que siempre había creído que buscaba en una pareja –que fuera carismático y un punto esquivo– no era por fuerza lo que más necesitaba.

306

En muchos sentidos, nuestra relación fue un capítulo más de la historia inacabada de mi relación con Dave, parte de su epílogo. Cuando el abogado y yo rompimos, lo que sentí no fue tanto una pena nueva cuanto un regreso de la pena que siempre había estado allí agazapada, la nostalgia del hombre que no había dejado de añorar. Unos meses después, conocí al hombre con el que me casaría.

Antes de viajar a Croacia, sopesé llevar conmigo la botella de Crystal Pepsi que el abogado me había regalado para donarla al museo como un recuerdo de mi última ruptura antes de casarme. Pero nunca llegué a meterla en el equipaje. ¿Por qué quería conservarla en casa, en mi librería? En parte, por la voluntad de honrar al hombre que me la había regalado, porque no había sabido valorarlo debidamente cuando estábamos juntos. Conservar su último regalo era una manera de hacerlo a toro pasado.

Mientras deambulaba por el Museo de las Relaciones Rotas, no podía dejar de pensar en todos los objetos que la gente no había donado, todas las cosas de las que no podemos desprendernos, como una colección fantasma que acechara detrás del sinfín de objetos (más de tres mil) que conforman la exposición. Pensé en todos los objetos que mis amigos habían descrito –el collar con la concha marina, la lista de la compra, el cabello humano atrapado en un sobre, los cuatro vestidos negros y el *slide* de guitarra–, algunos de ellos perdidos, otros guardados en un cajón y unos pocos reutilizados como parte de una nueva vida.

Si soy sincera conmigo misma, reconozco que no guardé esa botella de Crystal Pepsi solo para honrar al hombre que me la regaló, ni para atesorar lo que compartimos, sino para poder disfrutar de ese atisbo de pena y desintegración, para aferrarme al recuerdo del sentimiento puro y embriagador que trae consigo la ruptura. Estos días mi vida no consiste tanto en ese sublime estado de tristeza solitaria o desengaño amoroso, sino más bien en despertarme cada día para seguir al pie del cañón y mantenerme fiel a mis compromisos. Del mismo modo, mi estancia en Zagreb podría resumirse en las llamadas por Skype con mi marido y los vídeos que le grababa a mi hijastra para darle los buenos días, en alimentar al feto que llevaba dentro con *fuži* istrianos de trufa, fideos con nata espesa, pargo con alcachofas, algo llamado «empanada casera», algo llamado «ensalada de vitaminas».

Mi vida de ahora tiene menos que ver con el efecto electrizante de cruzar un umbral y más con la continuidad, con estar presente y seguir adelante pese a las dificultades; tiene menos que ver con el drama grandilocuente de la ruptura y más con la tarea cotidiana de rescatar y sostener. Guardo la botella de Crystal Pepsi porque es un recordatorio de esos quince años que pasé en un vaivén de comienzos y finales, cada uno de los cuales supuso una puerta abierta al autoconocimiento, la reinvención y los sentimientos transformadores, una forma de sentirme infinita en la amplia variedad de yoes que podrían llegar a materializarse. Guardo la botella de Crystal Pepsi porque quiero tener algún recuerdo de ese yo volcánico y volátil –que tan pronto rompía a reír como a llorar– y conservar alguna prueba de todas esas vidas no vividas, las que pudieron haber sido.

DE CUANDO TODO SE PRECIPITÓ

Cuando eras del tamaño de una semilla de amapola, me senté en el baño de una habitación de hotel en Boston para hacer pis sobre un palito que me había vendido un hombre de edad avanzada en una parafarmacia cerca de Fenway Park. Deposité aquel trozo de plástico sobre los azulejos fríos y esperé a que me dijera si existías. Deseaba con todas mis fuerzas que así fuera. Ya llevaba un año de mensajes animosos de mi app de fertilidad, que me preguntaba si había tenido relaciones sexuales las noches que tocaba; un año de amargas decepciones cuando descubría que tenía pérdidas estando en el trabajo, en casa, en un lavabo lleno de arena o una playa helada al norte de Morro Bay. Cada una de aquellas manchas herrumbrosas me arrebataba la historia que había imaginado a lo largo de las semanas previas, la ilusión de que ese mes sí, descubriría que estaba embarazada. Mi cuerpo parecía empeñado en recordarme que era él quien mandaba. Pero, de pronto, ahí estabas tú.

Una semana después, me senté en una sala de cine y vi cómo un grupo de alienígenas salían de sus huéspedes humanos en el comedor de una nave espacial. Sus cuerpos oscuros y resplandecientes se abrían paso a la fuerza, destrozando cajas torácicas e irrumpiendo a través de la carne desgarrada. Un robot malvado estaba empeñado en ayudarlos a sobrevivir. Cuando el capitán le preguntó «¿en qué crees?», el robot se limitó a contestar: «En la creación». Este intercambio tuvo lugar justo antes de que al capitán le estallara el pecho para dar paso a su propio bebé parásito: horripilante, negro azabache, recién nacido.

Cuando una enfermera me pidió que me subiera a una báscula en la primera visita de control prenatal, llevaba años sin pesarme. Negarme a saber cuánto pesaba había sido una manera de dejar atrás los tiempos en que me pesaba de forma compulsiva. El hecho de subirme a una báscula con la esperanza de comprobar que había engordado era algo insólito para mí. Uno de los tópicos más antiguos que había oído sobre la maternidad era que podía transformarte en una versión completamente distinta de ti misma, pero esa promesa siempre me había parecido demasiado facilona para ser cierta. Siempre había creído más en otro tópico: vayas donde vayas, siempre te encontrarás contigo misma.

Cuando estaba en el primer curso de la universidad, me metía cada mañana en el armario de mi habitación de la residencia para subirme a la báscula que escondía en su interior. Me daba vergüenza pasar hambre con tal de no engordar; así que, para el ritual diario de pesarme, me recluía en la oscuridad del armario ropero, donde me sentía a salvo de las miradas ajenas entre los pliegues y el olor a moho de mis abrigos de invierno. Desde que había pegado el estirón a los trece años, siempre tenía la sensación de descollar por encima de los demás. Se suponía que ser alta te daba seguridad en ti misma, pero yo solo me sentía excesiva. Siempre tenía la impresión de que ocupaba demasiado espacio, y era tan torpe y tímida que parecía desaprovechar todo ese espacio que acaparaba.

En los años transcurridos desde esa época de privaciones, he descubierto que, por lo general, cuando intento explicárselo a alguien –«Tenía la sensación de que no debía ocupar tanto espacio»–, o bien lo entiende enseguida o no lo entiende en absoluto. Y quienes lo entienden enseguida son casi siempre mujeres.

Esos días de estómago vacío se llenaban de Coca-Cola Light, cigarrillos y canciones de amor en Napster; una sola manzana y una pequeña ración de galletas saladas para pasar el día; largas caminatas en las noches gélidas de invierno, de casa al gimnasio y de vuelta a casa; al cabo de un tiempo me costaba ver con nitidez por culpa de las motitas oscuras que se iban comiendo la periferia de mi campo visual. Siempre tenía las manos y los pies helados, la tez pálida, como si no hubiese suficiente sangre circulando en mi cuerpo.

Durante el embarazo, quince años después, las encías me sangraban sin parar. Un médico me dijo que eso se debía a que había más sangre de la habitual circulando por mi cuerpo –dos litros más– para satisfacer las necesidades de ese segundo y diminuto conjunto de órganos. Esa sangre extra me hinchaba y me daba calor. Mis venas eran como carreteras febriles, anegadas por ese sirope rojo y caliente, engrosadas por ese necesario volumen adicional.

Cuando eras del tamaño de una lenteja, viajé en avión a Zagreb por encargo de una revista. Mientras el avión sobrevolaba Groenlandia, me comí una enorme bolsa de galletitas saladas con queso y me pregunté si esa era la semana en que se formaba tu cerebro o tu corazón. Imaginé un corazón hecho de galletitas saladas dentro de mí, dentro de ti. Durante buena parte de ese primer trimestre, mi estado de ánimo osciló entre el deslumbramiento y el pánico: me maravillaba que una diminuta criatura se estuviera gestando en mi interior y, a la vez, me aterraba la posibilidad de que te descolgaras de mi útero por algo que yo había hecho sin darme cuenta. ¿Y si te morías sin que me percatara? Buscaba obsesivamente en internet cosas del tipo «aborto espontáneo sin hemorragia» y apoyaba la mano en el abdomen para asegurarme de que seguías allí. Eras mi ramillete de células, mi tierna semilla de futuro. Me eché a llorar cuando descubrí que eras una niña. Era como si de pronto te viera con toda nitidez. El pronombre era un cuerpo que se iba formando en torno a ti. Yo era un cuerpo que se iba formando en torno a ti.

Cuando le dije a mi madre que iba a viajar a Croacia, me pidió que me lo pensara. «Tómatelo con calma», dijo. Pero también me había contado que, estando embarazada de cinco meses de mi hermano mayor, había cruzado a nado una bahía en Bari mientras un hombre italiano, ya entrado en años, la seguía en su bote a remos, preocupado.

En el avión que me llevó a Zagreb había un niño pequeño llorando en la fila de asientos de delante, y luego otro rompió a llorar en la fila de atrás. Yo tenía ganas de decirte: «Sé que estos llorones son de los tuyos». Tenía ganas de decirte: «El mundo está lleno de historias»: la de los hombres que lucían kipás tejidas a mano y nos habían hecho salir una hora más tarde de lo previsto porque no querían sentarse al lado de ninguna mujer; o la del hombre sentado al otro lado del pasillo, que se había pinchado insulina nada más comer el *goulash* que nos habían servido en una bandejita de papel de aluminio y ahora miraba un monitor donde el pequeño icono de nuestro avión sobrevolaba despacio la monótona extensión azul del Atlántico. ¿Qué sueños tendría, quién estaría esperándolo en nuestro destino? Sentí ganas de decirte: «Bebé, he visto cosas increíbles en esta vida». Aún no eras un bebé, sino una posibilidad, pero yo quería decirte que todas las personas con las que te cruzarías en la vida albergarían en su interior un mundo infinito. Era una de las pocas promesas que podía hacerte con la conciencia tranquila.

Cuando apenas comía, llevaba dos diarios a la vez. En uno iba apuntando las calorías que consumía a diario; en el otro describía con todo lujo de detalles los manjares que me imaginaba comiendo. Un diario registraba lo que hacía, el otro lo que soñaba con hacer. Mis banquetes hipotéticos eran *collages* hechos con cartas de restaurante en los que afloraba la minuciosa avidez de la desesperación: en ellos no ponía unos simples macarrones gratinados, sino unos macarrones gratinados a los cuatro quesos; no unas simples hamburguesas, sino hamburguesas con cheddar fundido y huevos fritos, o un *coulant* de chocolate con una bola de helado fundiéndose sobre su corazón caliente y pringoso. Pasar hambre me hacía fantasear con la posibilidad de una vida en la que no hiciera otra cosa que comer. No quería comer como una persona normal, sino a todas horas y sin interrupción. Había algo aterrador en el hecho de vaciar el plato, como si tuviera que enfrentarme al hecho de que, en realidad, no había quedado satisfecha.

Por entonces me llenaba la boca de calor, humo y dulzor hueco: café negro, tabaco, chicles de menta. Me avergonzaba ese desesperado afán de consumo. El deseo era una forma de acaparar espacio, y un exceso de deseo era algo bochornoso, tal como lo había sido mi excesiva presencia física, o el hecho de desear a un hombre que no me deseaba. Ansiar ciertas cosas era ligeramente menos vergonzoso si me las negaba, de modo que me fui sintiendo cada vez más cómoda en estados de anhelo no satisfecho. Con el tiempo, prefería pasar hambre antes que saciarla, la épica del amor no correspondido al ejercicio diario del afecto.

313

Pero años más tarde, durante el embarazo, el fantasma de esa antigua chica esquelética se desprendió de mí como una piel de serpiente. Me aficioné a comer enormes magdalenas con trocitos de chocolate. En la cafetería que había cerca de mi piso, estaba un día chupándome los dedos mientras comía un cruasán de almendras cuando una de las camareras le dijo a otra, mirando la pantalla del móvil con gesto de incredulidad: «¿Sabes esa chica con la que salía Bruno? Ya sé que está embarazada, pero no veas cómo se ha puesto, ni que comiera caballos».

Pasaron cinco o seis meses hasta que se me empezó a notar la tripa. Hasta entonces, el comentario más habitual era: «¡Pues nadie diría que estás embarazada!». Me lo decían como un piropo. El cuerpo femenino siempre será alabado por respetar los límites que le han sido impuestos, por lograr que hasta esa expansión autorizada pase inadvertida.

Cuando eras del tamaño de un arándano, yo estaba en Zagreb comiendo a dos carrillos, engullendo puñados de diminutas fresas entre los puestos callejeros del mercado, pidiendo una enorme porción de pastel de chocolate al servicio de habitaciones mientras olfateaba un Snickers porque tenía tanta hambre que no me veía capaz de esperar a que llegara el pastel. Siempre tenía las manos pringosas. Me sentía salvaje. Mi apetito era un país distinto al que había habitado hasta entonces.

Mientras tú seguías creciendo y pasabas de lima a aguacate, yo comía pepinillos en vinagre de manera compulsiva –cómo me gustaba su sabor salado, ese punto crujiente al morderlos– y bebía helado derretido directamente del bol. Por primera vez, experimentaba un tipo de anhelo que no implicaba ausencia, sino que tenía razón de ser. La palabra «anhelo» significa un deseo vehemente de algo, y en ese sentido es sinónimo de «antojo», vocablo que describe los intensos caprichos, a menudo arbitrarios, que experimentan las mujeres durante el embarazo.

Cuando eras del tamaño de un mango, me subí a un avión con destino a Louisville para dar una charla, y estando allí me entró tanta hambre al poco de haber desayunado lo de siempre –un bol gigante de gachas de avena– que decidí ir a una cafetería para tomarme un *brunch*, pero de camino a la cafetería me detuve a tomar un tentempié: una porción de *spanakopita* cuya masa hojaldrada dejó un archipiélago de manchas aceitosas en la bolsa de papel. Para cuando llegué a la cafetería, tenía tanta hambre que no podía decidirme entre los huevos revueltos con panecillos, las salchichas a la parrilla –chamuscadas y relucientes de grasa– o una pila de tortitas de limón espolvoreadas con azúcar, de manera que pedí las tres cosas.

Esta permisividad se me antojaba el cumplimiento de una profecía: la de todos esos menús imaginarios que había copiado obsesivamente en una libreta a los diecisiete años. Ahora que lo hacía por otra persona, podía comer todo lo que quisiera. Nunca había comido como comí por ti.

Cuando subsistía a base de galletas saladas y rodajas de manzana, no me vino la regla durante años, algo de lo que me sentía orgullosa. La ausencia latía en mi interior como un trofeo secreto. Que mi cuerpo perdiera sangre me parecía otro exceso. No sangrar era una forma de contención que me resultaba atractiva. También era, literalmente, lo opuesto a la fertilidad. Cuando le negaba el sustento a mi propio cuerpo, era como si derrotara a mi yo físico. El hecho de pasar hambre demostraba lo profunda que era mi soledad, lo mucho que me despreciaba a mí misma, la distancia y a la vez la impotente cercanía que sentía respecto al mundo; la sensación de ser, al mismo tiempo, excesiva e insuficiente.

Cuando me quedé embarazada a los veinticuatro años, poco después de que me volviera la regla, vi la rayita en el test y me sentí abrumada no por el miedo o el recelo, como había supuesto, sino por el asombro. Llevaba dentro de mí una diminuta vida en potencia. Aunque mi lado racional tenía claro que iba a abortar, no pude evitar que el corazón me diera un vuelco de alegría y asombro. Ese sentimiento echó raíces profundas en mi interior, como una premonición: «Algún día volverás».

Solo después de abortar empecé a fijarme en los bebés por la calle. Sus caritas parecían escrutarme desde el interior de los cochecitos. Me tenían calada. Lo que yo sentía no era arrepentimiento, sino expectación. Me había rendido a su hechizo. No es que quisiera coger en brazos a los bebés ajenos, sino que de pronto tenía claro que algún día querría coger en brazos a mi propio hijo y ver cómo se desarrollaba hasta convertirse en una persona plenamente consciente ante mis ojos, pero separada de mí, que me trascendiera. Quería sentirme sorprendida y maravillada por una criatura que había surgido de mí, pero que no era yo.

Durante el año que estuve intentando quedarme embarazada, una década después de haber abortado, mi amiga Rachel me habló de cuando su hijo tuvo convulsiones febriles. La descripción del pavor que entonces sintió me dejó compungida, pero era algo que entonces no alcanzaba a entender del todo. Siempre me había resistido a la idea de que ser madre conlleva sentir un amor más profundo del que has vivido nunca, y una parte de mí quería dar a luz solo para poder luchar contra ese estereotipo, solo para poder decir: «Este amor no es más profundo, sino distinto a los demás». Pero otra parte de mí sabía que tal vez acabara sumándome al coro de voces que afirman: «No hay amor tan profundo como este».

Cuando por fin me quedé embarazada, mi sentimiento de gratitud se vio acrecentado por la espera. Mi cuerpo había decidido ofrecerme ese diminuto conjunto de órganos cuando podría habérmelo negado. Ese segundo corazón que latía dentro de mí no era algo que pudiera tomarme a la ligera. Después de la primera ecografía, me subí al metro y observé a todos y cada uno de los demás pasajeros pensando: «Tú también pasaste un tiempo hecho un ovillo en el interior de otra persona».

Cuando eras del tamaño de una cebolla, luego un pomelo, luego una coliflor, yo quería construirte desde la alegría: tormentas de verano y ataques de risa, incesantes conversaciones entre mujeres. Con mi amigo Kyle, nadé desnuda en una piscina por la noche, bajo eucaliptos que se mecían con un susurro en la brisa tórrida mientras la piel de mi vientre se rizaba como el mar con tus pataditas. En compañía de Colleen, fui en coche hasta una vieja y destartalada casa en lo alto de una colina, por encima de una oficina de correos, donde las ramas agitadas por el viento repicaban en las ventanas. A la luz de una lámpara, comimos huevos cuyas yemas eran de un intenso color amarillo. Colleen dejó el fregadero lleno de cáscaras de huevo rotas, tal como solía hacer cuando vivíamos juntas, después de que nos rompieran el corazón a las dos.

De vuelta en Los Ángeles, tu abuela había acogido en su casa a un refugiado camerunés. ¿Qué puedo decir? Apenas me sorprendió. Deseaba con todas mis fuerzas que tu abuela y tú pudierais disfrutar de mil años juntas en este mundo, nada menos. Lo deseaba tanto que apretaba los puños hasta clavarme las uñas en las palmas de las manos cada vez que pensaba en ello. Durante el embarazo, necesité a mi madre con una urgencia que era como mi hambre de fruta, de una segunda chocolatina, del triple menú de huevos revueltos, salchichas a la parrilla y tortitas de limón. Un hambre insaciable. Ella me contó que nunca olvidaría la nieve apilada sobre las ramas de los árboles cuando miró por la ventana de la consulta el día que el médico le dijo que iba a tener una niña, porque era como si todos sus anhelos se hubiesen condensado en aquellas ramas desnudas, increíblemente hermosas y tan vulgares a la vez.

Yo quería darte las mejores partes del amor que sentía por tu padre, como la casa que alquilamos ese verano en un pueblecito al norte de Connecticut. Nos acostábamos en una gran cama blanca a escuchar el lamento de los trenes y el tamborileo de la lluvia en el arroyo, imaginando cómo caía sobre la lona azul del puesto de perritos calientes que había al otro lado de la calle. Comíamos hamburguesas en un puesto a pie de carretera y nos bañábamos en el lago de Cream Hill, donde unos socorristas adolescentes estuvieron a punto de echarnos porque no éramos socios. Apenas merecíamos aquellas aguas profundas y azules, aquellas orillas densamente arboladas, aquellas plataformas flotantes de madera moteadas por el sol que se filtraba entre el follaje. Aquellos días también intercambiamos susurros hirientes y tuvimos nuestras noches de peleas, pero quiero que nos imagines así: nuestras voces bromeando, nuestras risas entrelazadas. Quiero que sepas que estás hecha de carne al punto y luz crepuscular.

Cuando por fin empecé a recibir tratamiento, me produjo una súbita oleada de emoción vislumbrar el diagnóstico escrito en un formulario médico: «trastorno de la conducta alimentaria». Era como si por fin pudiera poner nombre a lo que sentía –la sensación de no encajar, de estar siempre fuera de lugar–, como si esas palabras hubiesen construido un recipiente tangible alrededor de las intangibles señales de humo del sufrimiento. Me hizo sentir ratificada.

La psiquiatra que me diagnosticó no tenía el menor interés en ese sentimiento de ratificación. Cuando le hablé de mi soledad –seguramente no era la primera estudiante universitaria que lo hacía–, replicó: «Ya, pero ¿crees que pasar hambre va a servir para solucionarlo?». Algo de razón llevaba, aunque yo no intentaba solucionar el problema, sino tan solo verbalizarlo, o tal vez incluso ponerle un altavoz. Pero ¿cómo traducir estos impulsos autodestructivos al lenguaje que hablaban las personas racionales? No había podido justificar mi trastorno con una razón legítima, lo que equivalía a no llevar una nota de mis padres a clase para justificar una falta.

Durante quince años seguiría buscando esa nota, seguiría intentando justificarme ante la psiquiatra, intentando purgarme de la vergüenza que me causaba el trastorno alimentario enumerando sus causas: soledad, depresión, necesidad de control. Todas esas razones eran ciertas, pero ninguna suficiente. Eso mismo diría años más tarde sobre mi dependencia del alcohol, y lo acabaría creyendo respecto a las motivaciones humanas en un sentido más amplio: nunca hacemos nada por una sola razón.

La primera vez que escribí sobre mi trastorno alimentario, seis años después de empezar a tratarme, creía que, si lo presentaba como una conducta egoísta, superficial y autocomplaciente, esa lucidez me redimiría, como si bastara con rezar suficientes avemarías para expiar todos mis pecados. Seguía pensando en el trastorno alimentario como algo por lo que debía hacerme perdonar.

Cuando presenté ese primer y embrollado borrador en un taller de creación literaria, otro estudiante de posgrado alzó la mano durante el debate posterior para preguntar si podía hablarse de un exceso de sinceridad. «Me resulta muy difícil simpatizar con la narradora del texto», dijo. Esta forma de referirse a mí me pareció curiosa, como si «la narradora del texto» fuera una desconocida sobre la que pudiéramos cotillear. Aquella era mi primera clase de escritura no ficcional y aún no me había acostumbrado a las reglas del desplazamiento por las que todos fingíamos que, al juzgar los escritos ajenos, no juzgábamos también las existencias de quienes los firmaban. Después del taller, el mismo hombre que no había podido simpatizar con mi narradora me invitó a tomar una copa. Para mis adentros, pensé «Vete a tomar por culo», pero lo que dije en voz alta fue «Claro, encantada». Cuanto menos le gustaba a alguien, más quería gustarle.

Al quedarme embarazada, era como si al fin hubiese logrado reemplazar a «la narradora del texto» –una chica enferma, obsesionada con su propio sufrimiento, difícil de querer– por una versión más noble de mí misma: una mujer que no destruía su propio cuerpo, sino que lo usaba para fabricar otro del que luego se ocuparía. Una pertinaz voz interna seguía convencida de que mi trastorno alimentario había sido una expresión de egocentrismo, de mi empeño por alcanzar a toda costa un ideal imposible. Pero el embarazo traía consigo la promesa de un nuevo centro de gravedad, encarnado en ti. De pronto, la gente me sonreía por la calle sin conocerme de nada.

En la consulta de mi obstetra, cuando una paciente se quedaba embarazada la ascendían a la segunda planta. Ya no acudía a las consultas de ginecología general de la planta baja, sino que subía por la escalinata del vestíbulo hasta ese piso superior de las ecografías y las vitaminas prenatales, dejando atrás los tests de gonorrea y las recetas de anticonceptivos. Era como si hubiese pasado al siguiente nivel de un videojuego, o como si me hubiese tocado un billete al más allá.

Cuando ya eras del tamaño de un coco, yo resoplaba audiblemente al subir las escaleras del metro. Mi tripa era como un equipaje de diez kilos que arrastraba conmigo a todas partes. Mis ligamentos se estiraban y tensaban de pronto, provocándome un dolor tan agudo que me quedaba sin aire. Por la noche, una exasperante agitación se apoderaba de mis extremidades inferiores, algo que la doctora llamaba «síndrome de las piernas inquietas». Un día, en el cine, no paraba de cruzarlas y descruzarlas compulsivamente, incapaz de estarme quieta, hasta que me fui de la sala y pasé diez minutos sentada en un cubículo del lavabo. Mis piernas se movían entre espasmos como si otra persona las controlara, como si el diminuto ser que crecía en mi interior ya hubiese tomado las riendas de mi vida.

Cuando llevaba tres meses sin quitarme de encima un resfriado, mi madre me abroncó por negarme a cambiar mi ritmo de vida. «Ya sé que no quieres renunciar a tus planes —me dijo—, pero llegará un momento en el que no tendrás más remedio. Te pondrás de parto y todos tus planes se irán al garete.» Eso era lo que yo más temía, perder el control de mi vida. Al mismo tiempo, era lo que más anhelaba.

En cierto sentido, di las gracias por las molestias físicas del último trimestre de embarazo, pues me daban la impresión de que estaba haciendo mi trabajo. Al ver que no tenía náuseas durante los primeros meses de gestación, me había sentido como alguien que es incapaz de llorar en un funeral. ¿No se suponía que debía sentirme desbordada por el embarazo, que debía tener algún tipo de dolor? ¿Acaso no era ese el castigo original de Eva? «Multiplicaré sobremanera tu sufrimiento en el embarazo, y parirás con dolor.»

Una parte de mí ansiaba el dolor como prueba de que ya era una buena madre, de que venía sufriendo desde hacía mucho, mientras que otra parte de mí quería rechazar las penalidades como única prueba posible de afecto. Deseaba con todas mis fuerzas abrazar el embarazo como un relato transformador que prometía destruir la versión de mí misma que asociaba el sufrimiento a la relevancia para sustituirla por una mujer completamente distinta que constataba con alegría su aumento de peso en la báscula, que se cuidaba, que se centraba en el bebé que llevaba dentro y se entregaba sin reservas a las calorías libres de culpa y a la más pura gratitud.

Sin embargo, el embarazo no supuso tanto una liberación de mis identidades anteriores cuanto un recipiente que albergaba a la vez todas las versiones previas de mí misma. No podría deshacerme por completo de mis fantasmas. Era fácil resoplar de exasperación cada vez que me soltaban aquello de «Nadie diría que estás embarazada», pero no tanto reconocer que me enorgullecía escucharlo. Era fácil llamar exagerada a mi médica cuando me regañaba por haber ganado cinco kilos en un solo mes (frente a los cuatro recomendados), pero no tanto reconocer que, en ese instante, me había sentido avergonzada. Me costaba aceptar esa parte de mí que experimentaba una secreta satisfacción cada vez que un médico se declaraba preocupado porque mi barriga había crecido menos de lo que tocaba. Cómo ansiaba dejar atrás ese orgullo. Temía que estuviera obstaculizando tu desarrollo, lo que en realidad no era sino la sublimación de un miedo más profundo: el de contagiarte esta manera disfuncional de relacionarme con mi propio cuerpo, de que la hicieras tuya como si se tratara de una oscura herencia.

Cuando eras del tamaño de una piña, redacté un plan de parto. Era algo que formaba parte del curso de preparación prenatal, pero también una especie de profecía que consistía en contar la historia de un parto antes de que este sucediera.

La monitora del curso señaló con gesto triunfal un modelo anatómico de la pelvis y dijo: «La gente cree que es un poco justa para que pase la cabeza del bebé, pero en realidad cabe de sobra». Observé la pelvis entornando los ojos. Un poco justa sí que parecía.

Hasta cierto punto, todas vivíamos obsesionadas con ese dolor. No solo con el dolor en sí, sino con el conocimiento que llevaba aparejado. Era imposible comprender ese sufrimiento hasta que lo habías experimentado. Esa opacidad me llamaba poderosamente la atención. «Parirás con dolor.» El dolor era el castigo por morder la manzana, por querer saber, pero ahora el dolor en sí se había convertido en conocimiento. Pronto me convertiría en alguien que podía contar la historia de un parto. Lo que no sabía era en qué consistiría esa historia. Nadie te podía garantizar nada, eso se daba por sentado. Cualquier parto podía acabar en cesárea, un augurio que se proyectaba como una sombra sobre todas las cosas. Era lo que todas queríamos evitar. El hecho de empujar –por algo lo llamaban «trabajo de parto»– era lo que daba sentido al alumbramiento. Esa fue, al menos, la equivalencia implícita que yo hice mía.

Al redactar mi plan de parto, reservé el lenguaje más contundente para la «hora sagrada», como llamaban a la primera hora tras el parto, cuando tu cuerpecito recién nacido descansaría sobre el mío. La propia expresión lo decía todo. Si quería que se respetara esa hora sagrada, me dijeron, debía insistir en ello: «Me gustaría disfrutar del contacto piel con piel, inmediato e ininterrumpido, con mi hija hasta que se produzca la primera toma», escribí en mi plan. Era como un conjuro mágico: te traería al mundo, vivirías pegada a mi piel, comerías.

Cuando eras más grande que un melón cantalupo pero más pequeña que una sandía, el año nuevo trajo consigo una tormenta de nieve. Me quedaban tres semanas para salir de cuentas. La médica estaba preocupada por tu escaso crecimiento, de modo que me programó otra ecografía. Me abrí paso con dificultad entre pilas de nieve para llegar a su consulta de Manhattan, abrazando la oronda protuberancia de mi vientre sobre un abrigo cuya cremallera me era imposible cerrar mientras repetía: «Mía, mía, mía». Las ráfagas de nieve helada que caían a mi alrededor avivaban mi sentido de la propiedad. Era algo puramente instintivo.

En la consulta, la médica me contó un dato curioso sobre las tormentas: se creía que desencadenaban el parto. Al parecer, tenía algo que ver con el desplome de la presión atmosférica. A mí aquello me parecía la clase de comentario que las comadronas harían en un aparte mientras el cielo se llenaba de nubarrones, pero, tal como en los cuentos de hadas, esa noche la profecía se cumplió. Me desperté a las tres de la madrugada y, no bien me levanté de la cama, rompí aguas. El líquido caliente manó a borbotones de mi interior. El primer parto de mi madre, en el que dio a luz al mayor de mis hermanos, también había empezado así. Era casi bíblico, me dije: «Tal como parió la madre, así parirá la hija». Había en esa coincidencia una agradable simetría.

La monitora de las clases de preparación al parto nos había recomendado volver a la cama si rompíamos aguas a media noche, porque nos vendría bien el descanso, pero yo era incapaz de conciliar el sueño. No alcanzaba ni a imaginar una versión de mí misma que pudiera dormirse en semejante tesitura. Además, seguía perdiendo agua. Me senté en el váter con el portátil sobre los muslos y noté cómo el líquido amniótico abandonaba mi cuerpo mientras revisaba un artículo sobre la ira femenina. Cuando se lo envié al redactor, añadí al final: «P. D.: me he puesto de parto». Al día siguiente por la tarde, cuando cogimos un taxi para ir al hospital, mi cuerpo se retorcía de dolor cada pocos minutos mientras recorríamos ese magnífico tramo de autopista que discurre paralelo al East River, punteado por muelles, canchas de baloncesto y relucientes rascacielos que se elevan al otro lado del río.

El dolor significaba que mi cuerpo sabía lo que tenía que hacer para traerte al mundo. Y yo agradecí que el cuerpo supiera qué hacer, a diferencia de la mente, que se había convertido en su humilde servidora y le imploraba con las palabras más descarnadas y sinceras: «Por favor, haz esto. Lo deseo más de lo que he deseado nada en toda mi vida».

Ya en el hospital, seguí de parto durante lo que quedaba de tarde y hasta bien entrada la noche. El monitor que había por encima de mi cama mostraba dos líneas: mis contracciones y tu latido cardíaco. La médica empezó a preocuparse porque, cuando la primera línea subía, la segunda caía en picado, algo que no debería suceder. Tu latido cardíaco siempre se recuperaba, me tranquilizó, pero debíamos impedir que se desplomara. Se suponía que debía mantenerse entre ciento sesenta y ciento diez pulsaciones. «No te desplomes —supliqué mirando la pantalla—. No te desplomes.» No despegaba los ojos del monitor, como si bastara con desearlo mucho para que tu ritmo cardíaco se mantuviera por encima de la línea de peligro. La fe en la fuerza de voluntad era otro de mis fantasmas, uno de los mantras de mis días de ayuno.

Cuando tu ritmo cardíaco se estabilizó, fue como si estuviéramos trabajando en equipo, tú y yo, como si hubieses oído mi llamamiento y sentido mi terco empeño como un suelo firme que se depositaba debajo de ti para mantenerte a salvo. Las contracciones eran como una versión bestial de los desgarradores calambres que había sentido durante varias noches después de abortar. Pero, en el fondo, el dolor era tal como me lo había descrito todo el mundo: imposible de describir. Me habían recomendado que me imaginara en una playa y que intentara visualizar cada contracción como una ola que me envolvía y luego se marchaba. Entre una ola y la siguiente, debía intentar empaparme de la calidez del sol. Pero en esa sala de partos apenas si había nada que me recordara las olas, la playa o el sol. Pedí que me pusieran la epidural: un helicóptero que me sacara de allí en volandas y me llevara muy lejos. Pasaron cerca de diez mil minutos entre que dije «Quiero la epidural» y el instante en que me la pusieron.

Al principio del embarazo, mi marido me dijo que su primera mujer se había empeñado en tener un parto natural. «A ti, en cambio –añadió–, te veo diciendo algo del tipo: "Dadme todas las drogas que tengáis".» Me indigné, pero no podía rechistar. El relato de la mujer decidida a dar a luz de forma natural sonaba más noble que el de la mujer que pedía ser anestesiada a las primeras de cambio, tal como el relato de la embarazada sonaba más noble que el de la mujer que se negaba a comer. Había algo mezquino, egoísta o cobarde en esa necesidad de controlarlo todo, de negarle al cuerpo su propio tamaño o su dolor.

Hacia las dos de la mañana, casi veinticuatro horas después de haber roto aguas, las últimas de las cuales inmersa en una dulce nebulosa epidural, una enfermera a la que no conocía de nada entró en la habitación. «Parece que tenemos problemas con el ritmo cardíaco fetal», dijo en un tono que sonó a acusación, como si yo hubiese estado ocultando ese dato.

«¿Qué le pasa al ritmo cardíaco de mi bebé?», pregunté. Creía que nos las habíamos arreglado, tú y yo juntas, para que se mantuviera estable, pero cuando miré el monitor estaba justo por debajo de ciento diez y seguía bajando.

Entonces llegó otra enfermera. «¿Te echo una mano?», preguntó, a lo que la primera enfermera contestó: «Me vendría bien, desde luego».

«¿Para qué necesitáis tantas manos?», quise preguntar en ese momento, pero no osé distraerlas de lo que quiera que fuese que tenían que hacer. Vinieron más enfermeras. Me dijeron que había que monitorizar mejor tu ritmo cardíaco. Me metieron un cacharro dentro. Me dijeron que me tumbara sobre un costado, luego sobre el otro. Volvieron a meterme el cacharro dentro. Me pidieron que me pusiera a cuatro patas.

«No lo encontramos», dijo la primera enfermera en un tono más urgente, y yo quise preguntar: «¿No hay latido o no conseguís oírlo?». No había otra pregunta en el mundo.

Y entonces vino la médica. Me dijo que lo que mostraba el monitor era justo lo que no hubiese querido ver: «El ritmo cardíaco de tu bebé está cayendo en picado y no se recupera».

A partir de entonces, todo se precipitó: diez personas en la habitación, quince, muchas de ellas trasladándome a la camilla, pues seguía con las piernas paralizadas a causa de la epidural. Tu padre me cogió la mano. Alguien dijo a voz en grito: «¡Va por sesenta!», y al poco: «¡Va por cincuenta!». Sabía que se referían a tu corazón. Enfilaron el pasillo a la carrera, empujando la camilla. Una enfermera le calzó un gorro quirúrgico a la médica sobre la marcha.

En el quirófano, un hombre me pellizcó el abdomen y me preguntó si lo había notado. Le dije que sí y mi respuesta pareció contrariarlo. Le dije que daba igual, que me abrieran de todos modos. El hombre me puso algo en el gotero y, cuando volvió a pellizcarme, no noté nada. La médica me dijo que sentiría presión, pero no dolor. Todo pasaría al otro lado de la cortina azul, donde estaba el resto de mi cuerpo.

Mi marido se sentó en un taburete junto a la mesa de operaciones –preocupado, luciendo un gorro quirúrgico azul– y yo escudriñaba su rostro como si fuera un espejo, tratando de adivinar en él tu suerte. Solo cuando oí a la médica diciendo «¡Hola, monada!» supe que me habían abierto en canal y te habían encontrado allí dentro, lista para nacer.

En el fondo, todas las historias de parto hablan de dos nacimientos: el del hijo, pero también el de la madre, cuya identidad se construye en torno a la experiencia de traer a su hijo al mundo, moldeada por el alumbramiento y de nuevo por el relato de ese alumbramiento. Mi plan de parto permaneció doblado en la bolsa de tela que había llevado conmigo al hospital. Era la historia de algo que nunca sucedió.

Lo que sí sucedió fue que un equipo de médicos separó mi mente de mi útero mediante una lona azul. Las manos de otra mujer se hundieron en mis entrañas para sacarte. Mi cuerpo dejó de ser un aliado para convertirse en enemigo. No había hecho su trabajo; había fracasado. Había que abrirlo de un tajo. Tuvieron que acudir otras personas al rescate del proceso, porque yo no había podido hacerlo sola. No digo que sea así con todas las cesáreas, sino que así es cómo me sentí yo: traicionada.

Siempre había oído hablar del parto como una proeza triunfal, pero traerte al mundo supuso para mí una profunda lección de humildad. Mi relato quedó truncado. Mi cuerpo quedó truncado. Con tu llegada, me enseñaste que el dolor nunca fue mi mejor maestro, que nunca lo tuve bajo control. Lo importante no era si mi cuerpo había sufrido o no lo bastante para traerte al mundo, sino que ahí estabas, resplandeciente, perpleja y perfecta. Que seguías formando parte de mí y, al mismo tiempo, eras ya otra persona.

Si la tarea de rendir mi cuerpo por hambre había sido angosta y asfixiante como el interior de un armario, el trabajo de parto fue tan ancho como el cielo, y siguió expandiéndose con todas las incógnitas de una vida que habría de suceder en el cuerpo que mi propio cuerpo había hecho posible.

Durante buena parte de tu primera hora de vida, permanecí tumbada en aquella camilla, preguntando si podía cogerte. Tu padre me recordó que yo seguía en el quirófano. Tenía razón. Mi abdomen seguía abierto en canal. Mi cuerpo seguía temblando a causa de todas las drogas que me habían dado para que no sintiera las cosas que habían salido bien, y más tarde las cosas que habían salido mal.

No sabía que seguiría temblando durante horas. Solo sabía que tu padre estaba señalando un rincón del quirófano, donde alguien trasladaba a la incubadora un pequeño bulto del que asomaba una diminuta piernecilla. Todo mi cuerpo se estremeció, tal era mi necesidad de tenerte en brazos. No paraba de preguntar: «¿Está bien, está bien?». Notaba las manos de los cirujanos en mi vientre, recolocándome los órganos −presión, no dolor; presión, no dolor−, y de pronto tu llanto llenó la habitación. Al oír cómo estallaba tu voz, la mía me salió del alma: «Dios mío».

Ahí estabas: una llegada, un grito, el comienzo de otro mundo.

AGRADECIMIENTOS

Vaya desde aquí mi gratitud, como siempre, a mi inagotable, agotador y genial editor, Ben George; a mi guerrera y compañera de fatigas, Jin Auh; y a Michael Taeckens, que se entrega a su oficio con tal pasión que siempre se las arregla para levantarme el ánimo. Doy las gracias de corazón a mis equipos editoriales en Little, Brown and Company y en la agencia Wylie: Reagan Arthur, Liz Garriga, Pamela Marshall, Craig Young, Ira Boudah, Brandon Kelley, Marie Mundaca, Gregg Kulick, Shannon Hennessey, Cynthia Saad, Allan Fallow, Alex Christie y Luke Ingram, así como a mis editores en el extranjero, y muy en especial a Max Porter, Anne Meadows y Karsten Kredel. Por el camino, he tenido la inmensa suerte de trabajar estos textos con un grupo de redactores y directores de revista tan rigurosos como inspirados: Charlie Homans, James Marcus, Denise Wills, Roger Hodge, Brad Listi, Genevieve Smith, Tom Lutz, Derk Richardson y Allison Wright.

Doy las gracias a mis extraordinarios amigos –los que han leído estos escritos y borradores y los que simplemente me han ayudado a sobrellevar mi propia existencia–, así como a mi querida familia. Sé lo afortunada que soy, y me siento muy agradecida.

ÍNDICE